临时需要用到的一个词
法语关键词 6000

白安琪 | 著

北京理工大学出版社
BEIJING INSTITUTE OF TECHNOLOGY PRESS

使用说明

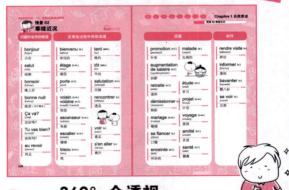

 360° 全透视，全面掌握关键单词

本书收录各种生活常见情景，并从各种透视角度切入，精选出最常用的 6000 个关键单词。单词是句子的关键，只要说出重要的关键单词，就算无法完整说出一句话，也能够和外国人顺畅沟通。

Mode d'Emploi

Point 2
一看就会使用的句型，实用日常生活短语

在法语会话中，除了"关键词+关键词"的说话方式之外，基本的简单句型也是必备的，另外加上几句常用的生活短语，把句型和短语如同记单词般地记牢，在法语口语上更能无往不利。

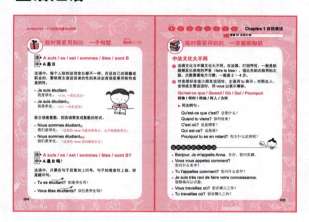

Point 3
天天在说的法语生活会话

本书针对几个重要的生活情景，补充数组**基本生活对话**，方便读者掌握对话脉络，熟悉法语对话方式。此外，根据对话内容**补充关键句型，举一反三**，学习更有成效。

003

使用说明

Point 4 多元贴心设计，方便读者学习记忆

❶ 附赠法籍老师录制的MP3

不用担心发音不好、不敢开口，本书特地邀请专业法籍老师录制全书单词、例句，方便读者对照学习，边听边念，听力与口语能力同步提升。★本书附赠音频为MP3格式★

Mode d'Emploi

❷ 常用频率星号表示

作者根据在国外生活及多年来的教学经验,为全书的单词标示出常用频率星号,星号越多表示越常用,星号越少表示使用得越少。

❸ 可爱插画方便记忆

人是**图像记忆**式的动物,本书根据内容随机**配上可爱插图**,除了缓解读者专心阅读纯文字的疲劳感之外,更方便读者**看图联想记忆**,学习成效倍增。

❹ 轻巧随行的易携式开本

本书特别设计为方便读者**随身携带的开本**,**轻便易携**,放在包里也不占空间,随拿随翻手也不累,整个城市都是你的法语学习教室!

发音入门

前 言

Point 法语字母发音表 01-00

A [a]	B [be]	C [se]	D [de]	E [ə]
F [ɛf]	G [ʒe]	H [aʃ]	I [i]	J [ʒi]
K [kɑ]	L [ɛl]	M [ɛm]	N [ɛn]	O [o]
P [pe]	Q [ky]	R [ɛr]	S [ɛs]	T [te]
U [y]	V [ve]	W [dubləve]	X [iks]	Y [igrɛk]
Z [zɛd]				

Point 法语发音规则

I

Voyelles
元音

- [a] art – arbre
- [e] bébé – dîner
- [ɛ] mère – père
- [i] ami – lycée
- [œ] œuf – heure
- [ø] feu – deux
- [y] littérature – musique
- [o] beau – chauffer
- [ɔ] bonnet – mode
- [u] où – ours

Prononciation

II Semi-voyelles
半元音

- [ɥ] fruit – cuisine
- [w] roi – soie
- [j] fille – paille

III Voyelles nasales
鼻化元音

- [ɑ̃] enfant – gourmand
- [ɛ̃] peinture – vin
- [œ̃] un – parfum
- [ɔ̃] bonbon – blond

IV Consonnes
辅音

- [p] poème – appeler
- [b] beurre – ballon
- [t] thé – télé
- [d] dinde – dessert
- [k] sac – café
- [g] goût – gratin
- [m] amour – mousse
- [n] automne – nuit
- [ɲ] mignon – champagne
- [f] farine – philosophie
- [v] vent – vie
- [s] français – cassis
- [z] cerise – fraise
- [ʃ] chocolat – chéri
- [ʒ] bonjour – gel
- [l] fleur – légume
- [R] crème – épicerie

基础入门

法语动词组别与其变化规则

法语分三类动词：

第一类动词

以 **-er** 结尾的动词。例如：aimer, manger 等。
其动词变化规则依照主语不同而不同。

例▶ aimer 的现在式
j'aime　　　　　nous aimons
tu aimes　　　　vous aimez
il / elle aime　　ils / elles aiment

第二类动词

以 **-ir** 结尾的动词。例如：finir 等。
其动词变化规则依照主语不同而有所差异。

例▶ finir 的现在式
je finis　　　　　nous finissons
tu finis　　　　　vous finissez
il / elle finit　　ils / elles finissent

第三类动词

以 **-ir / -re / -oir** 等结尾的动词。例如：voir 等。
其动词变化不规则，须参照动词变化表。建议初学者可自备动词变化表在手边以便查询，帮助学习哦！

Français Fondamental

法语词性表

在本书中,读者会看到以下词性代号:

词性	缩写代号	中文
nom	n.	名词
nom masculin	n.m.	阳性名词
nom féminin	n.f.	阴性名词
adjectif	a.	形容词
adjectif masculin	a.m.	阳性形容词
adjectif féminin	a.f.	阴性形容词
verbe	v.	动词
adverbe	adv.	副词
préposition	prép.	介词

★ 如无特别注明则表示其为组合词

法语符号表

´	闭口音符号
`	开口音符号
^	长音符号
¨	分音符号
ç	软音符号
'	省略符号

以上符号都与发音有关,只要照着写、照着念就可以了。

目录

Chapitre 1 自我表述

情景 01 | 自我介绍 / 002
情景 02 | 寒暄近况 / 006
情景 03 | 祝贺 / 012
情景 04 | 赞美 / 016
情景 05 | 情绪 / 020
情景 06 | 答应与拒绝邀请 / 026
情景 07 | 同意与反对 / 032
情景 08 | 寻求帮忙与许可 / 038
情景 09 | 鼓励与安慰 / 044
情景 10 | 责备与抱怨 / 048

Chapitre 2 食物

情景 01 | 食物相关 / 052
情景 02 | 法式料理 / 064
情景 03 | 欧式料理 / 072
情景 04 | 亚洲料理 / 080
情景 05 | 日本料理 / 086
情景 06 | 其他料理 / 092
情景 07 | 速食店 / 098
情景 08 | 咖啡厅 / 104
情景 09 | 野餐 / 112

Sommaire

Chapitre 3 娱乐

情景 01 | 百货公司 / 116
情景 02 | 美妆店 / 药店 / 126
情景 03 | 3C 卖场 / 136
情景 04 | 食品百货铺 / 142
情景 05 | 超级市场 / 148
情景 06 | 夜景 / 154
情景 07 | 滑雪 / 160
情景 08 | 购物中心 / 166
情景 09 | 博物馆 / 174
情景 10 | 赏枫 / 180
情景 11 | 海滩 / 186
情景 12 | 登山 / 194
情景 13 | 运动 / 202
情景 14 | 健身房 / 220
情景 15 | 夜生活 / 228
情景 16 | 节庆 / 236

Chapitre 4 衣服

情景 01 | 帽子 / 244
情景 02 | 上衣 / 252
情景 03 | 裤子与裙子 / 260
情景 04 | 鞋子 / 268

目录

Chapitre 5 交通

- 情景 01 | 开车 / 276
- 情景 02 | 骑车 / 284
- 情景 03 | 公交车与出租车 / 292
- 情景 04 | 飞机 / 300
- 情景 05 | 火车 / 308
- 情景 06 | 地铁 / 316
- 情景 07 | 高铁 / 322
- 情景 08 | 交通状况 / 328

Chapitre 6 住宿

- 情景 01 | 饭店 / 340
- 情景 02 | 租房与买房 / 350
- 情景 03 | 宿舍 / 360

Chapitre 7 教育

- 情景 01 | 校园 / 372
- 情景 02 | 图书馆 / 382
- 情景 03 | 考试 / 388
- 情景 04 | 社团活动 / 394

Chapitre 8 紧急状况

- 情景 01 | 问路 / 404
- 情景 02 | 生病 / 408
- 情景 03 | 遗失物品 / 414
- 情景 04 | 打电话 / 422
- 情景 05 | 拍照 / 428

Chapitre 1
自我表述

情景01 | 自我介绍
情景02 | 寒暄近况
情景03 | 祝贺
情景04 | 赞美
情景05 | 情绪

情景06 | 答应与拒绝邀请
情景07 | 同意与反对
情景08 | 寻求帮忙与许可
情景09 | 鼓励与安慰
情景10 | 责备与抱怨

临时需要用到的一个词：法语关键词6000

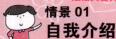

情景 01
自我介绍

 01-01

人称

je / moi
[ʒə] / [mwa]
我
★★★★

tu / toi
[ty] / [twa]
你
★★★★

il / lui
[il] / [lɥi]
他
★★★★

elle / elle
[ɛl] / [ɛl]
她
★★★★

nous / nous
[nu]([ɔ]) / [nu]
我们
★★★★

vous / vous
[vu] / [vu]
您；你们
★★★★

ils / eux
[il] / [ø]
他们
★★★★

elles / elles
[ɛl] / [ɛl]
她们
★★★★

国别

Chinois (n.m.)
Chinoise (n.f.)
[ʃinwa] / [ʃinwaz]
中国人
★★★★

Japonais (n.m.)
Japonaise (n.f.)
[ʒapɔnɛ] / [ʒapɔnɛz]
日本人
★★★

Coréen (n.m.)
Coréenne (n.f.)
[kɔʁeɛ̃] / [kɔʁeɛn]
韩国人
★★★★

Thaïlandais (n.m.)
Thaïlandaise (n.f.)
[tajlɑ̃dɛ] / [tajlɑ̃dɛz]
泰国人
★★★★

Australien (n.m.)
Australienne (n.f.)
[ɔstraljɛ̃] / [ɔstraljɛn]
澳大利亚人
★★★

Anglais (n.m.)
Anglaise (n.f.)
[ɑ̃glɛ] / [ɑ̃glɛz]
英国人
★★★★

Français (n.m.)
Française (n.f.)
[fʁɑ̃sɛ] / [fʁɑ̃sɛz]
法国人
★★★★

Allemand (n.m.)
Allemande (n.f.)
[almɑ̃] / [almɑ̃d]
德国人
★★★★

Européen (n.m.)
Européenne (n.f.)
[ørɔpeɛ̃] / [ørɔpeɛn]
欧洲人
★★★★

Américain (n.m.)
Américaine (n.f.)
[ameʁikɛ̃] / [ameʁikɛn]
美国人
★★★★

Arabe (n.m. / n.f.)
[aʁab]
阿拉伯人
★★★★

Chapitre 1 自我表述

情景 01 自我介绍

动作

saluer (v.)
[salɥe] ★★★★
打招呼

faire la bise (v.)
[fɛʁlabiz] ★★★★
打招呼时亲吻脸颊

se présenter (v.)
[səpʁezɑ̃te] ★★★★
自我介绍

s'appeler (v.)
[saple] ★★★★
叫~名字

habiter (v.)
[abite] ★★★★
住

connaître (v.)
[kɔnɛtʁ] ★★★★
认识

travailler (v.)
[tʁavaje] ★★★★
工作

工作与职业

travail (n.m.)
[tʁavaj] ★★★★
工作

peintre (n.m.)
[pɛ̃tʁ] / [pɛ̃tʁ] ★★★
画家

acteur (n.m.)
actrice (n.f.)
[aktœʁ] / [aktʁis] ★★★
演员

chanteur (n.m.)
chanteuse (n.f)
[ʃɑ̃tœʁ] / [ʃɑ̃tøz] ★★★★
歌手

avocat (n.m.)
avocate (n.f.)
[avɔka] / [avɔkat] ★★★★
律师

profession (n.m.)
[pʁɔfesjɔ̃] ★★★★
职业

étudiant (n.m.)
étudiante (n.f.)
[etydjɑ̃] / [etydjɑ̃t] ★★★★
学生

employé (n.m.)
employée (n.f.)
[ɑ̃plwaje] / [ɑ̃plwaje] ★★★★
雇员

ingénieur (n.m.)
[ɛ̃ʒenjœʁ] ★★★
工程师

médecin (n.m.)
[medsɛ̃] ★★★★
医生

dentiste (n.m.)
[dɑ̃tist] ★★★★
牙医

临时需要用到的．一个句型 01-02

法 ▶ A suis / es / est / sommes / êtes / sont B
中 ▶ A 是 B

法语中，每个人称的动词变化都不一样。在说自己的国籍或职业时，要依照主语说话者的性别来决定宾语是用阳性还是用阴性。

- **Je suis étudiant.**
  我是学生。（n.m. → 男生说法）

- **Je suis étudiante.**
  我是学生。（n.f. → 女生说法）

若主语是复数，则宾语要变成复数的形式。

- **Nous sommes étudiants.**
  我们是学生。（这里的 nous 可能有男有女，也可能都是男生）

- **Nous sommes étudiantes.**
  我们是学生。（这里的 nous 指的都是女生）

法 ▶ A suis / es / est / sommes / êtes / sont B?
中 ▶ A 是 B 吗？

法语中，只要在句子后面加上问号，句子的尾音往上扬，就是疑问句。

- **Tu es étudiant?** 你是学生吗？

- **Vous êtes étudiants?** 你们是学生吗？

Chapitre 1 自我表述

情景 01 自我介绍

临时需要用到的，一方面的知识

中法文化大不同

❶ 法国文化与中国文化大不同。在法国，打招呼时，一般是贴脸颊发出亲吻的声音（faire la bise），彼此先贴右脸，再贴左脸，次数要看地方习惯，一般是 2～4 次。

❷ 对亲朋好友或小朋友说话时，主语用 tu 表示；对陌生人、老师或主管说话时，用 vous 以表示尊称。

Qu'est-ce que / Quand / Où / Qui / Pourquoi

何物 / 何时 / 何地 / 何人 / 为何

▶ 用法例句：

Qu'est-ce que c'est? 这是什么？

Quand tu viens? 你何时来？

C'est où? 这是哪里？

Qui est-ce? 这是谁？

Pourquoi tu es en retard? 你为什么迟到呢？

临时需要的生活短语

- Bonjour. Je m'appelle Anna. 你好，我叫安娜。
- Vous vous appelez comment?
  您叫什么名字？
- Tu t'appelles comment? 你叫什么名字？
- Je suis très ravi de faire votre connaissance.
  我很高兴认识您。
- Vous travaillez où? 您在哪儿工作？
- Tu travailles où? 你在哪儿工作？

临时需要用到的一个词：法语关键词6000

情景 02
寒暄近况

 01-03

问候语

bonjour
[bɔʒur] ★★★★★
日安

salut
[saly] ★★★★★
哈喽

bonsoir
[bɔ̃swar] ★★★★★
晚上好

bonne nuit
[bɔnnɥi] ★★★★
晚安（用于睡前）

Ça va?
[sava] ★★★★★
还好吗？

Tu vas bien?
[tyvabjɛ̃] ★★★★★
你好吗？

au revoir
[oʀvwar] ★★★★★
再见

寒暄过程中用到的词语

bienvenu (a.)
[bjɛ̃vny] ★★★★
欢迎的

étage (n.m.)
[etaʒ] ★★★★
楼层

porte (n.f.)
[pɔʀt] ★★★
门

voisin (n.m.)
voisine (n.f.)
[vwazɛ̃] / [vwazin] ★★★★
邻居

ascenseur (n.m.)
[asɑ̃sœr] ★★★
电梯

escalier (n.m.)
[ɛskalje] ★★★
楼梯

bisou (n.m.)
[bizu] ★★★★
吻

tard (adv.)
[tar] ★★★
晚的

tôt (adv.)
[to] ★★★
早的

salutation (n.f.)
[salytasjɔ̃] ★★★
问候

rencontrer (v.)
[ʀɑ̃kɔ̃tre] ★★★★
遇见

voir (v.)
[vwar] ★★★★
看见

s'en aller (v.)
[sɑ̃nale] ★★★
离开

Chapitre 1 自我表述

情景 02 寒暄近况

话题

promotion (n.f.)
[pʀɔmosjɔ̃]
升官
★★★

augmentation de salaire (n.f.)
[ogmɑ̃tasjɔ̃dsalɛʀ]
加薪
★★★

retraite (n.f.)
[ʀtʀɛt]
退休
★★★

démissionner (v.)
[demisjɔne]
辞职
★★★

mariage (n.m.)
[maʀjaʒ]
婚姻
★★★

se fiancer (v.)
[sfjɑ̃se]
订婚
★★★

enceinte (a.f.)
[ɑ̃sɛ̃t]
怀孕的
★★★

malade (a.)
[malad]
生病的
★★★★

étude (n.f.)
[etyd]
学习
★★★★

projet (n.m.)
[pʀɔʒɛ]
计划
★★★★

voyage (n.m.)
[vwajaʒ]
旅游
★★★★

amitié (n.f.)
[amitje]
友谊
★★★★

santé (n.f.)
[sɑ̃te]
健康
★★★★

动作

rendre visite (v.)
[ʀɑ̃dʀvizit]
拜访
★★★★

informer (v.)
[ɛ̃fɔʀme]
通知
★★★

bavarder (v.)
[bavaʀde]
聊八卦
★★★

se voir (v.)
[svwaʀ]
见面
★★★★

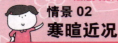

情景 02 寒暄近况

 01-04

状态

bien (adv.)
[bjɛ̃]
好的
★★★★

gai (a.m.)
gaie (a.f.)
[ge] / [gɛ]
愉悦的
★★★★

content (a.m.)
contente (a.f.)
[kɔ̃tɑ̃] / [kɔ̃tɑ̃t]
高兴的
★★★★

éxcité (a.m.)
éxcitée (a.f.)
[ɛksite] / [ɛksite]
兴奋的
★★★★

surpris (a.m.)
surprise (a.f.)
[syrpri] / [syrpriz]
惊喜的
★★★★

malade (a.)
[malad]
生病的
★★★★

satisfait (a.m.)
satisfaite (a.f.)
[satisfɛ] / [satisfɛt]
满足的
★★★

touché (a.m.)
touchée (a.f.)
[tuʃe] / [tuʃe]
感动的
★★★

occupé (a.m.)
occupée (a.f.)
[ɔkype] / [ɔkype]
忙碌的
★★★★

fatigué (a.m.)
fatiguée (a.f.)
[fatige] / [fatige]
疲倦的
★★★★

ravi (a.m.)
ravie (a.f.)
[ravi] / [ravi]
开心的
★★★★

离别

Prends bien soin de toi.
[prɑ̃bjɛ̃swɛ̃dtwa]
保重
★★★★

contacter (v.)
[kɔ̃takte]
联络
★★★★

au revoir
[ɔrvwar]
再见
★★★★★

partir (v.)
[partir]
离开
★★★★

embrasser (v.)
[ɑ̃brase]
拥抱
★★★★★

bisou (n.m.)
[bizu]
吻
★★★★

appeler (v.)
[aple]
打电话
★★★★

Chapitre 1 自我表述

情景 02 寒暄近况

天气

Il fait beau.
[ilfɛbo]
天气很好。
★★★★

Il pleut.
[ilplø]
下雨了。
★★★★

Il fait chaud.
[ilfɛʃo]
天气热。
★★★★

Il y a du brouillard.
[iliadybʀujaʀ]
有雾。
★★★

Le temps est sec.
[ltɑ̃esek]
天气干燥。
★★★★

Il fait froid.
[ilfɛfʀwa]
天气冷。
★★★★

自然现象

tremblement de terre (n.m.)
[tʀɑ̃blmɑ̃dtɛʀ]
地震
★

nuage (n.m.)
[nɥaʒ]
云
★★★★

tempête de neige (n.f.)
[tɑ̃pɛtdnɛʒ]
暴风雪
★★★

avalanche (n.f.)
[avalɑ̃ʃ]
雪崩
★★★

Il neige.
[ilnɛʒ]
下雪了。
★★★★

pluie (n.f.)
[plɥi]
雨
★★★★

vent (n.m.)
[vɑ̃]
风
★★★★

neige (n.f.)
[nɛʒ]
雪
★★★★

orage (n.m.)
[ɔʀaʒ]
雷雨
★★★

typhon (n.m.)
[tifɔ̃]
台风
★★

ouragan (n.m.)
[uʀagɑ̃]
飓风
★★

tornade (n.f.)
[tɔʀnad]
龙卷风
★★

临时需要用到的．一段对话

去朋友家打扰

A: (toc toc) Excusez-moi, il y a quelqu'un?
（敲门）请问有人在家吗？

B: Oui, j'arrive! C'est qui?
来了！请问是谁？

A: C'est Angela.
我是安琪拉。

B: Ah oui! Bonjour Angela! On t'attend. Entre!
啊，安琪拉你好！我们在等你呢。快进来吧！

A: Je suis désolée d'être en retard. Mon avion a été retardé.
不好意思，我迟到了。我的飞机误点了。

文化小叮咛

受邀到法国人家做客要注意以下几点：

- 若约定七点三十分，则需晚十五分钟到才算礼貌，切勿早到。
- 可以带束花送给女主人或是带瓶酒，很熟的朋友会带自己做的东西，比如：蛋糕、手工饼干，千万不能空手到！
- 法国人吃一顿晚餐大概要三小时，所以一定要与人聊天，不要只顾着吃！另外，不要忘了赞美女主人准备的佳肴！

Chapitre 1 自我表述

情景 02 寒暄近况

临时需要用到的. 一段对话

在朋友家用餐

A: À table!
开饭了!

B: Ça sent bon!
闻起来好香!

A: Bon appétit!
用餐愉快!

B: Hum... c'est bon! Tu es douée, Marie.
嗯～真是好吃啊! 玛莉你真是有天分。

A: Ah bon! C'est très gentil merci!
真的吗! 谢谢你的赞美!

用餐注意事项

法国长条面包怎么吃呢?

❶ 通常要把长条面包切成一小块一小块，再涂上奶油吃。在正餐中，面包主要是用来擦餐盘上的酱汁的。这样才不会浪费精心熬煮出来的汤汁。

❷ 长条面包也可做成三明治。

情景 03 祝贺

01-05

时节

Nouvel An (n.m.)
[nuvelɑ̃]
新年 ★★★★

anniversaire (n.m.)
[aniversɛʁ]
生日 ★★★★

Fête des Pères (n.f.)
[fɛtdepɛʁ]
父亲节 ★★★★

Noël (n.m.)
[nɔɛl]
圣诞节 ★★★★

Pâques (n.f.pl.)
[pɑk]
复活节 ★★★★

Fête des Mères (n.f.)
[fɛtdemɛʁ]
母亲节 ★★★★

喜事

se marier (v.)
[smaʁje]
结婚 ★★★★

mariage (n.m.)
[maʁjaʒ]
结婚 ★★★★

accoucher (v.)
[akuʃe]
生小孩 ★★★★

naissance (n.f.)
[nɛsɑ̃s]
出生 ★★★★

admission (n.f.)
[admisjɔ̃]
入学许可 ★★★

promotion (n.f.)
[pʁɔmosjɔ̃]
升官 ★★★★

se fiancer (v.)
[sfjɑ̃se]
订婚 ★★★

retraite (n.f.)
[ʁtʁɛt]
退休 ★★★

déménagement (n.m.)
[demenaʒmɑ̃]
搬家 ★★★

anniversaire (n.m.)
[aniversɛʁ]
纪念日 ★★★★

Chapitre 1 自我表述

情景 03 祝贺

喜事

prendre ses fonctions
[pʀɑ̃dʀsefɔ̃ksjɔ̃]
★★★
就职

augmentation de salaire (n.f.)
[ɔgmɑ̃tasjɔ̃ dᵊ salɛʀ]
★★★
加薪

promotion (n.f.)
[pʀɔmosjɔ̃]
★★★★
升官

inauguration (n.f.)
[inogyʀasjɔ̃]
★★★
开幕

succursale (n.f.)
[sykyʀsal]
★★★
分店

祝贺动作

féliciter (v.)
[felisite]
★★★★
恭贺

souhaiter (v.)
[swete]
★★★★
祝福；期望

remercier (v.)
[ʀmɛʀsje]
★★★★
感谢

donner (v.)
[dɔne]
★★★★
给予

espérer (v.)
[ɛspeʀe]
★★★★
期待

祝贺相关的情绪

touché (a.m.)
touchée (a.f.)
[tuʃe] / [tuʃe]
★★★★
感动的

content (a.m.)
contente (a.f.)
[kɔ̃tɑ̃] / [kɔ̃tɑ̃t]
★★★★
高兴的

plaisir (n.m.)
[pleziʀ]
★★★★
荣幸

fier (a.m.)
fière (a.f.)
[fjɛʀ] / [fjɛʀ]
★★★★
骄傲的

ravi (a.m.)
ravie (a.f.)
[ʀavi] / [ʀavi]
★★★★
开心的

临时需要用到的．**一个句型**

祝贺某事（用于节庆）

- Bonne Année.
  新年快乐。
- Joyeux Anniversaire.
  生日快乐。
- Joyeux Noël.
  圣诞快乐。
- Bonne Fête de Pâques.
  复活节快乐。
- Bonne Fête des Mères.
  母亲节快乐。
- Bonne Fête des Pères.
  父亲节快乐。
- Bonne Saint-Valentin.
  情人节快乐。

 场合注意事项

欧美常以办派对来庆祝，除了邀请朋友们一起来同欢之外，也给朋友们一个当面送礼的机会。常见的庆祝派对有：

- soirée d'anniversaire 生日派对
- pendaison de crémaillère 乔迁派对
- soirée de Noël 圣诞派对
- soirée d'adieu 欢送派对
- soirée de célibataires 单身派对（男或女都可）

Chapitre 1 自我表述

情景 03 祝贺

临时需要用到的．一个句型

表示恭喜或祝福他人或某事

法 Félicitations pour + 名词

中 恭喜～

- Félicitations! 恭喜！
- Félicitations pour la promotion. 恭喜升官。
- Félicitations pour le mariage. 恭喜结婚。

临时需要的生活短语

- J'espère que tu vas bientôt guérir.
  希望你早日康复。

- J'espère que tu te sens mieux maintenant.
  希望你现在觉得好多了。

- Je suis très fier de toi.
  我很为你感到骄傲。

- Merci de m'avoir invité.
  谢谢邀请我。

- J'ai bien reçu le cadeau que tu avais envoyé.
  我已经收到你寄来的礼物了。

文化小叮咛

在法国，母亲节也是在五月，而父亲节则是在六月的第二个或第三个星期天。

情景 04
赞美

 01-08

称赞的角度

personnalité (n.f.)
[pɛʀsɔnalite]
★★★★
人格

compréhension (n.f.)
[kɔ̃pʀeɑ̃sjɔ̃]
★★★
理解力

notion (n.f.)
[nosjɔ̃]
★★★★
观念

aptitude (n.f.)
[aptityd]
★★★★
能力

performance (n.f.)
[pɛʀfɔʀmɑ̃s]
★★★
表现

beauté (n.f.)
[bote]
★★★★
美貌

赞美用语

accord (n.m.)
[akɔʀ]
★★★
同意

exceptionnel (a.m.)
exceptionnelle (a.f.)
[ɛksɛpsjɔnɛl] / [ɛksɛpsjɔnɛl]
★★★
了不起的

humour (n.m.)
[ymuʀ]
★★★
幽默

intelligence (n.f.)
[ɛ̃teliʒɑ̃s]
★★★★
聪明才智

beau (a.m.)
belle (a.f.)
[bo] / [bɛl]
★★★★
帅的；漂亮的

belle (n.f.)
[bɛl]
★★★★
美女

gentillesse (n.f.)
[ʒɑ̃tijɛs]
★★★★
友善

attitude (n.f.)
[atityd]
★★★★
态度

perfection (n.f.)
[pɛʀfɛksjɔ̃]
★★★★
完善；完美

considération (n.f.)
[kɔ̃sideʀasjɔ̃]
★★★
考虑

ambition (n.f.)
[ɑ̃bisjɔ̃]
★★★
野心

assiduité (n.f.)
[asidɥite]
★★★
勤劳

talent (n.m.)
[talɑ̃]
★★★★
天分

Chapitre 1 自我表述

情景 04 赞美

赞美用语

mignon (a.m.)
mignonne (a.f.)
[miɲɔ̃] / [miɲɔn]
可爱的 ****

joli (a.m.)
jolie (a.f.)
[ʒɔli] / [ʒɔli]
美丽的 ****

intéressant (a.m.)
intéressante (a.f.)
[ɛ̃teʀesɑ̃] / [ɛ̃teʀesɑ̃t]
有趣的 ****

subtil (a.m.)
subtile (a.f.)
[syptil] / [syptil]
敏锐的 ***

intelligent (a.m.)
intelligente (a.f.)
[ɛ̃teliʒɑ̃] / [ɛ̃teliʒɑ̃t]
聪明的 ****

raisonnable (a.)
[ʀɛzɔnabl]
理性的 ****

élégant (a.m.)
élégante (a.f.)
[elegɑ̃] / [elegɑ̃t]
优雅的 ****

affectueux (a.m.)
affectueuse (a.f.)
[afektɥø] / [afektɥøz]
友爱的 ****

grand (a.m.)
grande (a.f.)
[gʀɑ̃] / [gʀɑ̃d]
伟大的 ****

sage (a.)
[saʒ]
有智慧的 ****

doué (a.m.)
douée (a.f.)
[dwe] / [dwe]
有天分的 ***

travailleur (a.m.)
travailleuse (a.f.)
[tʀavajœʀ] / [tʀavajøz]
勤奋的 ****

adorable (a.)
[adɔʀabl]
令人喜爱的 ****

poli (a.m.)
polie (a.f.)
[pɔli] / [pɔli]
有礼貌的 ****

gentil (a.m.)
gentille (a.f.)
[ʒɑ̃ti] / [ʒɑ̃tij]
好心的；友善的 ****

généreux (a.m.)
généreuse (a.f.)
[ʒeneʀø] / [ʒeneʀøz]
大方的 ****

017

临时需要用到的．一个句型

赞美他人

法 ▶ 主语 + être 动词 + très + 形容词
中 ▶ 某人 / 某物很～

- Mr. Dupont est très généreux. 杜邦先生很大方。
- Béatrice est très gentille. 贝阿提丝很友善。
- Les enfants sont très intelligents. 这些孩子很聪明。
- Vous êtes très gentille. 您真好。
- Le bébé est si mignon que tout le monde l'aime.
  这个婴儿如此可爱，大家都喜欢他。

临时需要的生活短语

- Tu peux lui faire confiance,c'est une personne très responsable. 你可以信任他，他是个负责任的人。
- C'est un grand homme. 这是个伟大的男人。
- J'ai une très haute opinion d'elle. 我对她评价很高。
- Louise est une des plus merveilleuses personnes que je connaisse. 露易丝是我认识的最棒的人之一。
- C'est le meilleur chocolat que j'ai mangé.
  这是我吃过的最好吃的巧克力。
- C'est le meilleur voyage que j'ai fait.
  这是我有史以来最棒的旅行。
- C'est la fille la plus mignonne que j'ai jamais vue.
  这是我看过的最可爱的女孩。

Chapitre 1 自我表述

情景 04 赞美

 临时需要用到的．一个句型　MP3 01-10

赞美对方常用的说法

- Tu es vraiment très gentil. 你人真的很好。
- Vous êtes si généreuse. 您真是慷慨。（对女性说）
- Tu es si belle. 你真是美丽。

回应对方称赞时常说的话：

- Merci pour ce compliment. 谢谢赞美。
- Merci, c'est très gentil. 谢谢你（您）的好意。

临时需要的生活短语

- Tu es vraiment un très bon ami. 你真是一个很棒的朋友。
- Elle est vraiment belle. 她真美。
- Loïc est un type intelligent, laisse-le faire.
  洛伊克是个聪明的家伙，让他做吧。
- Marie sait très bien comment s'occuper des bébés.
  玛莉很懂得怎么照顾宝宝们。
- Joseph fait des efforts pour m'aider, c'est le meilleur.
  乔瑟夫费尽心力地帮我，他真是最棒的人。
- Je suis impressionné. 我印象深刻。

文化小叮咛

在法国，若是受到他人的赞美应以谢谢来回应。中国人习惯说的"没有啦、哪里"这类谦虚的话则不适合用在法国！

情景 05
情绪

情绪状态

humeur (n.f.)
[ymœʀ]
情绪；心情

saute d'humeur (n.f.)
[sotdymœʀ]
阴晴不定

de mauvaise humeur
[dmɔvɛzymœʀ]
心情不好

de bonne humeur
[dbɔnymœʀ]
心情好

état (n.m.)
[eta]
状态

sensation (n.f.)
[sɑ̃sasjɔ̃]
感觉

désir (n.m.)
[deziʀ]
欲求；欲望

condition (n.f.)
[kɔ̃disjɔ̃]
状态；样子

avoir bon moral
[avwaʀbɔ̃mɔʀal]
最佳精神状态

conscience (n.f.)
[kɔ̃sjɑ̃s]
意识

réaction (n.f.)
[ʀeaksjɔ̃]
反应

dépression (n.f.)
[depʀesjɔ̃]
消沉

情绪表达方式

expression (n.f.)
[ɛkspʀesjɔ̃]
表情

langue (n.f.)
[lɑ̃g]
言语

larme (n.f.)
[laʀm]
眼泪

idée (n.f.)
[ide]
主意

méthode (n.f.)
[metɔd]
方法

rire (n.m.)
[ʀiʀ]
笑声

Chapitre 1 自我表述

情景 05 情绪

开心的情绪

gaieté (n.f.)
[gete]
★★★★
欢乐

joie (n.f.)
[ʒwa]
★★★★
愉快

excitation (n.f.)
[ɛksitasjɔ̃]
★★★
兴奋

bien-être (n.m.)
[bjɛ̃nɛtʀ]
★★★
惬意；舒适

contentement (n.m.)
[kɔ̃tɑ̃tmɑ̃]
★★★
满足

plaisir (n.m.)
[pleziʀ]
★★★★
愉悦

calme (n.m.)
[kalm]
★★★★
平静

confort (n.m.)
[kɔ̃fɔʀ]
★★★
舒适；舒服

se détendre (v.)
[sdetɑ̃dʀ]
★★★★
放松

aimer (v.)
[eme]
★★★★
热爱

satisfaction (n.f.)
[satisfaksjɔ̃]
★★★
满意

sécurité (n.f.)
[sekyʀite]
★★★★
安全

agréable (a.)
[agʀeabl]
★★★★
惬意的

paisible (a.)
[pezibl]
★★★
平和的

éxcité (a.m.)
éxcitée (a.f.)
[ɛksite] / [ɛksite]
★★★★
兴奋的

chaleureux (a.m.)
chaleureuse (a.f.)
[ʃalœʀø] / [ʃalœʀøz]
★★★★
温暖的

rassuré (a.m.)
rassurée (a.f.)
[ʀasyʀe] / [ʀasyʀe]
★★★★
放心的；安心的

情景 05
情绪

 01-12

频度 | 开心的动作

habituellement (adv.)
[abituɛlmɑ̃]
经常地 ★★★★

rire (v.)
[ʀiʀ]
笑 ★★★★

sauter (v.)
[sote]
跳 ★★★

de temps en temps (adv.)
[dtɑ̃zɑ̃tɑ̃]
偶尔地 ★★★★

applaudir (v.)
[aplodiʀ]
拍手 ★★★★

courir (v.)
[kuʀiʀ]
跑 ★★★★

souvent (adv.)
[suvɑ̃]
常常地 ★★★★

danser (v.)
[dɑ̃se]
跳舞 ★★★★

faire des culbutes
[fɛʀdekylbyt]
翻跟斗

chaque fois
[ʃakfwa]
每次 ★★★★

embrasser (v.)
[ɑ̃bʀase]
拥抱;亲吻 ★★★★

se détendre (v.)
[sdetɑ̃dʀ]
放松 ★★★

crier (v.)
[kʀije]
尖叫 ★★★

serrer (v.)
[seʀe]
紧握 ★★★

quelquefois (adv.)
[kɛlkfwa]
偶尔地 ★★★★

chanter (v.)
[ʃɑ̃te]
唱歌 ★★★★

se balancer (v.)
[sbalɑ̃se]
摇摆 ★★★★

rarement (adv.)
[ʀaʀmɑ̃]
很少地 ★★★★

pleurer de joie (v.)
[plœʀedʒwa]
喜极而泣 ★★★

Chapitre 1 自我表述

情景 05 情绪

不开心的情绪表达

colère (n.f.)
[kɔlɛʀ]
生气

rage (n.f.)
[ʀaʒ]
愤怒

jalousie (n.f.)
[ʒaluzi]
忌妒

inquiétude (n.f.)
[ɛ̃kjetyd]
担心

doute (n.m.)
[dut]
怀疑

confusion (n.f.)
[kɔ̃fyzjɔ̃]
困惑

mécontentement (n.m.)
[mekɔ̃tɑ̃tmɑ̃]
不愉快

tristesse (n.f.)
[tʀistɛs]
悲伤

déception (n.f.)
[desɛpsjɔ̃]
失望

choc (n.m.)
[ʃɔk]
惊吓

frustration (n.f.)
[fʀystʀasjɔ̃]
挫折

anxiété (n.f.)
[ɑ̃ksjete]
焦虑

tension (n.f.)
[tɑ̃sjɔ̃]
压力

humiliation (n.f.)
[ymiljasjɔ̃]
污辱

manque de respect (n.m.)
[mɑ̃kdʀɛspɛ]
不受尊重

mépris (n.m.)
[mepʀi]
鄙视

dégoûtant (a.m.)
dégoûtante (a.f.)
[degutɑ̃] / [degutɑ̃t]
恶心的

pression (n.f.)
[pʀɛsjɔ̃]
逼迫；压制

临时需要用到的．一个句型

01-13

法 ▶ Tu as l'air (Vous avez l'air) + 形容词
中 ▶ 你看起来～ / 您看起来～

- Tu as l'air très inquiet.
  你看起来很担心。

- Tu as l'air très fatigué. Ça va?
  你看起来很累。还好吗？

- Tu as l'air pale. Tout va bien?
  你看起来很苍白，一切都好吗？

- Tu as l'air très belle, tu vas aller au rendez-vous?
  你看起来很美，你要去约会吗？

临时需要的生活短语

- Calme-toi. 冷静点。
- Sois content. 开心点。
- Laisse tomber. 算了吧。
- Tu n'as pas le moral? 你没精神吗？
- Ça va aller. 会过去的。
- C'est pas grave.
  没关系的。 （在口语中，ne 通常都是省略不说的。）

Chapitre 1 自我表述

情景 05 情绪

临时需要用到的,一段对话

安慰朋友

A: T'as l'air très inquiet; qu'est-ce qui se passe?
你看起来很担心；发生什么事了？

B: J'ai perdu mon portefeuille, j'arrive pas à le trouver dans mon sac.
我钱包弄丢了，我在包里找不到。

A: Ah non... tu ne sais pas où tu l'as mis?
不会吧！你不知道放到哪里去了吗？

B: J'aimerais bien le savoir, mais je me souviens de rien.
我也希望我知道，但我什么也不记得了。

A: On retourne voir au restaurant; tu l'as peut-être laissé là-bas.
我们回餐厅去看看吧，也许你忘在那边了。

法▶ **souhaiter / espérer**
中▶ 祝福；期盼 / 希望

souhaiter 是祝福或是期盼未来某事发生的意思。而 espérer 是指希望某事会发生，且事实上也很有可能会发生。

- Je te souhaite Bonne Année et Meilleurs Voeux.
  祝你新年快乐且美梦成真。

- J'espère que tu vas mieux! 我希望你好一点了！

情景 06
答应与拒绝邀请

 01-14

场合

occasion (n.f.)
[ɔkazjɔ̃]
场合 ★★★

salle de concert (n.f.)
[saldkɔ̃sɛʀ]
音乐厅 ★★★★

restaurant (n.m.)
[ʀɛstɔʀɑ̃]
餐厅 ★★★★

café (n.m.)
[kafe]
咖啡厅 ★★★★

opéra (n.m.)
[ɔpeʀa]
歌剧院 ★★★★

bistro (n.m.)
[bistʀo]
小酒馆 ★★★★

chez moi
[ʃemwa]
在我家 ★★★★

hôtel (n.m.)
[ɔtɛl]
饭店 ★★★★

théâtre (n.m.)
[teatʀ]
剧院 ★★★★

cinéma (n.m.)
[sinema]
电影院 ★★★★

parc (n.m.)
[paʀk]
公园 ★★★★

musée d'art (n.m.)
[myzedaʀ]
美术馆 ★★★★

musée (n.m.)
[myze]
博物馆 ★★★★

bibliothèque (n.f.)
[biblijɔtɛk]
图书馆 ★★★

grand magasin (n.m.)
[gʀɑ̃magazɛ̃]
百货公司 ★★★★

exposition (n.f.)
[ɛkspozisjɔ̃]
展览会 ★★★★

parc d'attractions (n.m.)
[paʀkdatʀaksjɔ̃]
游乐园 ★★★

galerie (n.f.)
[galʀi]
画廊 ★★★★

rendez-vous (n.m.)
[ʀɑ̃devu]
约会 ★★★★

Chapitre 1 自我表述

情景 06 答应与拒绝邀请

事由

pique-niquer (v.)
[piknike]
★★★★
野餐

aller au cinéma (v.)
[aleosinema]
★★★★
看电影

shopping (n.m.)
[ʃɔpiŋ]
★★★★
购物

écouter la musique (v.)
[ekutelamyzik]
★★★★
听音乐

s'exposer au soleil (v.)
[sekspozeosɔlɛj]
★★★★
晒太阳

voyager (v.)
[vwajaʒe]
★★★★
旅行

visiter (v.)
[vizite]
★★★★
参观

lire (v.)
[liʀ]
★★★★
阅读

discuter (v.)
[diskyte]
★★★★
讨论

boire du vin (v.)
[bwaʀdyvɛ̃]
★★★★
喝点酒

natation (n.f.)
[natasjɔ̃]
★★★★
游泳

ski (n.m.)
[ski]
★★★★
滑雪

pêcher (v.)
[peʃe]
★★★
钓鱼

randonnée (n.f.)
[ʀɑ̃dɔne]
★★★★
山上健步

croisière (n.f.)
[kʀwazjɛʀ]
★★★
航游

golf (n.m.)
[gɔlf]
★★★★
高尔夫球

carnaval (n.m.)
[kaʀnaval]
★★★
狂欢节

sport (n.m.)
[spɔʀ]
★★★★
运动

027

情景 06
答应与拒绝邀请

邀请与回复

inviter (v.)
[ɛ̃vite]
邀请
★★★★

répondre (v.)
[repɔ̃dr]
回复
★★★★

refuser (v.)
[rfyze]
拒绝
★★★★

offrir (v.)
[ɔfrir]
提供
★★★★

accepter (v.)
[aksɛpte]
接受
★★★★

s'excuser (v.)
[sɛkskyze]
道歉
★★★★

essayer (v.)
[eseje]
尝试
★★★★

accompagner (v.)
[akɔ̃paɲe]
作伴
★★★

chercher (v.)
[ʃɛrʃe]
接（某人）
★★★★

rester (v.)
[rɛste]
停留
★★★★

prier (v.)
[prije]
恳求
★★★★

trouver du temps (v.)
[truvedytɑ̃]
腾出时间
★★★★

demander (v.)
[dmɑ̃de]
询问
★★★★

拒绝原由

raison (n.f.)
[rɛzɔ̃]
理由
★★★★

excuse (n.f.)
[ɛkskyz]
借口
★★★★

malade (a.)
[malad]
生病的
★★★★

travail (n.m.)
[travaj]
工作
★★★★

occupé (a.m.) **occupée** (a.f.)
[ɔkype] / [ɔkype]
无空闲的
★★★

chargé (a.m.) **chargée** (a.f.)
[ʃarʒe] / [ʃarʒe]
行程很满的
★★★★

Chapitre 1 自我表述

情景 06 答应与拒绝邀请

表述语

content (a.m.)
contente (a.f.)
[kɔ̃tɑ̃] / [kɔ̃tɑ̃t]
高兴的

ravi (a.m.)
ravie (a.f.)
[Ravi] / [Ravi]
开心的

beau (a.m.)
belle (a.f.)
[bo] / [bɛl]
帅的；漂亮的

superbe (a.)
[sypɛRb]
很棒的

magnifique (a.)
[maɲifik]
美妙的

connu (a.m.)
connue (a.f.)
[kɔny] / [kɔny]
著名的

joyeux (a.m.)
joyeuse (a.f.)
[ʒwajø] / [ʒwajøz]
愉快的

ennuyeux (a.m.)
ennuyeuse (a.f.)
[ɑ̃nɥijø] / [ɑ̃nɥijøz]
无趣的

coïncidence (n.f.)
[kɔɛ̃sidɑ̃s]
巧合

calme (a.)
[kalm]
安静的

bavard (a.m.)
bavarde (a.f.)
[bavaʀ] / [bavaʀd]
多话的

parler beaucoup (v.)
[paʀlebuku]
说很多

délicieux (a.m.)
délicieuse (a.f.)
[delisjø] / [delisjøz]
美味的

agaçant (a.m.)
agaçante (a.f.)
[agasɑ̃] / [agasɑ̃t]
令人厌烦的

nerveux (a.m.)
nerveuse (a.f.)
[nɛʀvø] / [nɛʀvøz]
紧张的

le meilleur (a.m.)
la meilleure (a.f.)
[lmɛjœʀ] / [lamɛjœʀ]
最棒的

le pire (a.m.)
la pire (a.f.)
[lpiʀ] / [lapiʀ]
最差的

临时需要用到的．一个句型 MP3 01-16

邀约的常见用法

法▶ Tu veux aller... avec moi?
Vous voulez aller... avec moi?

中▶ 你（您）想和我去～吗？

- Vous voulez aller au café avec moi?
  您愿意和我去喝杯咖啡吗？

其他常用的邀请句子

- Allons à l'exposition! 我们一起去看展览吧！
- Je voudrais vous inviter à la soirée de mon anniversaire. 我想邀请您参加我的生日派对。
- Pourquoi pas aller pique-niquer avec nous ce week-end? 这周末为何不和我们一起去野餐呢？

答应邀约的常见用法

- Je veux bien. 我很乐意。
- Je serai là à l'heure. 我会准时到。
- J'ai vraiment hâte d'y aller. 我真是迫不及待想去。

拒绝邀约的常见用法

- Merci de me demander, mais...
  谢谢你（您）问我，但是～。
- Merci de m'avoir invité, mais...
  谢谢你（您）邀请我，但是～。
- Je crains de ne pas pourvoir y aller parce que...
  我恐怕没有办法赴约，因为～。

Chapitre 1 自我表述

情景 06 答应与拒绝邀请

临时需要用到的，一个句型 🎧 01-17

因为～

Parceque / Puisque / Comme 的用法

较常用的"因为"有 parceque / puisque / comme：

❶ **Parceque**：用在回答"为什么"。

Pourquoi tu ne dors pas? 你为什么还不睡？
Parceque je travaille encore. 因为我还在工作。

❷ **Puisque**：表示因与果的关系。

Puisque je suis né à pékin, je parle chinois.
因为我出生在北京，所以我会说汉语。

❸ **Comme**：表示因与果的关系，但没有 puisque 这么强调。

Comme tu te lèves plus tôt que moi, prépare le petit déjeuner pour moi!
既然（因为）你起得比我早，那就帮我准备早餐吧！

临时需要的生活短语

- J'aimerais bien t'aider. 我很乐意帮你的忙。
- Je crains de ne pas pourvoir y aller avec toi.
  我恐怕无法和你一起去。

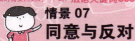

情景 07 同意与反对

事由

opinion (n.f.)
[ɔpinjɔ̃]
意见 ★★★★

projet (n.m.)
[pʀɔʒɛ]
提议；提案 ★★★★

autoriser (v.)
[ɔtɔʀize]
授权 ★★★★

idée (n.f.)
[ide]
想法 ★★★★

émotion (n.f.)
[emosjɔ̃]
情感 ★★★★

表示同意与反对的词语

approuver (v.)
[apʀuve]
同意；批准 ★★★★

d'accord
[dakɔʀ]
同意 ★★★★

soutenir (v.)
[sutniʀ]
支持 ★★★★

permission (n.f.)
[pɛʀmisjɔ̃]
许可 ★★★

appuyer (v.)
[apɥije]
赞同 ★★

sympathie (n.f.)
[sɛ̃pati]
同感 ★★

identique (a.)
[idɑ̃tik]
完全一致的 ★★★

consentement (n.m.)
[kɔ̃sɑ̃tmɑ̃]
同意 ★★

discuter (v.)
[diskyte]
讨论 ★★★★

négocier (v.)
[negɔsje]
协商 ★★★

rien de commun
[ʀjɛ̃dkɔmœ̃]
没有共同点 ★★★

Chapitre 1 自我表述

情景 07 同意与反对

表示同意的词语

bien (adv.)
[bjɛ̃]
好的
★★★★

oui (adv.)
[wi]
是的
★★★★

pareil (a.m.)
pareille (a.f)
[paʀɛj] / [paʀɛj]
同样的
★★★★

être pour (v.)
[ɛtpuʀ]
赞成
★★★★

moi aussi
[mwaosi]
我也是
★★★★

exactement (adv.)
[ɛgzaktmɑ̃]
正确地
★★★★

表示反对的词语

différent (a.m.)
différente (a.f.)
[diferɑ̃] / [diferɑ̃t]
不同的
★★★★

mal juger (v.)
[malʒyʒe]
判断错误
★★★

rejeter (v.)
[ʀʒte]
拒绝
★★★★

se disputer (v.)
[sdispyte]
争论
★★★★

ridicule (a.)
[ʀidikyl]
荒唐的
★★★

conflit (n.m.)
[kɔ̃fli]
冲突
★★★

pas d'accord
[padakɔʀ]
不同意
★★★★

être contre (v.)
[ɛtʀkɔ̃tʀ]
反对
★★★★

contraire (n.m.)
[kɔ̃tʀɛʀ]
相反
★★★

impossible (a.)
[ɛ̃pɔsibl]
不可能的
★★★★

nul (a.m.)
nulle (a.f.)
[nyl] / [nyl]
没价值的
★★★★

情景 07 同意与反对

表示反对的词语

mauvais (a.m.)
mauvaise (a.f.)
[mɔvɛ] / [mɔvɛz]
不好的 ★★★★

stupide (a.)
[stypid]
愚蠢的 ★★★★

ennuyeux (a.m.)
ennuyeuse (a.f.)
[ɑ̃nɥijø] / [ɑ̃nɥijøz]
无趣的 ★★★★

suffisant (a.)
suffisante (a.)
[syfizɑ̃] / [syfizɑ̃t]
足够的 ★★★★

impoli (a.m.)
impolie (a.f.)
[ɛ̃pɔli] / [ɛ̃pɔli]
无礼的 ★★★★

coupable (a.)
[kupabl]
有罪的 ★★★★

malhonnête (a.)
[malɔnɛt]
不诚实的 ★★★★

ridicule (a.)
[ʀidikyl]
荒唐的 ★★★★

horrible (a.)
[ɔʀibl]
可怕的 ★★★★

irréfléchi (a.m.)
irréfléchie (a.f.)
[iʀefleʃi] / [iʀefleʃi]
思考不周全的 ★★★★

inacceptable (a.)
[inakseptabl]
无法接受的 ★★★★

hors de limite
[ɔʀdlimit]
越线了 ★★★

incroyable (a.)
[ɛ̃kʀwajabl]
无法置信的 ★★★★

faux (a.m.)
fausse (a.f.)
[fo] / [fos]
假的 ★★★★

radin (a.m.)
radine (a.f.)
[ʀadɛ̃] / [ʀadin]
小气的 ★★★★

pauvre (a.)
[povʀ]
贫乏的 ★★★★

hypocrite (a.)
[ipɔkʀit]
虚伪的 ★★★★

gaspillage (n.m.)
[gaspijaʒ]
浪费 ★★★★

Chapitre 1 自我表述

情景 07 同意与反对

表达意见的用语

promettre (v.)
[pʀɔmɛtʀ]
★★★★
答应

être d'accord (v.)
[ɛtʀdakɔʀ]
★★★★
同意

permettre (v.)
[pɛʀmɛtʀ]
★★★★
允许

reconnaître (v.)
[ʀkɔnɛtʀ]
★★★
认可

croire (v.)
[kʀwaʀ]
★★★★
相信

convaincre (v.)
[kɔ̃vɛkʀ]
★★★★
说服

accepter (v.)
[aksɛpte]
★★★★
接受

soutenir (v.)
[sutniʀ]
★★★★
支持

s'opposer (v.)
[sɔpoze]
★★★
反对

refuser (v.)
[ʀfyze]
★★★★
拒绝

décliner (v.)
[dekline]
★★★
婉拒

débattre (v.)
[debatʀ]
★★★
辩论

abandonner (v.)
[abɑ̃dɔne]
★★★★
放弃

insister (v.)
[ɛ̃siste]
★★★★
坚持

céder (v.)
[sede]
★★★★
退让

quitter (v.)
[kite]
★★★★
退出

compromettre (v.)
[kɔ̃pʀɔmɛtʀ]
★★★★
妥协

arrêter (v.)
[aʀete]
★★★★
停止

finir (v.)
[finiʀ]
★★★★
完成

临时需要用到的.一段对话
邀约朋友出游

A: Tu as une idée pour ce samedi?
这个星期六你有什么计划吗?

B: Non, rien de spécial.
没有,没什么特定的计划。

A: Alors, tu veux aller au cinéma ensemble?
那要不要一起去看电影呢?

B: C'est une bonne idée. Quel film?
这个主意不错。哪一部?

A: Comme tu veux.
看你想看什么。

B: Où? Et à quelle heure?
在哪里?几点?

A: Je peux aller te chercher chez toi à dix heures, c'est trop tôt pour toi?
我十点去你家接你,会太早吗?

B: Dix heures, c'est bien.
十点可以。

A: À samedi alors!
那就星期六见!

B: Très bien, j'ai hâte d'y aller!
好,我等不及了呢!

Chapitre 1 自我表述

情景 07 同意与反对

 临时需要用到的 **一个句型**

法 ▶ ... pas du tout
中 ▶ 一点也不~ / 完全不~

- Je ne comprends pas du tout pourquoi il a fait comme ça?
  我一点都不能理解为什么他要这么做。

- Je n'aime pas du tout le nouveau directeur.
  我一点都不喜欢这个新经理。

法 ▶ J'ai du mal à + 原形动词
中 ▶ 我无法~

- J'ai du mal à te comprendre. 我无法理解你。

- J'ai du mal à t'entendre, la communication est mauvaise, ça coupe sans cesse.
  我无法听清楚你的声音，通话质量不好，断断续续的。

- J`ai du mal à manger comme j'ai mal à la gorge.
  我无法吃东西，因为我喉咙痛。

临时需要的生活短语

- Je ne comprends pas. 我不懂。
- Je suis totalement d'accord avec toi. 我完全同意你。
- Les choses ont été faites comme ça. 事情就是这么办的。
- Tout est passé. 一切都过去了。
- Est-ce que je peux donner mon opinion?
  我可以表达一下看法吗？

情景 08
寻求帮忙与许可

01-21

事项

temps (n.m.)
[tɑ̃]
★★★★
时间

endroit (n.m.)
[ɑ̃dʀwa]
★★★★
地点

direction (n.f.)
[diʀɛksjɔ̃]
★★★★
方向

perdu (a.m.)
perdue (a.f.)
[pɛʀdy] / [pɛʀdy]
★★★★
迷路的

annonce (n.f.)
[anɔ̃s]
★★★★
广播

chercher (v.)
[ʃɛʀʃe]
★★★★
寻找

场所

centre d'information (n.m.)
[sɑ̃tʀdɛ̃fɔʀmasjɔ̃]
★★★★
旅客咨询中心

toilettes (n.f.pl.)
[twalɛt]
★★★★
洗手间

endroit public (n.m.)
[ɑ̃dʀwapyblik]
★★★★
公共场所

centre commercial (n.m.)
[sɑ̃tʀkɔmɛʀsjal]
★★★★
卖场

police (n.f.)
[pɔlis]
★★★★
派出所

rue (n.f.)
[ʀy]
★★★★
街道

gare (n.f.)
[gaʀ]
★★★★
车站

billetterie (n.f.)
[bijetʀi]
★★★★
售票处

quai (n.m.)
[ke]
★★★★
站台；码头

aéroport (n.m.)
[aeʀɔpɔʀ]
★★★★
机场

parc (n.m.)
[paʀk]
★★★★
公园

objets trouvés (n.m.pl.)
[ɔbʒɛtʀuve]
★★★★
失物招领

Chapitre 1 自我表述

情景 08 寻求帮忙与许可

寻求帮忙的用语

aider (v.)
[ede] ★★★★
帮忙

avoir recours à (v.)
[avwaʀkuʀa] ★★★★
向~求救

s'il te plaît
[siltplɛ] ★★★★
拜托你；请

s'il vous plaît
[silvuplɛ] ★★★★
拜托您；请

prier (v.)
[pʀije] ★★★
恳求

comprendre (v.)
[kɔ̃pʀɑ̃dʀ] ★★★★
了解

assister (v.)
[asiste] ★★★★
协助

demander (v.)
[dmɑ̃de] ★★★★
询问

raconter (v.)
[ʀakɔ̃te] ★★★★
讲述

se passer (v.)
[spose] ★★★★
发生

perdre (v.)
[pɛʀdʀ] ★★★★
遗失

abandonner (v.)
[abɑ̃dɔne] ★★★★
遗弃

parler (v.)
[paʀle] ★★★★
说话

donner un coup de main (v.)
[dɔneœ̃kudmɛ̃] ★★★★
帮个忙

提供帮助的人员

bénévole (n.m.)
[benevɔl] ★★★★
义工

police (n.f.)
[pɔlis] ★★★★
警察

collègue (n.m. / n.f.)
[kɔleg] ★★★★
同事

guide (n.m. / n.f.)
[gid] ★★★★
导游

临时需要用到的一个词：法语关键词6000

情景 08
寻求帮忙与许可

🎧 01-22

寻求帮忙的用语

Oh là là!
[olala]
天啊！（感叹词）
★★★★

penser (v.)
[pãse]
想
★★★★

oublier (v.)
[ublije]
忘记
★★★★

déranger (v.)
[derãʒe]
打扰
★★★★

nerveux (a.m.)
nerveuse (a.f.)
[nɛrvø] / [nɛrvøz]
紧张的
★★★★

寻求帮忙的用时

tout de suite (adv.)
[tudsɥit]
马上
★★★★

maintenant (adv.)
[mɛ̃tnã]
现在
★★★★

le plus vite possible
[lplyvitpɔsibl]
越快越好
★★★★

bientôt (adv.)
[bjɛ̃to]
不久
★★★★

demain (adv.)
[dmɛ̃]
明天
★★★★

ce soir (adv.)
[sswar]
今晚
★★★★

表达许可的用语

permettre (v.)
[pɛRmɛtR]
许可
★★★★

approuver (v.)
[apRuve]
认可
★★★★

promettre (v.)
[pRɔmɛtR]
承诺
★★★★

être d'accord
[ɛtRdakɔR]
同意
★★★★

comprendre (v.)
[kɔ̃pRãdR]
了解
★★★★

savoir (v.)
[savwaR]
知道
★★★★

pas de problème
[padpRɔblɛm]
没问题
★★★★

Chapitre 1 自我表述

情景 08 寻求帮忙与许可

表达许可的用语

comment (adv.)
[kɔmɑ̃]
★★★★
如何

quand (conj.)
[kɑ̃]
★★★★
何时

si (conj.)
[si]
★★★★
如果

sauf (prép.)
[sof]
★★★★
除非

bien sûr (adv.)
[bjɛ̃syʀ]
★★★★
当然

C'est bien sûr.
[sɛbjɛ̃syʀ]
★★★
这是当然的。

Ne vous inquiétez pas.
[nvuzɛ̃kjetepa]
★★★★
您别担心。

表达许可的用语

rapporter (v.)
[ʀapɔʀte]
★★★★
报告

faire le projet (v.)
[fɛʀləpʀɔʒɛ]
★★★★
计划

préparer (v.)
[pʀepaʀe]
★★★★
准备

faire les efforts (v.)
[fɛʀlezefɔʀ]
★★★★
尽力

prier (v.)
[pʀije]
★★★★
祈祷

Si c'est possible.
[sisɛpɔsibl]
★★★★
如果可以的话。

flatter (v.)
[flate]
★★★
谄媚、奉承

demander (v.)
[dmɑ̃de]
★★★★
要求

interroger (v.)
[ɛ̃teʀɔʒe]
★★★
质问

prouver (v.)
[pʀuve]
★★★★
证明

obtenir (v.)
[ɔptniʀ]
★★★★★
获得

espérer (v.)
[ɛspeʀe]
★★★★
期待

临时需要用到的. 一个句型 🎧 01-23

法 ▶ **Pourriez-vous..., s'il vous plaît?**

中 ▶ 能不能请您～？

- Pourriez-vous m'aider, s'il vous plaît?
  能不能请您帮助我？

- Pourriez-vous mettre l'ordinateur en marche, s'il vous plaît? 能不能请您把电脑打开？

- Pourriez-vous me prendre en photo, s'il vous plaît?
  能不能请您帮我拍张照片？

- Pourriez-vous m'emmener à la gare, s'il vous plaît?
  能不能请您带我去车站？

- Pourriez-vous me rendre un service, s'il vous plaît?
  能不能请您帮一下忙？

- Pourriez-vous m'aider à faire le linge, s'il vous plaît?
  能不能请您帮我洗一下衣服？

临时需要的生活短语

- billetterie 售票处
- bureau des objets trouvés 失物招领处
- Donnez-moi un coup de main! 您帮我一个忙吧！
- centre d'information 服务台
- Ne t'inquiète pas. (Ne vous inquiétez pas.)
  你别担心。（您别担心。）
- Laisse-moi faire. 你就让我来吧。

Chapitre 1 自我表述

情景 08 寻求帮忙与许可

临时需要用到的 一个句型

法 ▶ Puis-je...? / Laissez-moi... (Laisse-moi...)
中 ▶ 我能不能～？ / 让我来～吧

- Puis-je visiter le musée?
  我能不能参观博物馆呢？

- Puis-je partager le taxi avec toi? Comme je suis pressé.
  我可以和你一起搭这出租车吗？我在赶时间。

- Laissez-moi le faire pour vous.
  让我帮您吧。

- Laisse-moi vous prendre en photo.
  让我帮你们拍个照吧。

临时需要的生活短语

- D'accord. 知道了。
- Pas de problème. 没问题。
- Pardonnez-moi. 您原谅我吧。
- S'il te plaît! 拜托你！
- S'il vous plaît! 拜托您！
- Tu rigoles? 你在开玩笑？
- Pardonne le. 饶了他吧。
- Cela m'intéresse pas. 我对这个没兴趣。
- Après-vous. 您先走。
- Les femmes d'abord. 女士优先。
- Peut-être la prochaine fois. 下次再说吧。

临时需要用到的一个词：法语关键词6000

情景 09
鼓励与安慰

🎧 01-25

需要鼓励与安慰的情况

situation (n.f.)
[sitɥasjɔ̃]
状况 ★★★★

résultat (n.m.)
[Rezylta]
结果 ★★★★

déception (n.f.)
[desɛpsjɔ̃]
失望 ★★★★

échec (n.m.)
[eʃɛk]
失败 ★★★★

raté (a.m.)
ratée (a.f.)
[Rate] / [Rate]
不及格的 ★★★★

cafard (n.m.)
[kafaR]
低潮 ★★★★

malentendu (n.m.)
[malɑ̃tɑ̃dy]
误解 ★★★★

merder (v.)
[mɛRde]
搞砸 ★★★★

perdre (v.)
[pɛRdR]
失去 ★★★★

tristesse (n.f.)
[tRistɛs]
悲伤 ★★★★

se séparer (v.)
[ssepaRe]
分手 ★★★★

renvoyer (v.)
[Rɑ̃vwaje]
开除 ★★★★

相关形容词

intelligent (a.m.)
intelligente (a.f.)
[ɛ̃teliʒɑ̃] / [ɛ̃teliʒɑ̃t]
聪明的 ★★★★

jeune (a.)
[ʒœn]
年轻的 ★★★★

détaillé (a.m.)
détaillée (a.f.)
[detaje] / [detaje]
详细的 ★★★★

étonnant (a.m.)
étonnante (a.f.)
[etɔnɑ̃] / [etɔnɑ̃t]
惊人的 ★★★★

grand (a.m.)
grande (a.f.)
[gRɑ̃] / [gRɑ̃d]
伟大的 ★★★★

bravo (a.)
[bRavo]
太棒了；好极了 ★★★★

Chapitre 1 自我表述

情景 09 鼓励与安慰

鼓励与安慰时会用到的词语

gentil (a.m.)
gentille (a.f.)
[ʒɑ̃ti] / [ʒɑ̃tij]
★★★★
好心的；友善的

bon courage
[bɔ̃kuraʒ]
★★★★
加油

écouter (v.)
[ekute]
倾听

expliquer (v.)
[eksplike]
★★★★
解释

croire (v.)
[kRwaR]
★★★★
相信

reprendre courage (v.)
[RəpRɑ̃dRkuRaʒ]
★★★★
振作起来

Laisse le.
[lɛsl]
★★★★
顺其自然。

鼓励与安慰时会用到的动词

consoler (v.)
[kɔ̃sɔle]
★★★★
安慰

apaiser (v.)
[apeze]
★★★
抚慰

calmer (v.)
[kalme]
使冷静

insister (v.)
[ɛ̃siste]
★★★★
坚持

abandonner (v.)
[abɑ̃dɔne]
★★★★
放弃

pleurer (v.)
[plœRe]
★★★★
流泪

comprendre (v.)
[kɔ̃pRɑ̃dR]
★★★★
明白

reprocher (v.)
[RəpRɔʃe]
★★★★
责备

oublier (v.)
[ublije]
忘记

persuader (v.)
[pɛRsɥade]
★★★
说服

admirer (v.)
[admiRe]
★★★★
欣赏

changer d'avis (v.)
[ʃɑ̃ʒedavi]
改变想法

临时需要用到的，**一个句型**

法▶ ne laisser pas abattre par...
中▶ 不要被～打倒

- Ne te laisse pas abattre par la rumeur.
  不要被流言打倒了。

- Je ne le laisserai pas me battre.
  我不会被他打倒的。

- Ne vous laissez pas abattre par l'échec.
  不要被失败打倒了。

- Ne te laisse pas abattre par le concurrent.
  别被竞争者打败。

 临时需要的生活短语

- C'est ça! 果然如此！
- Viens! 过来！
- Ne sois plus trop gentil. 别再当老好人。
- Calme-toi. 先静下来。
- Je te l'ai déjà dit. 我早就跟你说过了。
- Être soi-même. 做自己。
- Jamais. 想都别想。

Chapitre 1 自我表述

情景 09 鼓励与安慰

临时需要用到的 一个句型

MP3 01-27

法▶ dédommager...
中▶ 弥补，补偿，赔偿

- C'est ma faute, laisse moi te dédommager.
  是我的错，让我补偿你吧。
- Je n'ai pas fait exprès de te faire mal, laisse moi te dédommager.
  我不是有意要伤害你的，让我弥补你吧。
- Je ne sais pas ce qui ne s'est pas bien passé mais je te dédommagerais.
  我不知道哪里出了错，但我会弥补你的。

临时需要的生活短语

- Reprends courage. 打起精神来。
- Je suis de ton côté. / Je te couvre.
  我站你这边。/ 我罩你。
- Ne t'en veux pas. 别责怪你自己。
- Ma faute. 我的错。
- Tu ne peut t'en prendre qu'à toi même.
  你只能怪自己。
- Tu as raison. (Vous avez raison.)
  你（您）说得对。
- Je dis simplement. 我说说而已。

情景 10
责备与抱怨

责备与抱怨的心情描述

malentendu (n.m.)
[malɑ̃tɑ̃dy]
误解 ★★★★

insatisfait (a.m.)
insatisfaite (a.f.)
[ɛ̃satisfɛ] / [ɛ̃satisfɛt]
不满足的 ★★★

injuste (a.m. / a.f.)
[ɛ̃ʒyst]
不公平的 ★★★★

defendre (v.)
[defɑ̃dʀ]
防卫

résister (v.)
[ʀeziste]
抵抗 ★★★★

责备与抱怨的事由

faute (n.f.)
[fot]
过失 ★★★★

erreur (n.f.)
[eʀœʀ]
错误 ★★★★

reproche (n.m.)
[ʀpʀɔʃ]
指责 ★★★★

se plaindre (v.)
[splɛ̃dʀ]
抱怨 ★★★★

faire exprès (v.)
[fɛʀɛkspʀe]
故意 ★★★★

demander (v.)
[dmɑ̃de]
要求

s'en prendre à (v.)
[sɑ̃pʀɑ̃dʀa]
找碴 ★★★★

parler derrière le dos (v.)
[paʀledɛʀjɛʀldo]
背后谈论 ★★★★

mentir (v.)
[mɑ̃tiʀ]
说谎 ★★★★

arrogant (n.m.)
arrogante (n.f.)
[aʀɔgɑ̃] / [aʀɔgɑ̃t]
自大的；傲慢的 ★★★★

irresponsable (a.)
[iʀɛspɔ̃sabl]
不负责任的 ★★★★

rompre (v.)
[ʀɔ̃pʀ]
违反 ★★★★

bavardage (n.m.)
[bavaʀdaʒ]
闲聊 ★★★★

Chapitre 1 自我表述

情景 10 责备与抱怨

责备与抱怨的动作

parler (v.)
[paʁle]
说
★★★★

reprocher (v.)
[ʁpʁɔʃe]
责备
★★★★

mépriser (v.)
[mepʁize]
轻视
★★★★

hurler (v.)
[yʁle]
吼叫
★★★★

juger (v.)
[ʒyʒe]
评价
★★★★

ronchonner (v.)
[ʁɔ̃ʃɔne]
发牢骚
★★★

murmurer (v.)
[myʁmyʁe]
悄声说话
★★★

se disputer (v.)
[sdispyte]
吵架
★★★★

taquiner (v.)
[takine]
戏谑
★★★

critiquer (v.)
[kʁitike]
批评，批判
★★★★

foutre le camp (v.)
[futʁlkɑ̃]
溜掉
★★★★

écarquiller (v.)
[ekaʁkije]
翻白眼，瞪眼
★★★★

责备与抱怨的表述词

agaçant (a.m.)
agaçante (a.f.)
[agasɑ̃] / [agasɑ̃t]
令人厌烦的
★★★★

égoïste (a.)
[egɔist]
自私的
★★★★

horrible (a.)
[ɔʁibl]
可恶的
★★★★

sang-froid (n.m.)
[sɑ̃fʁwa]
冷血
★★★★

accidentel (a.m.)
accidentelle (a.f.)
[aksidɑ̃tɛl] / [aksidɑ̃tɛl]
偶然的
★★★★

fier (a.m.)
fière (a.f.)
[fjɛʁ] / [fjɛʁ]
骄傲的
★★★

临时需要用到的．一个句型　01-29

法▶ se fâcher contre...
中▶ 对～发脾气

- Je suis désolé de m'être fâché contre toi hier.
  我很抱歉昨天对你发脾气了。

- Ma mère s'est très fâchée contre moi avant-hier parce que j'avais perdu ses boucles d'oreilles.
  我妈妈前天对我发脾气了，因为我弄丢了她的耳环。

法▶ se plaindre de...
中▶ 抱怨～

- Sami se plaint sans cesse de ses collègues.
  山米一直在抱怨他的同事们。

- Arrête de te plaindre! Au travail!
  别抱怨了！做事吧！

临时需要的生活短语

- C'est mon problème. / Occupez-vous de vos affaires.
  少管闲事。

- Va te faire voir! / Dégage!　闪开！

- Ça suffit!　够了！

- Arrête! Tais-toi!　别说了！闭嘴！

- Tu rigoles!　你在开玩笑吧！

- Tu es sérieux(se)?　你当真？

Chapitre 2
食物

Deux

- 情景01 | 食物相关
- 情景02 | 法式料理
- 情景03 | 欧式料理
- 情景04 | 亚洲料理
- 情景05 | 日本料理
- 情景06 | 其他料理
- 情景07 | 速食店
- 情景08 | 咖啡厅
- 情景09 | 野餐

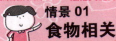

情景 01
食物相关

上菜的顺序

entrée (n.f.)
[ɑ̃tʀe]
前菜

salade (n.f.)
[salad]
沙拉

soupe (n.f.)
[sup]
汤品

plat principal (n.m.)
[plapʀɛ̃sipal]
主餐

accompagnement (n.m.)
[akɔ̃paɲmɑ̃]
副餐；配菜

dessert (n.m.)
[desɛʀ]
甜点

烹调方式

frire (v.)
[fʀiʀ]
炸

mariner (v.)
[maʀine]
腌

sauter (v.)
[sote]
炒

mijoter (v.)
[miʒɔte]
炖

bouillir (v.)
[bujiʀ]
煮沸

rôtir (v.)
[ʀotiʀ]
炭烤

cuir à la vapeur (v.)
[kɥiralavapœʀ]
蒸

cuire (v.)
[kɥiʀ]
煮

hacher (v.)
[aʃe]
绞碎

poêler (v.)
[pwale]
煎

griller (v.)
[gʀije]
烤

Chapitre 2 食物

情景 01 食物相关

常见的主食

nouille (n.f.)
[nuj]
面
★★★★

pâte (n.f.)
[pɑt]
意大利面
★★★★

pomme de terre (n.f.)
[pɔmdtɛʀ]
马铃薯
★★★★

riz (n.m.)
[ʀi]
米饭
★★★★

pain (n.m.)
[pɛ̃]
面包
★★★★

patate douce (n.f.)
[patatdus]
地瓜
★★★

常见的酱料

ketchup (n.m.)
[kɛtʃœp]
番茄酱
★★★★

moutarde (n.f.)
[mutaʀd]
芥末酱
★★★★

sauce (n.f.)
[sos]
酱
★★★★

vinaigre (n.m.)
[vinɛgʀ]
醋
★★★★

mayonnaise (n.f.)
[majɔnɛz]
蛋黄酱
★★★★

常见的调味料

poivre (n.m.)
[pwavʀ]
胡椒粉
★★★★

poudre de fromage (n.m.)
[pudʀdfʀɔmaʒ]
起司粉
★★★★

piment (n.m.)
[pimɑ̃]
辣椒
★★★★

sel (n.m.)
[sɛl]
盐巴
★★★★

sucre (n.m.)
[sykʀ]
糖
★★★★

crème (n.f.)
[kʀɛm]
奶油
★★★★

cornichon (n.m.)
[kɔʀniʃɔ̃]
酸黄瓜
★★★★

临时需要用到的一个词：**法语关键词6000**

情景 01
食物相关

 02-02

餐厅里常用的其他词汇

plat du jour (n.m.)
[pladyʒuʀ]
今日特餐

carte (n.f.)
[kaʀt]
菜单

spécialité (n.f.)
[spesjalite]
招牌菜

recommandation (n.f.)
[ʀkɔmɑ̃dasjɔ̃]
推荐（菜色）

maison (a.)
[mɛzɔ̃]
自制的

biologique (a.)
[bjɔlɔʒik]
有机的

ingrédient (n.m.)
[ɛ̃gʀedjɑ̃]
食材

supplémentaire (a.)
[syplemɑ̃tɛʀ]
额外的

végétarien (a.m.)
végétarienne (a.f.)
[veʒetaʀjɛ̃] / [veʒetaʀjɛn]
素食的

carte (n.f.)
[kaʀt]
菜单

commander (v.)
[kɔmɑ̃de]
点餐

sur place
[syʀplas]
内用

à emporter
[aɑ̃pɔʀte]
外带

allergique (a.)
[alɛʀʒik]
过敏的

partager les frais (v.)
[paʀtaʒelefʀɛ]
各付各的

inviter (v.)
[ɛ̃vite]
请客

l'addition (n.f.)
[ladisjɔ̃]
结账

emballer (v.)
[ɑ̃bale]
打包

pourboire (n.m)
[puʀbwaʀ]
小费

Chapitre 2 食物

情景 01 食物相关

描述味道的词语

salé (a.m)
salée (a.f.)
[sale] / [sale]
咸的

sucré (a.m.)
sucrée (a.f.)
[sykʀe] / [sykʀe]
甜的

acide (a.)
[asid]
酸的

amer (a.m.)
amère (a.f.)
[amɛʀ] / [amɛʀ]
苦的

pourri (a.m)
pourrie (a.f.)
[puʀi] / [puʀi]
腐败的

cru (a.m.)
crue (a.f.)
[kʀy] / [kʀy]
生的

goût (n.m.)
[gu]
调味

fruité (a.m.)
fruitée (a.f.)
[fʀɥite] / [fʀɥite]
水果味的

piquant (a.m.)
piquante (a.f.)
[pikɑ̃] / [pikɑ̃t]
辣的

intense (a.)
[ɛ̃tɑ̃s]
浓郁的

fumé (a.m.)
fumée (a.f.)
[fyme] / [fyme]
烟熏的

léger (a.m.)
légère (a.f.)
[leʒe] / [leʒɛʀ]
清淡的

描述饮料的词语

glacé (a.m.)
glacée (a.f.)
[glase] / [glase]
冰的

chaud (a.m.)
chaude (a.f.)
[ʃo] / [ʃod]
热的

tiède (a.)
[tjɛd]
温的

pressé (a.m.)
pressée (a.f.)
[pʀese] / [pʀese]
现榨的

soft (n.m.)
[sɔft]
无酒精饮料

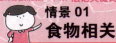

情景 01 食物相关

料理中常用的蔬菜类食材

pomme de terre (n.f.)
[pɔmdtεʀ]
★★★★
马铃薯

oignon (n.m.)
[ɔɲɔ̃]
★★★★
洋葱

maïs (n.m.)
[mais]
★★★★
玉米

patate douce (n.f.)
[patatdus]
★★★★
地瓜

citrouille (n.f.)
[sitʀuj]
★★★★
南瓜

haricot vert (n.m.)
[aʀikovεʀ]
★★★★
四季豆

chou (n.m.)
[ʃu]
★★★★
卷心菜

carotte (n.f.)
[kaʀɔt]
★★★★
红萝卜

gingembre (n.m)
[ʒɛ̃ʒɑ̃bʀ]
★★★★
姜

algue (n.f.)
[alg]
★★★★
海带

broccoli (n.m.)
[bʀɔkɔli]
★★★★
花椰菜

céleri (n.m.)
[sεlʀi]
★★★★
芹菜

salade (n.f.)
[salad]
★★★★
莴苣；生菜沙拉

radis (n.m.)
[ʀadi]
★★★
白萝卜

poivron vert (n.m.)
[pwavʀɔ̃vεʀ]
★★★★
青椒

ail (n.m.)
[aj]
★★★★
大蒜

poireau (n.m.)
[pwaʀo]
★★★★
葱

moule (n.f.)
[mul]
★★★★
淡菜

Chapitre 2 食物

情景 01 食物相关

料理中常用的肉蛋类食材

viande (n.f.)
[vjɑ̃d]
★★★★
肉类

bœuf (n.m.)
[bœf]
★★★★
牛肉

porc (n.m.)
[pɔʀ]
★★★★
猪肉

viande hachée (n.f.)
[vjɑ̃daʃe]
★★★★
绞肉

agneau (n.m.)
[aɲo]
★★★★
羊肉

œuf (n.m.)
[œf]
★★★★
鸡蛋

volaille (n.f.)
[vɔlaj]
★★★
禽类肉品

poisson (n.m.)
[pwasɔ̃]
★★★★
鱼

saumon (n.m.)
[somɔ̃]
★★★★
鲑鱼

crevette (n.f.)
[kʀəvɛt]
★★★★
虾子

homard (n.m.)
[ɔmaʀ]
★★★★
龙虾

poulet (n.m.)
[pulɛ]
★★★★
鸡肉

canard (n.m.)
[kanaʀ]
★★★★
鸭肉

crabe (n.m.)
[kʀab]
★★★★
螃蟹

huître (n.f.)
[ɥitʀ]
★★★★
牡蛎

palourde (n.f.)
[paluʀd]
★★★★
蛤蜊

poulpe (n.m.)
[pulp]
★★★★
章鱼

calmar (n.m.)
[kalmaʀ]
★★★★
乌贼

临时需要用到的一个词：**法语关键词6000**

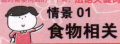

情景 01
食物相关

🎧 02-04

评价料理的相关词语

savoureux (a.m.)
savoureuse (a.f.)
[savurø] / [savurøz]
★★★★
好吃的

délicieux (a.m.)
délicieuse (a.f.)
[delisjø] / [delisjøz]
★★★★
可口的

C'est bon.
[sɛbɔ̃]
★★★★
好好吃。

C'est pas bon.
[sepabɔ̃]
★★★★
不好吃。

parfumé (a.m.)
parfumée (a.f.)
[paʀfyme] / [paʀfyme]
★★★★
有香味的

déçu (a.m.)
déçue (a.f.)
[desy] / [desy]
★★★★
失望的

frais (a.m.)
fraîche (a.f.)
[fʀɛ] / [fʀɛʃ]
★★★★
新鲜的

populaire (a.)
[pɔpylɛʀ]
★★★★
受欢迎的

en bonne santé
[ɑ̃bɔnsɑ̃te]
★★★★
健康的

nourrissant (a.m)
nourrissante (a.f)
[nuʀisɑ̃] / [nuʀisɑ̃t]
★★★★
营养的

cru (a.m.)
crue (a.f.)
[kʀy] / [kʀy]
★★★★
生的

goût (n.m.)
[gu]
★★★★
口感；口味

délicat (a.m.)
délicate (a.f.)
[delika] / [delikat]
★★★★
口感细致的

trop cuit (a.m.)
trop cuite (a.f.)
[tʀokɥi] / [tʀokɥit]
★★★★
过熟的

gelé (a.m.)
gelée (a.f.)
[ʒle] / [ʒle]
★★★★
冷冻的

dégoûtant (a.m.)
dégoûtante (a.f.)
[degutɑ̃] / [degutɑ̃t]
★★★
恶心的

brulé (a.m.)
brulée (a.f.)
[bʀyle] / [bʀyle]
★★★
烧焦的

riche (a.)
[ʀiʃ]
★★★★
丰富的

Chapitre 2 食物

情景 01 食物相关

常见的各国料理

cuisine italienne (n.f.)
[kɥizinitaljɛn] ★★★★
意大利料理

cuisine française (n.f.)
[kɥizinfʀɑsɛz] ★★★★
法国料理

cuisine japonaise (n.f.)
[kɥizinʒapɔnɛz] ★★★★
日本料理

cuisine chinoise (n.f.)
[kɥizinʃinwaz] ★★★★
中国料理

cuisine thaïlandaise (n.f.)
[kɥizintajlɑ̃dɛz] ★★★★
泰国料理

cuisine coréenne (n.f.)
[kɥizinkɔʀeɛn] ★★★★
韩国料理

cuisine mexicaine (n.f.)
[kɥizinmɛksikɛn] ★★★★
墨西哥料理

cuisine méditerranéenne (n.f.)
[kɥizinmediteʀaneɛn] ★★★★
地中海料理

cuisine américaine (n.f.)
[kɥizinameʀikɛn] ★★★★
美式料理

végétarien (a.m.)
végétarienne (a.f.)
[veʒetaʀjɛ̃] / [veʒetaʀjɛn] ★★★★
素食的

在餐厅会用到的词语

réserver (v.)
[ʀezɛʀve] ★★★★
订位

complet (a.m.)
complète (a.f.)
[kɔ̃plɛ] / [kɔ̃plɛt] ★★★
客满的

place (n.f.)
[plas] ★★★★
座位

amener (v.)
[amne] ★★★★
带位

serveur (n.m.)
serveuse (n.f.)
[sɛʀvœʀ] / [sɛʀvøz] ★★★★
服务生

carte (n.f.)
[kaʀt] ★★★★
信用卡

réduction (n.f.)
[ʀedyksjɔ̃] ★★★★
折扣

临时需要用到的. 一段对话

到餐厅用餐

A: Bonjour. Voulez-vous d'abord quelque chose à boire?
您好。需要先来点喝的吗？

B: Ah oui, une carafe d'eau, merci. Et, on voudrait d'abord du pain, s'il vous plaît?
好的，一壶水，谢谢。还有，我们可以先来点面包吗？

A: Oui, pas de problème. J'arrive tout de suite.
好的，没有问题。我马上就来。

B: Excusez-moi, on peut commander maintenant.
不好意思，我们可以点餐了。

A: Oui, qu'est-ce que vous désirez aujourd'hui?
好的，您今天想点什么呢？

B: Je voudrais une salade césar et deux sandwichs de jambon, s'il vous plaît. C'est tout pour l'instant.
请给我一份恺撒沙拉，两份火腿三明治。先这样。

A: Pas de problème. Et vous voulez du dessert?
没有问题。您要来些甜点吗？

B: Biensûr, puis-je avoir la carte de dessert?
好的，可以给我甜点单吗？

补充句型

法 ▶ Je voudrais + du / de la / de l' / des（一些）+ 东西.
Je voudrais + 量词 + 东西.

中 ▶ 请给我 一些 / 数量 东西.

Chapitre 2 食物

情景 01 食物相关

 临时需要用到的，一段对话

购买马卡龙

A: Bonjour. Je voudrais des macarons. Quel est le parfum le plus vendu?
您好。我想买些马卡龙，卖得最好的口味是哪一种呢？

B: À mon avis, c'est le goût de fraise; mais, personellement, je préfère le goût de citron.
我觉得是草莓口味，但我个人较喜欢的是柠檬口味。

A: Bon, j'en voudrais deux de chaque et deux au café, s'il vous plaît.
那么请各给我两个，还要两个咖啡口味。

B: Pas de problème. Voilà. Veuillez payer à la caisse, s'il vous plaît.
没问题。这是您的餐点，请到前台结账。

A: Puis-je avoir un sac en plus?
我可以多要一个袋子吗？

B: C'est 20 centimes le sac, c'est bon?
一个袋子二十分，可以吗？

A: Oui, c'est bon.
没问题。

 补充句型

法 ▶ **C'est quoi +** 东西 **？**（口语）
中 ▶ 东西 是什么呢？

临时需要用到的,一段对话

购买苹果挞

A: Excusez-moi, madame, c'est combien la tarte aux pommes?
不好意思,请问苹果挞怎么卖?

B: C'est trois euros deux tartes. Il y aura plus de réduction si vous en achetez plus.
两个三欧元。买得越多折扣越多。

A: Pas mal! Alors, je voudrais deux tartes à la vanille, deux tartes au chocolat et deux tartes aux pommes.
不错!那给我两个香草的、两个巧克力的和两个苹果的。

B: Autre chose?
还需要其他的吗?

A: Est-ce que je peux essayer le goût de banane?
我可以试吃香蕉口味的吗?

B: Biensûr. Voilà.
当然。给您。

A: C'est la meilleure tarte que j'ai mangé. J'en voudais deux, s'il vous plaît.
这是我吃过的最好吃的挞,我要买两个。

B: Oui. Ça fait douze euros.
好的。一共是十二欧元。

Chapitre 2 食物

情景 01 食物相关

临时需要用到的，一个句型

MP3 02-05

法 **Comment ＋动词＋宾语？**
中 **该如何～（进行动作）呢？**

- Comment manger? 怎么吃？
- Comment commander? 怎样点？
- Comment réserver? 怎样预约？
- Comment dire? 怎么说？
- Comment faire la réservation? 怎么预约？
- Comment faire un gâteau aux fraises?
怎么做草莓蛋糕呢？

临时需要的生活短语

- J'ai très faim. 我好饿。
- J'ai bien mangé. 我吃饱了。
- Je peux manger un peu? 我可以吃一点吗？
- Allez-y. 请尽量吃。

文化小叮咛

在法国，餐厅的服务费（15%）大多都已内含，但是用餐时，一般消费者还是都会另外给约 10% 的小费。所以在法国消费，请记得要有给小费的观念！若是喝饮料，可以给些零钱。

SNC（不含服务费）：Service Non Compris
SC（服务费内含）：Service Compris

情景 02 法式料理

02-06

常见的地点

restaurant rapide (n.m.)
[ʀɛstɔʀɑ̃ʀapid]
速食店
★★★★

café (n.m.)
[kafe]
咖啡厅
★★★★

bistro (n.m.)
[bistʀo]
小酒馆
★★★

pizzaria (n.m.)
[pizaʀia]
披萨店
★★★★

traiteur (n.m.)
[tʀɛtœʀ]
熟食店
★★★★

cafétéria (n.m.)
[kafeteʀja]
咖啡厅
★★★★

restaurant (n.m.)
[ʀɛstɔʀɑ̃]
餐厅
★★★★

常见的前菜

salade (n.f.)
[salad]
沙拉
★★★★

potage (n.m.)
[pɔtaʒ]
浓汤
★★★★

paté (n.m.)
[pɑte]
罐头肉酱
★★★★

foie gras (n.m.)
[fwagʀa]
鹅肝
★★★★

escargot (n.m.)
[ɛskaʀɡo]
蜗牛
★★★★

caviar (n.m.)
[kavjaʀ]
鱼子酱
★★★★

soupe (n.f.)
[sup]
汤
★★★★

saucisson (n.m.)
[sosisɔ̃]
腊肠
★★★★

salade niçoise (n.f.)
[saladniswaz]
尼斯沙拉
★★★★

salade des tomates (n.f.)
[saladdetomat]
番茄沙拉
★★★★

avocat à la crevette (n.m.)
[avɔkaalakʀvɛt]
鳄梨虾仁
★★★★

sardine à l'huile (n.f.)
[saʀdinalɥil]
调油沙丁鱼
★★★★

Chapitre 2 食物

情景 02 法式料理

常见的主菜及相关词语

steak (n.m.)
[stɛk]
牛排 ★★★★

pâte (n.f.)
[pɑt]
意大利面 ★★★★

crêpe (n.f.)
[kʀɛp]
可丽饼 ★★★★

saucisse (n.f.)
[sosis]
香肠 ★★★★

pot-au-feu (n.m.)
[pɔtofø]
炖肉 ★★★★

canard (n.m.)
[kanaʀ]
鸭肉 ★★★★

lapin (n.m.)
[lapɛ̃]
兔肉 ★★★★

gratin (n.m.)
[gʀatɛ̃]
焗烤 ★★★★

agneau (n.m.)
[aɲo]
羊肉 ★★★★

porc (n.m.)
[pɔʀ]
猪肉 ★★★★

crevette (n.f.)
[kʀəvɛt]
虾 ★★★★

poulet (n.m.)
[pulɛ]
鸡肉 ★★★★

homard (n.m.)
[ɔmaʀ]
龙虾 ★★★★

dinde (n.f.)
[dɛ̃d]
火鸡 ★★★★

hamburger (n.m.)
[ɑ̃buʀgœʀ]
汉堡 ★★★★

saumon (n.m.)
[somɔ̃]
鲑鱼 ★★★★

crabe (n.m.)
[kʀab]
螃蟹 ★★★★

sandwich (n.m.)
[sɑ̃dwiʃ]
三明治 ★★★★

pizza (n.m.)
[pidza]
披萨 ★★★★

quiche (n.f.)
[kiʃ]
咸派 ★★★★

情景 02 法式料理

食物单位

boîte (n.f.)
[bwat]
罐；箱

morceau (n.m.)
[mɔrso]
一块

douzaine (n.f.)
[duzɛn]
一打

tranche (n.f.)
[trɑ̃ʃ]
一片（面包/火腿）

bouteille (n.f.)
[butɛj]
瓶

tasse (n.f.)
[tɑs]
一杯（咖啡/茶）

verre (n.m.)
[vɛr]
一杯（酒）

常见的早午餐种类

croissant (n.m.)
[krwasɑ̃]
羊角面包

brioche (n.f.)
[brijɔʃ]
奶油面包

pain (n.m.)
[pɛ̃]
面包

céréale (n.f.)
[sereal]
麦片

beurre (n.m.)
[bœr]
奶油

pain au chocolat (n.m.)
[pɛ̃oʃɔkɔla]
巧克力面包

jambon (n.m.)
[ʒɑ̃bɔ̃]
火腿

tartine (n.f.)
[tartin]
涂有果酱或奶油等的面包片

omelette (n.f.)
[ɔmlɛt]
鸡蛋（煎）

yaourt (n.m.)
[jaurt]
奶酪

fruit (n.m.)
[frɥi]
水果

confiture (n.f.)
[kɔ̃fityr]
果酱

情景 02 法式料理

常见的甜点种类

gâteau (n.m.)
[gɑto]
蛋糕 ★★★★

flan (n.m.)
[flɑ̃]
卡士达蛋糕 ★★★★

macaron (n.m.)
[makaʀɔ̃]
马卡龙 ★★★★

glace (n.f.)
[glas]
冰淇淋 ★★★★

tarte (n.f.)
[taʀt]
挞 ★★★★

chocolat (n.m.)
[ʃɔkɔla]
巧克力 ★★★★

tiramisu (n.m.)
[tiʀamisu]
提拉米苏 ★★★★

opéra (n.m.)
[ɔpeʀa]
欧培拉蛋糕 ★★★★

crème brûlée (n.f.)
[kʀɛmbʀyle]
焦糖奶酪 ★★★★

millefeuille (n.m.)
[milfœj]
千层派 ★★★★

nougat (n.m.)
[nuga]
牛轧糖 ★★★★

crêpe (n.f.)
[kʀɛp]
可丽饼 ★★★★

soufflé (n.m.)
[sufle]
舒芙蕾 ★★★★

montblanc (n.m.)
[mɔ̃blɑ̃]
蒙布朗 ★★★★

fruits confits (n.m.pl.)
[fʀɥikɔ̃fi]
水果软糖 ★★★★

chou à la crème (n.m.)
[ʃualakʀɛm]
奶油泡芙 ★★★★

biscuit (n.m.)
[biskɥi]
饼干 ★★★★

guimauve (n.f.)
[gimov]
棉花糖 ★★★★

mousse (n.f.)
[mus]
慕斯 ★★★★

cheese cake (n.m.)
[tʃiːzkeɪk]
奶酪蛋糕 ★★★★

临时需要用到的一个词：法语关键词6000

情景 02
法式料理

🎧 02-08

用餐时用到的动词

déguster (v.)
[degyste]
品尝
★★★★

commander (v.)
[kɔmɑ̃de]
点餐
★★★★

manger (v.)
[mɑ̃ʒe]
吃
★★★★

regarder la carte (v.)
[ʀgaʀdəlakaʀt]
看菜单
★★★

boire (v.)
[bwaʀ]
喝
★★★★

goûter (v.)
[gute]
尝
★★★★

boire à petites gorgées (v.)
[bwaʀaptitgɔʀʒe]
啜饮
★★★★

prendre (v.)
[pʀɑ̃dʀ]
拿；点
★★★★

payer (v.)
[peje]
付款
★★★★

demander l'addition (v.)
[dmɑ̃dəladisjɔ̃]
要求结账
★★★★

servir (v.)
[sɛʀviʀ]
服务
★★★★

sentir (v.)
[sɑ̃tiʀ]
闻
★★★★

用餐时看到的人物

chef (n.m.)
[ʃɛf]
主厨
★★★★

serveur (n.m.)
[sɛʀvœʀ]
服务生（男）
★★★★

serveuse (n.f.)
[sɛʀvøz]
女服务生
★★★★

réceptionniste (n.m.)
[ʀesɛpsjɔnist]
接待员
★★★

directeur (n.m.)
directrice (n.f.)
[diʀɛktœʀ] / [diʀɛktʀis]
经理
★★★

client (n.m.)
cliente (n.f.)
[klijɑ̃] / [klijɑ̃t]
客人
★★

068

Chapitre 2 食物

情景 02 法式料理

庆祝节日时常用的词语

Nouvel An (n.m.)
[nuvɛlɑ̃]
新年

Noël (n.m.)
[nɔɛl]
圣诞节

Pâques (n.f.pl.)
[pɑk]
复活节

saumon fumé (n.m.)
[somɔ̃fyme]
烟熏鲑鱼

gigot d'agneau (n.m.)
[ʒigodaɲo]
羊腿

foie gras (n.m.)
[fwagrɑ]
鹅肝

œufs de Pâques (n.m.pl.)
[ødpak]
复活节彩蛋

dinde aux marrons (n.f.)
[dɛ̃domarɔ̃]
栗子火鸡

champagne (n.f.)
[ʃɑ̃paɲ]
香槟

vin rouge (n.m.)
[vɛ̃ruʒ]
红酒

bûche de Noël (n.f.)
[byʃdənɛl]
木柴形巧克力蛋糕

Chandeleur (n.f.)
[ʃɑ̃dlœr]
圣蜡节

vin blanc (n.m.)
[vɛ̃blɑ̃]
白酒

chocolat (n.m.)
[ʃɔkɔla]
巧克力

crêpe (n.f.)
[krɛp]
可丽饼

临时需要用到的. 一段对话

在餐厅点餐

A: Bonjour. Est-ce que vous avez une table pour deux personnes, s'il vous plaît?
您好。请问有两个人的位置吗?

B: Oui. Suivez moi.
有的。请跟我来。

A: Puis-je avoir la carte?
请给我菜单好吗?

B: Pas de problème. Dites-moi quand vous êtes prêts à commander.
没问题。等你们准备好点餐时,请告诉我。

A: Comme plat, je voudrais du poisson; et pour ma copine, c'est du steak.
主餐的部分,我要点鱼;我的女伴要牛排。

B: Oui. Comment voulez-vous votre steak?
好的。您的牛排要几分熟?

A: Saignant, s'il vous plaît.
三分熟就可以了。

| 法 ▶ **Puis-je avoir 东西 , s'il vous plaît?**
| 中 ▶ 请给我 东西 好吗?

 **Chapitre 2** 食物

情景 02 法式料理

 临时需要用到的. **一个句型** 02-09

法 ▶ Selon...
中 ▶ 根据～（后面描述状况）

- Selon le nombre de personnes participant à votre soirée, nous pouvons vous proposer différentes salles.
  依照您的派对人数，我们可以提供不同的包厢。
- Selon le point de vue de Louise, les gâteaux de cette pâtisserie sont les meilleurs à Paris.
  根据路易思的看法，这家甜点店的蛋糕是巴黎最好的。
- Le prix varie selon le marché.
  价格因市场不同而波动。
- Selon la règle, les enfants de moins de douze ans sont interdits d'y entrer.
  根据规定，十二岁以下的儿童不得进入。

熟度说法

seignant 见血（三分熟）/ à point 七分熟 / bien cuit 全熟

Chandeleur 圣蜡节

圣蜡节是一个在二月二号的宗教节日。这一天的习俗是自己要在家做 crêpe（可丽饼）；一只手持平底锅，另一只手握着一个钱币，将 crêpe 在空中翻面，这样表示会有好运到来！

临时需要用到的一个词：法语关键词6000

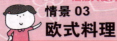

情景 03
欧式料理

 02-10

种类

confit de canard (n.m.)
[kɔ̃fidkanaʀ]
★★★★
焖鸭肉冻

moule (n.f.)
[mul]
★★★★
淡菜

escargot (n.m.)
[ɛskaʀgo]
★★★★
蜗牛

tête de veau (n.f.)
[tɛtdvo]
★★★★
牛头（一道菜名）

purée de pommes de terre (n.f.)
[pyʀedpɔmdtɛʀ]
★★★★
马铃薯泥

bouillabaisse (n.f.)
[bujabɛs]
★★★★
马赛鱼汤

poulet basquaise (n.m.)
[pulɛbaskɛz]
★★★★
番茄红椒炖鸡

crustacés (n.m.pl.)
[kʀystase]
★★★★
甲壳类海鲜

poivrade d'artichauts (n.m.)
[pwavʀaddaʀtiʃo]
★★★★
胡椒拌朝鲜蓟

garbure (n.m.)
[gaʀbyʀ]
★★★★
南法蔬菜炖汤

cassoulet (n.m.)
[kasulɛ]
★★★★
卡酥来

terrine d'agneau (n.f.)
[tɛʀindaɲo]
★★★★
砂锅羊肉

magret de canard (n.m.)
[magʀedkanaʀ]
★★★★
鸭胸

ratatouille (n.f.)
[ʀatatuj]
★★★★
炖焖蔬菜

bœuf bourguignon (n.m.)
[bœfbuʀgiɲɔ̃]
★★★★
红酒炖牛肉

coq au vin (n.m.)
[kɔkovɛ̃]
★★★★
红酒炖春鸡

fondue de fromage (n.f.)
[fɔ̃dydfʀɔmaʒ]
★★★★
起司锅

steak tartare (n.m.)
[stɛktaʀtaʀ]
★★★★
蛋黄酱拌牛排

Chapitre 2 食物

情景 03 欧式料理

意大利面的种类

penne (n.f.)
[pɛn]
★★★
笔管面

conchigle
★★★
贝壳面

spaghetti à la sauce tomates (n.m.)
[spagetialasostɔmat]
★★★★
意式番茄酱意大利面

spaghetti à la sauce de viande (n.m.)
[spagetialasosdvjɑ̃d]
★★★★
肉酱意大利面

spaghetti (n.m.)
[spageti]
★★★★
长细面

Fusilli
★★★
螺旋面

gnocchi
★★★
意大利面疙瘩

ravioli (n.m.)
[ʀavjɔli]
★★★
意大利方饺

Tortellini
意大利馄饨

pesto
[pɛsto]
★★★
青酱意大利面

farfalle
★★★★
蝴蝶面

fettuccine
★★★
宽扁面

tagliatelle
★★★
宽面

lasagne (n.f.)
[lazaɲ]
★★★★
千层面

capellini
★★★★
超细意大利面

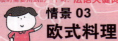

情景 03
欧式料理

02-11

其他常见的欧式料理种类

escalope milanaise (n.f.)
[ɛskalɔpmilanɛz]
★★★★
米兰肉片（意）

croque-pesto mozza et jambon cru (n.m.)
[krɔkpɛstomɔdzaeʒɑ̃bɔ̃kry]
★★★★
青酱火腿夹心面包片（意）

penne à l'ail et roquette (n.f.)
[pɛnalajerɔkɛt]
★★★★
蒜香芝麻菜笔管面（意）

cabillaud rôti à l'italienne (n.m.)
[kabijorotialitaljɛn]
★★★★
意式烤鳕鱼（意）

churoos
[ʃyro]
★★★★
西班牙油条（西）

paella (n.f.)
[paela]
★★★★
西班牙炖饭（西）

aiguillettes de poulet à la catalane (n.f.pl.)
[egɥijɛtdepulealakatalan]
★★★★
加泰隆尼亚式鸡肉片（西）

cochon de lait rôti (n.m.)
[kɔʃɔ̃dlɛroti]
★★★★
烤乳猪（西）

moules au chorizo (n.f.pl.)
[muloʃorizo]
★★★★
香肠淡菜（西）

croquette (n.f.)
[krɔkɛt]
★★★★
西班牙炸饼（西）

risotto (n.m.)
[rizɔto]
★★★★
炖饭（意）

moussaka
[musaka]
★★★★
烤肉派（希腊）

boulettes de boeuf au persil (n.f.pl.)
[bulɛtdbœfopɛrsil]
★★★★
巴西利牛肉球（希腊）

brochettes de champignons à la grecque (n.f.pl.)
[brɔʃɛtdʃɑ̃piɲɔ̃alagrɛk]
★★★★
希腊式烤蘑菇串（希腊）

aiguillettes de veau au citron (n.f.pl.)
[egɥijɛtdvooositrɔ̃]
★★★★
柠檬牛肉片（希腊）

074

Chapitre 2 食物

情景 03 欧式料理

其他常见的欧式料理种类

fish and chips
炸鱼薯条（英）

pommes frites (n.f.pl.)
[pɔmfʀit]
德式薯条（德）

jarret de porc (n.m.)
[ʒaʀɛdpɔʀ]
德国猪脚（德）

tarte au poulet (n.f.)
[taʀtopule]
鸡肉挞（英）

scone (n.m.)
[skɔn]
司康（英）

tartelette au citron (n.f.)
[taʀtletositʀɔ̃]
柠檬塔（英）

trifle à la pomme-cannelle
[tʀiflalapɔmkanɛl]
苹果肉桂蛋糕（英）

sauté de veau de Lisbonne
[sotedvodlisbɔn]
香煎里斯本牛肉（葡）

boule de viande (n.f.)
[buldvjɑ̃d]
肉丸子（瑞典）

forêt noire aux cerises (n.f.)
[fɔʀɛnwaʀosʀiz]
黑森林樱桃蛋糕（德）

gâteau au fromage blanc (n.m.)
[gɑtooFʀɔmaʒblɑ̃]
白起司蛋糕（德）

常用的酱料

sauce hollandaise (n.f.)
[sosɔlɑ̃dɛz]
荷兰蛋黄酱

moutarde (n.f.)
[mutaʀd]
芥末酱

sauce au poivre (n.f.)
[sosopwavʀ]
胡椒酱

sauce pesto (n.f.)
[sospɛsto]
青酱

mayonnaise (n.f.)
[majɔnɛz]
蛋黄酱

sauce au pistou (n.f.)
[sosopistu]
罗勒酱

情景 03
欧式料理

常见的酒类

vin blanc (n.m.)
[vɛ̃blɑ̃]
白酒 ★★★★

vin rouge (n.m.)
[vɛ̃ʀuʒ]
红酒 ★★★★

champagne (n.m.)
[ʃɑ̃paɲ]
香槟 ★★★★

whisky (n.m.)
[wiski]
威士忌 ★★★★

cognac (n.m.)
[kɔɲak]
白兰地 ★★★★

vodka (n.f.)
[vɔdka]
伏特加 ★★★★

gin (n.m.)
[dʒin]
杜松子酒、金酒 ★★★★

在西餐厅会做的动作

commander (v.)
[kɔmɑ̃de]
点餐 ★★★★

décider (v.)
[deside]
决定 ★★★★

mélanger (v.)
[melɑ̃ʒe]
混合 ★★★★

annuler (v.)
[anyle]
取消 ★★★★

vendre (v.)
[vɑ̃dʀ]
卖 ★★★★

payer (v.)
[peje]
付款 ★★★★

mettre (v.)
[mɛtʀ]
请放；请加 ★★★★

ne pas mettre (v.)
[npamɛtʀ]
不加（食材） ★★★★

déguster (v.)
[degyste]
品尝 ★★★★

offrir (v.)
[ɔfʀiʀ]
提供 ★★★★

demander l'addition (v.)
[dmɑ̃deladisjɔ̃]
要求结账 ★★★★

choisir (v.)
[ʃwaziʀ]
选择 ★★★★

Chapitre 2 食物

情景 03 欧式料理

西餐厅的餐具

bol à soupe (n.m.)
[bɔlasup]
汤碗
★★★

saladier (n.m.)
[saladje]
沙拉碗
★★★★

assiette (n.f)
[asjɛt]
餐盘
★★★★

cuillère à café (n.f.)
[kɥijɛRakafe]
咖啡匙
★★★★

cuillère à soupe (n.f.)
[kɥijɛRasup]
汤匙
★★★★

fourchette (n.f.)
[fuRʃɛt]
叉子
★★★★

couteau (n.m.)
[kuto]
刀
★★★★

couteau à beurre (n.m.)
[kutoabœR]
奶油刀
★★★★

couteau à pain (n.m.)
[kutoapɛ̃]
面包刀
★★★★

fourchette à dessert (n.f.)
[fuRʃɛtadesɛR]
甜点叉
★★★★

serviette de table (n.f.)
[sɛRvjɛtdtabl]
餐巾
★★★★

nappe (n.f.)
[nap]
桌布
★★★★

verre (n.f.)
[vɛR]
玻璃杯
★★★★

tasse (n.f.)
[tas]
杯；马克杯
★★★★

théière (n.f.)
[tejɛR]
茶壶
★★★★

dessous de verre (n.m.)
[dsudvɛR]
杯垫
★★★★

plateau (n.m.)
[plato]
托盘
★★★★

临时需要用到的. 一段对话
邀约用餐

A: Tu veux dîner avec moi ce soir?
今天晚上你要不要和我一起去吃饭？

B: Oui! Qu'est-ce que tu veux comme repas?
好啊！你晚餐想吃什么？

A: Je pense d'aller au nouveau restaurant en face, ça vaut le coup d'essayer.
我在考虑对面新开的餐厅，看起来很值得试试看。

B: Celui là? tu vois, il y a déjà beaucoup de monde qui fait la queue, il est seulement quatre heures!
那一家？你看已经好多人在排队了，现在才四点耶！

A: Heureusement, mon ami travaille là-bas et je pense qu'il peut nous aider.
幸好我朋友在里面工作，我想他可以帮我们忙。

B: C'est vrai? On a de la chance!
真的？我们运气不错！

A: Je vais l'appeler d'abord. (dix minutes plus tard) La réservation est à sept heures.
我先打个电话给他。（十分钟后）晚餐订在七点。

B: C'est formidable! J'ai toujours envie d'y aller.
真是太棒了！我一直都很想去那家餐厅。

Chapitre 2 食物

情景 03 欧式料理

 临时需要用到的．一个句型

法 ▶ Pourriez - vous me passer + 名词？
Tu peux me passer + 名词？

中 ▶ 请传～给我，好吗？

- Pourriez-vous me passer le pain, s'il vous plaît?
  可以麻烦您把面包传给我吗？
- Tu peux passer le sel à maman, s'il te plaît?
  你可以把盐传给妈妈吗？
- Tu peux me passer mon portable, s'il te plaît?
  你可以把我的手机传过来吗？
- Pourriez-vous me passer une fourchette, s'il vous plaît?
  可以麻烦您传一只叉子给我吗？

文化小叮咛

一般在吃西餐时，每一道菜都有其餐具，换一道菜即会更换餐具。若是食物未吃完，则把刀叉靠在餐盘上；若是吃完一道菜了，则可把刀叉放进盘内，表示可以让服务生把餐具收走了。一般餐具是由外往内依序使用的。

情景 04
亚洲料理

常见的中国料理

riz cantonais (n.m.)
[rikɑ̃tɔnɛ]
广东炒饭 ★★★★

crêpe du mandarin (n.f.)
[kʀɛpdymɑ̃daʀɛ̃]
中式卷饼 ★★★★

riz (n.m.)
[ʀi]
白饭；米 ★★★★

fondue chinoise (n.f.)
[fɔ̃dyʃinwaz]
火锅 ★★★★

rouleau de printemps (n.m.)
[ʀulodpʀɛ̃tɑ̃]
春卷 ★★★★

ravioli (n.m.)
[ʀavjɔli]
水饺 ★★★★

vermicelle de riz (n.m.)
[vɛʀmisɛldʀi]
米粉 ★★★★

bœuf sauté aux oignons (n.m.)
[bœfsoteozɔɲɔ̃]
洋葱炒牛肉 ★★★

dim sum
[dim sum]
港式点心 ★★★★

boulette aux crevettes (n.f.)
[bulɛtokʀavɛt]
虾球 ★★★★

canard laqué de Pékin (n.m.)
[kanaʀlakedpekɛ̃]
北京烤鸭 ★★★★

porc au caramel (n.m.)
[pɔʀkokaʀamɛl]
糖醋猪肉 ★★★★

nouille sautée (n.f.)
[nujsote]
炒面 ★★★★

tofu (n.m.)
[tofu]
豆腐 ★★★★

poisson à la vapeur (n.m.)
[pwasɔ̃alavapœʀ]
蒸鱼 ★★★★

bouchée à la vapeur (n.f.)
[buʃealavapœʀ]
小笼包 ★★★★

viande mijotée rouge (n.f.)
[vjɑ̃dmiʒɔteʀuʒ]
红烧肉 ★★★★

Chapitre 2 食物

情景 04 亚洲料理

常见的中国小吃

soupe aux vermicelles aux huîtres (n.f.)
[supovɛRmisɛlozyitR]
★★★★
蚵仔面线

ba-wan
[bawan]
★★★★
肉圆

pâte de soja malodorante (n.f.)
[pɑtdsɔʒamalɔdɔRɑ̃t]
★★★★
臭豆腐

riz à la dinde (n.m.)
[Rialadɛ̃d]
★★★★
火鸡肉饭

galette solaire (n.f.)
[galɛtsɔlɛR]
★★★★
太阳饼

thé aux perles (n.m.)
[teopɛRl]
★★★★
珍珠奶茶

omelette aux huitres (n.f.)
[ɔmlɛtozyitR]
★★★★
蚵仔煎

riz huileux (n.m.)
[Riɥilø]
★★★★
油饭

ah gei
[agɛ]
★★★★
阿给

boulette de poisson (n.f.)
[bulɛtdpwasɔ̃]
★★★★
鱼丸

crêpe à la ciboule (n.f)
[kRɛpalasibul]
★★★★
葱油饼

tempura
[tɛmpuRa]
★★★★
甜不辣

maïs rôti (n.m.)
[maisRoti]
★★★★
烤玉米

poulet frit (n.m.)
[pulɛfRi]
★★★★
咸酥鸡

geng à la viande
[gɑ̃alaviɑ̃d]
★★★★
肉羹

临时需要用到的一个词：法语关键词6000

情景 04
亚洲料理

02-15

泰式料理

nouille de riz sautée (n.f.)
[nujdʀisote]
★★★★
泰式炒面

soupe de crevettes à la citronnelle (n.f.)
[supdkʀəvetalasitʀɔnɛl]
★★★★
泰式酸辣汤

salade de papaye verte (n.f.)
[saladdpapajavɛʀt]
★★★★
凉拌青木瓜

galette aux crevettes (n.f.)
[galɛtokʀəvɛt]
★★★★
虾饼

韩式料理

kimchi
[kimtʃi]
★★★★
韩式泡菜

galette poêlée aux fruits de mer (n.f.)
[galɛtpwaleofʀɥidmɛʀ]
★★★★
海鲜煎饼

soju (n.m.)
[soʒu]
★★★★
韩国烧酒

nouille fraîche (n.f.)
[nujfʀɛʃ]
★★★★
冷面

porc de kimchi (n.m.)
[pɔʀdkimtʃi]
★★★★
泡菜猪肉

barbecue coréen (n.m.)
[baʀbkjukɔʀeɛ̃]
★★★★
韩式烤肉

thé au pamplemousse (n.m.)
[teopɑ̃pləmus]
★★★★
柚子茶

banchan
★★★★
韩式小菜

nouille en sauce frite (n.f.)
[nujɑ̃sosfʀit]
★★★★
炸酱面

poulet frit coréen (n.m.)
[pulefʀikɔʀeɛ̃]
★★★★
韩式炸鸡

Chapitre 2 食物

情景 04 亚洲料理

新马料理

petit gâteau vapeur au riz (n.m.)
[ptigatovapœrori]
娘惹糕 ★★★

nouille de crevettes (n.f.)
[nujdkrəvet]
叻沙海鲜面 ★★

porc braisé au caramel (n.m.)
[porbrezeokaramɛl]
红烧猪肉 ★★★

sate (n.m.)
[sate]
沙嗲 ★★★★

nasi Lemak
(riz cuit dans du lait de coco)
马来椰浆饭 ★★

crabe au piment (n.m.)
[krabopimã]
辣椒螃蟹 ★★★★

ayam goring
(poulet frit dans de l'huile de coco)
椰汁炸鸡 ★★

poulet au riz de Hainan (n.m.)
[puleoridainan]
海南鸡饭 ★★★★

kaya toast
咖椰吐司 ★★★

越南料理

rouleau de printemps (n.m.)
[rulodprɛ̃tã]
春卷 ★★★★

pho (n.m.)
[fø]
越南河粉 ★★★★

nems (n.m.)
[nɛm]
炸春卷 ★★★★

vermicelle de riz aux crevettes (n.m.)
[vɛrmiseldriokrəvet]
虾仁米粉 ★★★★

chè (n.m.)
[sɛ]
越南甜品 ★★★★

porc au caramel (n.m.)
[porokaramɛl]
红烧猪肉 ★★★★

临时需要用到的. 一段对话

叫外卖

A: Tu veux de la cuisine thaïlandaise ce soir?
你今天晚餐想吃泰国菜吗?

B: C'est vrai? Je pense à la même chose que toi.
真的吗?我也在想一样的事。

A: On va au restaurant qui est près de Emma?
那我们就到艾玛家附近那家餐厅?

B: Je fais la resérvation maintenant alors. (Plus tard) Ah non, c'est complet ce soir.
那我现在来订位。(稍晚)不好了,今晚客满了。

A: C'est pas grave. On peut leur demander drive.
没关系,那我们请他们叫外卖吧。

B: C'est une bonne idée! Tu as des recommandations?
好主意耶!你有推荐的菜吗?

A: Laisse moi faire! Bonjour, je voudais le service drive. Je voudrais un poulet de curry et une nouille de riz sautée, s'il vous plaît.
让我来点餐吧!您好,我要点外卖,请给我一份咖喱鸡,还有一份泰式炒面。

补充句型

法 ▶ **Je voudrais avoir** 东西 ?

中 ▶ 请给我 东西 ,好吗?

Chapitre 2 食物

情景 04 亚洲料理

 临时需要用到的，一个句型　MP3 02-16

形容食物的用法

- ingrédient frais
  新鲜食材
- très parfumé
  浓郁的香气
- textures variées
  不同的口感
- sucré et juteux
  甜美多汁
- trop cuit
  太熟的
- C'est brûlé.
  烧焦了。
- Ça a l'air très bon.
  看起来很好吃。

临时需要的生活短语

- C'est complet. 客满了。
- faire une réservation 预约订位
- sur place 内用
- à emporter 外带

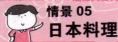

情景 05
日本料理

常见的种类

kaiseki
(plusieurs petits plats servis conjointement)
怀石料理 ★★★

sushi (n.m.)
寿司 ★★★★

sashimi
(tranches de poisson cru)
生鱼片 ★★★

rouleau (n.m.)
[rulo]
手卷 ★★★

sunomono
醋物 ★★★★

sukiyaki
寿喜烧 ★★★★

teppanyaki
铁板烧 ★★★★

常见的菜色

katsudon ★★★★
丼饭

nouille udon
(n.f.)
[nujudɔ̃]
乌龙面 ★★★

unagidon
(donburi avec des anguilles grillées et de la sauce teriyaki.)
鳗鱼饭 ★★★

riz au saumon
(n.m.)
[ʀiosomɔ̃]
鲑鱼饭 ★★★

brochettes japonaises
(n.f.pl.)
[bʀɔʃɛtʒapɔnɛz]
日式烤丸子 ★★★★

tonkatsu
(porc pané et frit.)
炸猪排 ★★★★

barbecue (n.m.)
[baʀbkju]
烧烤食物 ★★★★

poulet teriyaki
(n.m.)
[puletelijaki]
照烧鸡肉 ★★★

soupe miso (n.f.)
[supmizo]
味噌汤 ★★★★

aubergine grillée (n.f.)
[obɛʀʒiŋʀije]
烤茄子 ★★★★

côté de porc grillé au miso
(n.m.)
味噌烤猪肉 ★★★★

steak à la japonaise (n.m.)
[stɛkalaʒapɔnɛz]
日式牛排 ★★★★

Chapitre 2 食物

情景 05 日本料理

常见的菜色

okonomiyaki
(gâteau japonais)
★★★★
大阪烧

boule de riz (n.f.)
[buldeʀi]
★★★★
饭团

nimono
★★★★
煮物

dorade (n.f.)
[dɔʀad]
★★★★
鲷鱼

unagidon
(donburi avec des anguilles grillées et de la sauce teriyaki.)
★★★
鳗鱼饭

ramen
★★★★
拉面

tofu frit
[tofufʀi]
★★★
炸豆腐

nabe
★★★
锅物

tempura
★★★
天妇罗

chawanmushi
(flan aux œufs)
★★★
茶碗蒸

bento
★★★★
日式便当

curry japonais
(n.m.)
[kyʀiʒapɔnɛ]
★★★
日式咖喱

soba
★★★
荞麦面

tsukemono
(choses macérées)
★★★
渍物

natto
(haricots de soja fermentés)
★★★
纳豆

kushikatsu
(brochette japonaise)
★★★
串烧

mentaiko
(rogue de colin ou de morue)
★★★★
明太子

yakimono
★★★★
烧物

tamagoyaki
(omelette japonaise sucrée / salée)
★★★
玉子烧

087

临时需要用到的一个词：法语关键词6000

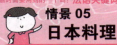

情景 05
日本料理

 02-18

常见的饮料

boisson (n.f.)
[bwasɔ̃]
饮料

limonade (n.f.)
[limɔnad]
汽水

jus (n.m.)
[ʒy]
果汁

thé (n.m.)
[te]
茶

thé vert (n.m.)
[tevɛʀ]
抹茶

eau minérale (n.f.)
[omineʀal]
矿泉水

calpis
可尔必思

coca (n.m.)
[kɔka]
可乐

midori
(liqueur à base de melon)
蜜多丽酒

sobacha
(thé de sarrasin)
荞麦茶

vin rouge (n.m.)
[vɛ̃ʀuʒ]
红葡萄酒

whisky (n.m.)
[wiski]
威士忌

vin blanc (n.m.)
[vɛ̃blɑ̃]
白葡萄酒

bière (n.f.)
[bjɛʀ]
啤酒

bière pression (n.f.)
[bjɛʀpʀesjɔ̃]
生啤酒

umeshu
(alcool de prune)
梅酒

soju
烧酒

saké
[sake]
酒；日本酒

Chapitre 2 食物

情景 05 日本料理

喝酒用的量词

izakaya
(bar japonais)
居酒屋 ★★★★

verre (n.m)
[vɛʀ]
一杯 ★★★★

bouteille (n.f.)
[butɛj]
一瓶 ★★★★

boîte (n.f.)
[bwat]
罐 ★★★★

douzaine (n.f.)
[duzɛn]
一打 ★★★★

litre (n.m)
[litʀ]
一升 ★★★★

常见的点心

prune (n.f.)
[pʀyn]
梅子 ★★★★

mizu-yōkan
羊羹 ★★★

daifuku
大福 ★★★

mochi
麻糬 ★★★

taiyaki
鲷鱼烧 ★★★

wagashi
(dessert japonais)
和菓子 ★★★★

常用的调味品

mayonnaise (n.f.)
[majɔnɛz]
美乃滋 ★★★★

gingembre (n.m.)
[ʒɛ̃ʒɑ̃bʀ]
姜 ★★★★

sésame (n.m)
[sezam]
芝麻 ★★★

moutarde (n.f.)
[mutaʀd]
芥末酱 ★★★

sauce de soja (n.f.)
[sosdsɔʒa]
酱油 ★★★★

vinaigre (n.m.)
[vinɛgʀ]
醋 ★★★★

临时需要用到的. 一段对话

到日式餐厅用餐

A: Bonjour. Vous avez une table pour deux personnes, s'il vous plaît?
您好。请问您有两个人的位置吗？

B: Je suis désolée, mais c'est complet. Ça vous gêne de vous installer à côté du bar?
很抱歉，都满了。您介意坐吧台吗？

A: C'est cool. J'aime bien m'installer là.
真酷，我很喜欢坐吧台。

B: C'est très bien, suivez-moi, s'il vous plait.
太好了，请跟我来。

A: Est-ce qu'on peut avoir d'abord deux tasses de thé chaud, s'il vous plaît? (plus tard...) On peut commander maintenant.
可以请您先给我们两杯热茶吗？（稍晚）我们可以点餐了。

B: Pas de problème. Que désirez-vous?
没问题。请问您要点什么？

A: Bon, des salades de sushi et une nouille udon.
嗯，一份综合寿司拼盘和一份乌龙面。

B: D'accord, autre chose?
好的，还需要其他东西吗？

A: C'est bon comme ça pour l'instant. Merci.
先这样吧。谢谢。

Chapitre 2 食物

情景 05 日本料理

 临时需要用到的. 一个句型　MP3 02-19

看起来～的样子 / 想做～看看

法 ▶ **avoir l'air + 形容词 / 名词**
中 ▶ 看起来～的样子

- Il a l'air d'un artiste. 他看起来像是艺术家。
- Ça a l'air très bon. 这个看起来很好吃。
- Vous avez l'air très inquiet. 您看起来很担心的样子。
- Les nouilles ont l'air très piquantes. 这面看起来很辣。
- Tu as l'air contente, qu'est-ce que tu as?
  你看起来很开心，有什么事吗？

法 ▶ **essayer de + 动词**
中 ▶ 试着做～

- Tu peux essayer de faire un gâteau.
  你可以试试做个蛋糕。
- Tu peux essayer de goûter les differents plats.
  你可以试试不一样的食物。

 临时需要的生活短语

- du jus glacé 一些冰果汁
- de l'eau glacée 一些冰水
- de l'eau chaude 一些热水
- de l'eau 一些水

临时需要用到的一个词：**法语关键词6000**

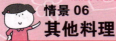

情景 06
其他料理

🎧 MP3 02-20

墨西哥料理

cuisine mexicaine (n.f.)
[kɥizinmeksikɛn]
★★★
墨西哥菜

tako
[tako]
★★★
玉米卷饼

burrito
★★★
墨西哥卷饼

nachos
★★★
墨西哥玉米片

quesadilla
★★★
墨西哥酥饼

fajita
★★★
墨西哥烤肉（卷饼包肉）

enchilada
★★★
辣椒肉馅玉米卷饼

sauce salsa (n.f.)
[sossalsa]
★★★★
莎莎酱

taquito
★★
烤牛肉卷

guacamole (n.m.)
[huacamole]
★★
酪梨酱

jalapeno
墨西哥辣椒

queso
起司酱

gâteau aux trois laits (n.f.)
[gatootʁwalɛ]
★★★
三奶蛋糕

chilaquiles
★★
墨西哥咸玉米片

土耳其料理

kumpir
(pomme de terre garnie de différents ingrédients)
★★
烤马铃薯

yaprak sarma
葡萄叶卷饭

kebab
烤肉

Kofte
★★
肉丸

loukoum
(pâte à base d'amidon et de sucre)
★★
土耳其甜点

092

Chapitre 2 食物

情景 06 其他料理

印度料理

masala dosa
咖喱卷饼 ***

chai
(thé indien)
印度拉茶 ***

naan
(feuille de pain)
印度烤饼 ***

chapatti
(pain du monde indien)
印度面包 ***

paratha
(pain plat indien)
印度飞饼 **

lassi
(boisson à base de yaourt)
奶酪

poulet de tandoori (n.m.)
印度烤鸡 **

rogan Josh
咖喱

malai kofta
炖煮蔬菜

pois chiche (n.m.)
[pwaʃiʃ]
鹰嘴豆咖喱 **

palak paneer
干酪菠菜

非洲料理

foufou
(pâte comestible)
富富 ****

ugali
乌咖喱 ****

injera
英杰拉（海绵质感的发酵后面饼）****

couscous (n.m.)
[kuskus]
古斯米（北非小米饭）****

bilton
(bâtons de viande)
肉干 ***

mafé
(sauce onctueuse à base de pâte d'arachide)
花生酱

riz wolof (n.m.)
(riz gras)
油饭 ****

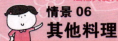

情景 06
其他料理

用餐时可能用到的词语

sauce (n.f.)
[sos]
酱料；淋酱

manger (v.)
[mɑ̃ʒe]
吃

aimer (v.)
[eme]
喜爱

poivrer (v.)
[pwavʀe]
撒胡椒粉

boire (v.)
[bwaʀ]
喝

adorer (v.)
[adɔʀe]
热爱

tremper (v.)
[tʀɑ̃pe]
蘸

sucer (v.)
[syse]
吸

mettre à côté (v.)
[mɛtʀakote]
放旁边

accompagnement (n.m.)
[akɔ̃paɲmɑ̃]
配料

prendre avec une cuillère (v.)
[pʀɑ̃dʀ]
舀

sauce soja (n.f.)
[sossɔʒa]
酱油

avaler (v)
[avale]
吞

plaisir (n.m.)
[pleziʀ]
快乐的事

ail (n.m.)
[aj]
蒜

passer (v.)
[pase]
传递

préférer (v.)
[pʀefeʀe]
比较喜欢

vinaigre (n.m)
[vinɛgʀ]
醋

laisser (v.)
[lese]
剩下

gaspiller (v.)
[gaspije]
浪费

Chapitre 2 食物

情景 06 其他料理

用餐时会用到的动词

réserver (v.)
[ʀezɛʀve]
预约

arriver (v.)
[aʀive]
抵达

annuler (v.)
[anyle]
取消

commander (v.)
[kɔmɑ̃de]
点餐

changer (v.)
[ʃɑ̃ʒe]
换

terminer (v.)
[tɛʀmine]
结束

payer (v.)
[peje]
付款

描述"好吃"的词语

parfumé (a.m.)
pafumée (a.f.)
[paʀfyme] / [paʀfyme]
有香味的

moelleux (a.m.)
moelleuse (a.f.)
[mwalø] / [mwaløz]
顺口的；柔美的

léger (a.m.)
légère (a.f.)
[leʒe] / [leʒɛʀ]
清淡的

savoureux (a.m.)
savoureuse (a.f.)
[savuʀø] / [savuʀøz]
可口的

délicieux (a.m.)
délicieuse (a.f)
[delisjø] / [delisjøz]
美味的

riche (a.)
[ʀiʃ]
浓郁的

superbe (a.)
[sypɛʀb]
超棒的

bon (a.m.)
bonne (a.f.)
[bɔ̃] / [bɔn]
好吃的

succulent (a.m.)
succulente (a.f.)
[sykylɑ̃] / [sykylɑ̃t]
鲜美的；多汁的

临时需要用到的，一段对话

打电话到餐厅订位

A: Bonjour. Je voudrais faire une réservation, s'il vous plaît.
您好。我想订位。

B: Oui, pas de problème. C'est pour quand?
好的，没问题。想订何时呢？

A: C'est pour demain soir, à sept heures.
明天晚上七点。

B: Vous avez combine de personnes?
请问您有几位呢？

A: Il y a deux personnes.
两位。

B Ah, non..., c'est complet pour cette heure là, monsieur. C'est possible de changer à huit heures?
不⋯⋯，那个时间我们都客满了，先生。改到八点可以吗？

A: C'est bon à huit heures. Merci.
八点可以，谢谢。

B: Bon, puis-je avoir votre nom et votre numéro, s'il vous plaît?
好的，可以给我您的姓名和电话吗？

A: C'est Thomas Dupont. Le numéro est 01 55 36 47 89.
我叫杜邦·汤姆。电话号码是 01 55 36 47 89。

B: C'est bien noté, monsieur. Merci. Au revoir.
都记下来了，先生。谢谢您。再见。

Chapitre 2 食物

情景 06 其他料理

临时需要用到的，一个句型 MP3 02-22

日期说法

法▶ **le + 日 / 月 / 年**
中▶ **年 / 月 / 日**

- On est le 25 juin 2015 aujourd'hui.
  今天是 2015 年 6 月 25 号。

时间的说法

法▶ **Il est... heure(s).**
中▶ **现在是～点。**

- Il est 3 heures et quart.
  现在是三点一刻。

电话号码的说法

在法文里，电话号码的念法是两个两个数字一起念，前面两个号码是区域号码。

▶ **01 55 36 47 89**

01：zéro un（中文：〇一）
55：cinquante-cinq（中文：五十五）
36：trente-six（中文：三十六）
47：quarante-sept（中文：四十七）
89：quatre-vingt neuf（中文：八十九）

情景 07 速食店

MP3 02-23

速食店常见的餐点

sandwich (n.m.)
[sɑ̃dwiʃ]
三明治 ★★★★

salade (n.f.)
[salad]
沙拉 ★★★★

panée au poulet (n.f.)
[paneopule]
鸡肉卷 ★★★★

boisson (n.f.)
[bwasɔ̃]
饮料 ★★★★

dessert (n.m.)
[desɛʀ]
甜点 ★★★★

poulet frit (n.m.)
[pulefʀi]
炸鸡 ★★★★

速食店常见的汉堡类型

burger poisson (n.m.)
[bœʀgœʀpwasɔ̃]
鱼堡 ★★★

burger barbecue grillé (n.m.)
[bœʀgœʀbaʀbkjugʀije]
烤肉堡 ★★★

burger toast (n.m.)
[bœʀgœʀtost]
吐司堡 ★★★

cheese burger (n.m.)
[tʃi:zbœʀgœʀ]
起司堡 ★★★

kebab avec des frites
土耳其烤肉加薯条

burger (n.m.)
[bœʀgœʀ]
汉堡 ★★★★

burger poulet (n.m.)
[bœʀgœʀpule]
鸡肉堡 ★★★

burger barbecue bacon (n.m.)
[bœʀgœʀbaʀbkjubakɔn]
烤培根堡 ★★★

burger boeuf (n.m.)
[bœʀgœʀbœf]
牛肉堡 ★★★

double cheese burger (n.m.)
[dubltʃi:zbœʀgœʀ]
双层起司堡

Chapitre 2 食物

情景 07 速食店

速食店常见的附餐

frite (n.f.)
[fʀit]
薯条 ★★★★

filet de poulet (n.m.)
[filedəpulɛ]
鸡柳条 ★★★

chicken nugget (n.m.)
[tʃikinnʌgit]
鸡块 ★★★

biscuit (n.m.)
[biskɥi]
饼干 ★★★

salade caesar (n.f.)
[saladsezaʀ]
恺撒沙拉 ★★★

cobette (n.f.)
[kɔbɛt]
奶油玉米 ★★★★

速食店常见的酱料

sauce (n.f.)
[sos]
蘸酱 ★★★★

sauce pommes-frites (n.f.)
[sospɔmfʀit]
薯条蘸酱 ★★★★

moutarde (n.f.)
[mutaʀd]
芥末酱 ★★★★

mayonnaise (n.f.)
[majɔnɛz]
蛋黄酱 ★★★★

sauce vinaigrette huile d'olive (n.f.)
橄榄油醋酱 ★★★

poivre (n.m.)
[pwavʀ]
胡椒粉 ★★★★

sel (n.m.)
[sɛl]
盐 ★★★★

sucre (n.m.)
[sykʀ]
糖 ★★★★

ketchup (n.m.)
[kɛtʃʌp]
番茄酱 ★★★★

chilli (n.m.)
[ʃili]
辣椒 ★★★★

sauce épicée (n.f.)
[sosepise]
辣酱 ★★★★

miel (n.m.)
[mjɛl]
蜂蜜 ★★★★

099

情景 07 速食店

速食店常见的饮料

limonade (n.f.)
[limɔnad]
汽水 ★★★★

coca (n.m.)
[kɔka]
可乐 ★★★★

coca zéro (n.m.)
[kɔkazeʀo]
零卡可乐 ★★★

sprite (n.m.)
[spʀit]
雪碧 ★★★

fanta (n.m.)
[fɑ̃ta]
芬达汽水 ★★★

evian
[eviɑ̃]
evian 矿泉水 ★★★

速食店常见的其他饮料

Badoit
[badwa]
Badoit 矿泉水 ★★★★

thé chaud (n.m.)
[teʃo]
热茶 ★★★

thé frappé (n.m.)
[tefʀape]
冰镇的茶 ★★★

jus d'orange (n.m.)
[ʒydɔʀɑ̃ʒ]
柳橙汁 ★★★

jus de pomme (n.m.)
[ʒydpɔm]
苹果汁 ★★★

latte
[late]
拿铁 ★★★★

lait (n.m.)
[lɛ]
牛奶 ★★★★

chocolat chaud (n.m.)
[ʃɔkɔlaʃo]
热可可 ★★★★

jus (n.m.)
[ʒy]
果汁 ★★★★

café (n.m.)
[kafe]
咖啡 ★★★★

cappuccino
[kaputʃino]
卡布奇诺咖啡 ★★★

expresso
[ekspʀeso]
意式浓缩咖啡 ★★★

sundae
[sunde]
圣代 ★★★

Chapitre 2 食物

情景 07 速食店

在速食店常用的词语

bonjour
bonsoir
[bɔ̃ʒuʀ] / [bɔ̃swaʀ]
日安；晚安 ★★★★

commander (v.)
[kɔmɑ̃de]
订购；点餐 ★★★★

vouloir (v.)
[vulwaʀ]
想要 ★★★★

confirmer (v.)
[kɔ̃fiʀme]
确认（餐点）★★★

payer (v.)
[peje]
结算；付账 ★★★★

à emporter
[a ɑ̃pɔʀte]
外带 ★★★★

sur place
[syʀ plas]
堂吃 ★★★★

描述速食店用到的词语

froid (a.m.)
froide (a.f.)
[fʀwa] / [fʀwad]
冷的 ★★★

chaud (a.m.)
chaude (a.f.)
[ʃo] / [ʃod]
热的 ★★★

tiède (a.)
[tjɛd]
温的 ★★★

rapide (a.)
[ʀapid]
快速的 ★★★

délicieux (a.m.)
délicieuse (a.f.)
[delisjø] / [delisjøz]
美味的 ★★★

malnutrition (n.f.)
[malnytʀisjɔ̃]
营养不良 ★★★

menu (n.m.)
[məny]
套餐 ★★★★

combinaison (n.f.)
[kɔ̃binɛzɔ̃]
组合餐 ★★★★

faire grossir (v.)
[fɛʀ gʀosiʀ]
让人发胖 ★★★★

santé (n.f.)
[sɑ̃te]
健康 ★★★★

être au régime
[ɛtʀ oʀeʒim]
减肥 ★★★★

临时需要用到的．一段对话

在速食店点餐

A: Bonjour, madame. Vous voulez essayer notre nouveau chicken cheese burger?
女士您好，要试试我们新的起司鸡肉堡吗？

B: Ah non, merci. Je voudrais un menu no.1 et un cheese burger et une bouteille d' evian.
不了，谢谢。我要一个一号餐，还有一个起司堡和一瓶evian矿泉水。

A: Vous pouvez avoir un chicken nugget avec un euro plus, vous en voulez?
您可以以一欧元加购一份鸡块，要吗？

B: Bien sûr! Merci de me le dire.
当然要！谢谢告诉我。

B: Alors, ça fait 3.5 euros.
一共是 3.5 欧元。

A: Je peux utiliser ce coupon?
我可以用这个优惠券吗？

B: Oui, bien sûr.
当然可以。

A: Sur place ou à emporter?
在这儿吃还是打包带走？

B: Est- ce que je peux emporter le chicken nugget et le reste sur place?
我可以把鸡块打包，剩下的在这儿吃吗？

Chapitre 2 食物

情景 07 速食店

A: Oui, pas de problème.
可以，没问题。

B: Merci.
谢谢。

A: Votre menu sera prêt dans quelques minutes, veuillez patienter.
您的餐点还有几分钟就好了，请耐心稍等。

补充句型

法▶ **Vous avez +** 东西 **?**

中▶ 有卖 东西 吗？

法▶ **Vous trouvez** 东西 **comment?** （vous 为主语时）
Tu trouves 东西 **comment?** （tu 为主语时）

中▶ 您（你）觉得 东西 如何？

文化小叮咛

在法国，美式速食文化不似美国发达。因此在法国顶多是看到 Mcdanold、KFC、Quick 或 Subway 这几个品牌。法国仍旧是比较偏爱法国食物的民族。另外，在法国有许多北非来的移民，因此北非食物也很常见。

情景 08 咖啡厅

咖啡厅提供的饮食

menu (n.m.)
[məny]
套餐

petit déjeuner (n.m)
[ptidezœne]
早餐

déjeuner (n.m.)
[dezœne]
午餐

dîner (n.m.)
[dine]
晚餐

brunch (n.m.)
[bʀœʃ]
早午餐

boisson (n.f.)
[bwasɔ̃]
饮料

café (n.m.)
[kafe]
咖啡

jus (n.m.)
[ʒy]
果汁

eau minérale (n.f.)
[omineʀal]
矿泉水

thé (n.m.)
[te]
茶

pain (n.m.)
[pɛ̃]
面包

gâteau (n.m.)
[gato]
蛋糕

dessert (n.m.)
[desɛʀ]
甜点

pizza (n.m.)
[pidza]
披萨

sandwich (n.m.)
[sãdwiʃ]
三明治

boisson chaude (n.f.)
[bwasɔ̃ʃod]
热饮

grignotage (n.m.)
[gʀiɲɔtaʒ]
点心

croissant (n.m.)
[kʀwasɑ̃]
羊角面包

fromage (n.m.)
[fʀɔmaʒ]
乳酪

tarte (n.f.)
[taʀt]
水果挞

Chapitre 2 食物

情景 08 咖啡厅

咖啡厅的果汁

jus de fruits frais (n.m.)
[ʒydfʀɥifʀɛ]
★★★★
新鲜果汁

jus d'orange-fraise (n.m.)
[ʒydɔʀɑ̃ʒfʀɛz]
★★★★
柳橙草莓汁

citronnade menthe (n.f.)
[sitʀɔnadmɑ̃t]
★★★
薄荷柠檬水

jus d'orange (n.m.)
[ʒydɔʀɑ̃ʒ]
★★★
柳橙汁

jus de citron (n.m.)
[ʒydsitʀɔ̃]
★★★★
柠檬汁

jus de pamplemousse (n.m.)
[ʒydpɑ̃plmus]
★★★★
葡萄柚汁

boissons glacées (n.m.pl.)
[bwasɔ̃glase]
★★★
冰镇饮料

咖啡厅的茶类饮料

les lactées (n.f.)
[lelakte]
★★★
含乳的饮品

infusion (n.f.)
[ɛ̃fyzjɔ̃]
★★★★
花草茶

verveine (n.f.)
[vɛʀvɛn]
★★★★
马鞭草茶

tilleul (n.m.)
[tijœl]
★★★★
椴花茶

camomille (n.f.)
[kamɔmij]
★★★★
洋甘菊茶

sorbet (n.m.)
[sɔʀbɛ]
★★★★
冰沙

临时需要用到的一个词：**法语关键词6000**

情景 08
咖啡厅

🎧 02-26

咖啡厅会有的咖啡

café (n.m.)
[kafe] ★★★★
咖啡

café américain (n.m.)
[kafeameʀikɛ̃] ★★★
美式咖啡

café expresso (n.m.)
[kafeɛkspreso] ★★★★
浓缩咖啡

café glacé (n.m.)
[kafeglase] ★★
冰咖啡

café au lait (n.m.)
[kafeole] ★★★
牛奶咖啡

irish café (n.m.)
★★★★
爱尔兰咖啡

café latté (n.m.)
[kafelate] ★★★
拿铁

cappuccino (n.m)
[kaputʃino] ★★★
卡布奇诺

café allongé (n.m)
[kafealɔ̃ʒe] ★★★★
稀释咖啡

cappuccino glacé (n.m.)
[kaputʃinoglase] ★★★★
冰卡布奇诺咖啡

latté macchiato
★★
焦糖玛奇朵咖啡

咖啡相关的词语

sucre (n.m.)
[sykʀ] ★★★★
糖

biscuit (n.m.)
[biskɥi] ★★★★
饼干

crème (n.f.)
[kʀɛm] ★★★★
奶精

lait (n.m.)
[lɛ] ★★★★
牛奶

chocolat (n.m.)
[ʃɔkɔla] ★★★★
巧克力

décaféiné (a.m.)
décaféinée (a.f.)
[dekafeine] / [dekafeine] ★★★★
无咖啡因的

Chapitre 2 食物

情景 08 咖啡厅

咖啡厅的其他饮料

limonade (n.f.)
[limɔnad]
汽水

eau minérale (n.f.)
[omineral]
矿泉水

thé vert (n.m.)
[teveʀ]
绿茶

thé menthe (n.m.)
[temãt]
薄荷茶

eau minérale gazeuse (n.f.)
[omineralgazøz]
气泡矿泉水

bière (n.f.)
[bjeʀ]
啤酒

咖啡厅的三明治

sandwich mixte jambon (n.m.)
[sãdwiʃmikstʒãbɔ̃]
综合火腿三明治

club sandwich à la dinde (n.f.)
[klœbsãdwiʃaladɛ̃d]
火鸡总汇三明治

club sandwich au saumon (n.m.)
[klœbsãdwiʃosomɔ̃]
鲑鱼总汇三明治

sandwich salades (n.m.)
[sãdwiʃsalad]
沙拉三明治

sandwich fromage (n.m.)
[sãdwiʃfʀɔmaʒ]
起司三明治

与咖啡厅相关的词语

place (n.f.)
[plas]
座位

table (n.f.)
[tabl]
桌子

zone fumeur (n.f.)
[zonfymœʀ]
吸烟区

zone non fumeur (n.f)
[zonnɔ̃fymœʀ]
非吸烟区

interdit de fumer
[ɛ̃teʀdidfyme]
禁烟

bar (n.m.)
[baʀ]
吧台

临时需要用到的一个词：法语关键词6000

情景 08 咖啡厅

 02-27

咖啡厅所卖的正餐

steak tartare (n.m.)
[stektartar]
蛋黄酱拌生牛排 ★★★★

burger boeuf (n.m.)
[bœrgœrbœf]
牛肉堡 ★★★★

plateau de fruits de mer (n.m.)
[platodfʀɥidmɛʀ]
海鲜盘 ★★★

saumon grillé (n.m.)
[somɔ̃gʀije]
烤鲑鱼 ★★★★

pâte (n.f.)
[pat]
意大利面 ★★★

steak frites
[stekfʀit]
牛排加薯条 ★★★★

用来描述食物的词语

sucré (a.m.)
sucrée (a.f.)
[sykʀe] / [sykʀe]
甜的 ★★★★

salé (a.m)
salée (a.f.)
[sale] / [sale]
咸的 ★★★★

épicé (a.m.)
epicée (a.f.)
[epise] / [epise]
辣的 ★★★★

froid (a.m.)
froide (a.f.)
[fʀwa] / [fʀwad]
冷的 ★★★★

chaud (a.m.)
chaude (a.f.)
[ʃo] / [ʃod]
热的 ★★★★

咖啡厅里发生的事情

attendre (v.)
[atɑ̃dʀ]
等候 ★★★★

commander (v.)
[kɔmɑ̃de]
点餐 ★★★★

réunion (n.f.)
[ʀeynjɔ̃]
聚会 ★★★★

réfléchir (v.)
[ʀefleʃiʀ]
考虑 ★★★★

l'addition (n.f.)
[ladisjɔ̃]
结账 ★★★★

donner le pourboire (v.)
[dɔnelpuʀbwaʀ]
给小费 ★★★★

Chapitre 2 食物

情景 08 咖啡厅

与咖啡厅相关的其他词语

carte (n.f.)
[kaʀt]
菜单 ★★★★

menu (n.m.)
[məny]
套餐 ★★★★

service compris
[sɛʀviskɔ̃pʀi]
小费内含 (SC) ★★★★

service non compris
[sɛʀvisnɔ̃kɔ̃pʀi]
小费未内含 (SNC) ★★★★

spécialité (n.f.)
[spesjalite]
本店招牌 ★★★

maison (a.)
[mɛzɔ̃]
自制的 ★★★

payer (v.)
[peje]
付账 ★★★★

en liquide
[ãlikid]
付现 ★★★★

par carte
[paʀkaʀt]
刷卡 ★★★★

prix (n.m.)
[pʀi]
价格 ★★★★

pourboire (n.m.)
[puʀbwaʀ]
小费 ★★★

monnaie (n.f.)
[mɔnɛ]
零钱 ★★★

ouvert (a.m.)
ouverte (a.f.)
[uvɛʀ] / [uvɛʀt]
营业中的 ★★★★

fermé (a.m.)
fermée (a.f.)
[fɛʀme] / [fɛʀme]
打烊的 ★★★★

complet (a.m.)
complète (a.f.)
[kɔ̃plɛ] / [kɔ̃plɛt]
客满的 ★★★

recommander (v.)
[ʀkɔmɑ̃de]
推荐 ★★★★

il n'y en a plus
[ilniãnaply]
没了 ★★★★

fruit de saison (n.m.)
[fʀɥidsɛzɔ̃]
季节性水果 ★★★

临时需要用到的．一段对话

到咖啡店用餐

A: Bonjour. Vous avez réservé?
您好。请问您有订位吗？

B: Ah non...
没有耶～

A: Bon, je vais voir s'il y a encore des places pour vous.
好，那我看看还有没有位置给您。

B: Merci. N'importe quelles places sont bonnes. On espère beaucoup venir ici.
谢谢您，任何位置都可以，我们很期待来这里。

A: C'est votre première fois ici? je vais voir si je peux vous aider.
这是您第一次来吗？我看看可以帮什么忙。

B: J'entends que les pizzas ici sont superbes, donc, on a hâte de venir ici dès l'arrivée à Pairs.
我听说这里的披萨很棒，所以我们一到巴黎就迫不及待地过来了。

A: Merci beaucoup, je (ne) peux pas vous faire décus alors...; suivez-moi.
非常谢谢您，那我就不能让您失望啰。跟我来。

Chapitre 2 食物

情景 08 咖啡厅

 临时需要用到的. 一个句型 (MP3) 02-28

法 ▶ 名词 + est compris(e).
中 ▶ ～已内含。

- La taxe est comprise.
  税已内含。
- Le vin n'est pas compris dans le menu.
  酒不包含在套餐里面。

法 ▶ découper... en 数量词
中 ▶ 切成～片（块）

- Veuillez découper le pizza en huit, s'il vous plaît.
  请把披萨切成八片。
- Veuillez découper le steak en deux , s'il vous plaît.
  请把牛排切成两块。

临时需要的生活短语

- Qu'est-ce que vous voulez, monsieur / madame?
  先生／女士，请问您要点什么？
- Bonjour. Qu'est-ce que vous désirez aujourd'hui?
  您好。今天您要点什么呢？
- Vous avez des récommandations?
  您有没有什么可推荐的？
- Vous préférez quel parfum?
  您偏好哪种口味？

情景 09
野餐

野餐的地点

campagne (n.f.)
[kɑ̃paɲ]
乡下

dehors (adv.)
[dəɔʀ]
室外

montagne (n.f.)
[mɔ̃taɲ]
山

plage (n.f.)
[plaʒ]
海滩

parc (n.m.)
[paʀk]
公园

lac (n.m.)
[lak]
湖

野餐时要准备的物品

sandwich (n.m.)
[sɑ̃dwiʃ]
三明治

fruit (n.m.)
[fʀɥi]
水果

boisson (n.f.)
[bwasɔ̃]
饮料

panier de pain (n.m.)
[panjedpɛ̃]
面包篮

dessert (n.m.)
[desɛʀ]
甜点

grignotage (n.m.)
[gʀiɲɔtaʒ]
点心

cerf-volant (n.m.)
[sɛʀvɔlɑ̃]
风筝

glacière (n.f.)
[glasjɛʀ]
冰桶

badminton (n.m.)
[badmintɔn]
羽毛球

Frisbee (n.m.)
[fʀizbi]
飞盘

coussin (n.m.)
[kusɛ̃]
垫子

panier de pique-nique (n.m.)
[panjedpiknik]
野餐篮

Chapitre 2 食物

情景 09 野餐

野餐时做的动作

jouer (v.)
[ʒwe]
玩耍

se détendre (v.)
[sdetɑ̃dʀ]
放松

inviter (v.)
[ɛ̃vite]
邀请

sortir (v.)
[sɔʀtiʀ]
出游；出门

prendre une photo (v.)
[pʀɑ̃dʀynfoto]
照相

bavarder (v.)
[bavaʀde]
聊天

attendre (v.)
[atɑ̃dʀ]
等待

approcher (v.)
[apʀɔʃe]
亲近

s'amuser (v.)
[samyze]
享受

préparer (v.)
[pʀepaʀe]
准备

nettoyer (v.)
[netwaje]
清理

emporter (v.)
[ɑ̃pɔʀte]
带走

野餐时用到的其他词语

pique-niquer (v.)
[piknike]
野餐

se promener (v.)
[spʀɔmne]
散步

s'exposer au soleil (v.)
[sɛkspozeosɔlɛj]
晒太阳

faire une sieste (v.)
[fɛʀynsjɛst]
睡午觉

nature (n.f.)
[natyʀ]
大自然

faire du vélo (v.)
[fɛʀdyvelo]
骑自行车

临时需要用到的．一个句型

法 ▶ aller à la + 阴性名词
aller au + 阳性名词
aller à l' + 元音开头名词与哑音 h 开头名词

中 ▶ 去～

- aller à la piscine 去游泳
- aller à la bibliothèque 去图书馆
- aller au cinéma 去看电影
- aller au parc 去公园
- aller au restaurant 去餐厅
- aller à l'école 去学校
- aller au café 去咖啡厅

临时需要的生活短语

- Qu'est-ce que je dois préparer?
  我需要准备什么？

- Tu es en retard.
  你迟到了。

- On se verra à huit heures demain matin devant la gare.
  我们明天早上八点在火车站前面碰面。

Chapitre 3
娱乐

Trois

情景01	百货公司	情景09	博物馆
情景02	美妆店/药店	情景10	赏枫
情景03	3C 卖场	情景11	海滩
情景04	食品百货铺	情景12	登山
情景05	超级市场	情景13	运动
情景06	夜景	情景14	健身房
情景07	滑雪	情景15	夜生活
情景08	购物中心	情景16	节庆

临时需要用到的一个词：**法语关键词6000**

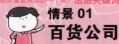

情景 01
百货公司

 03-01

百货公司销售物品的种类

produit de beauté (n.m.)
[pʀɔdɥidəbote]
★★★★
美容保养品

parfum (n.m.)
[paʀfœ̃]
★★★★
香水

sac à main (n.m.)
[sakamɛ̃]
★★★★
手提包

fournitures (n.f.pl.)
[fuʀnityʀ]
★★★★
文具

vêtement (n.m.)
[vɛtmɑ̃]
★★★★
衣服

chaussure (n.f.)
[ʃosyʀ]
★★★★
鞋子

jouet (n.m.)
[ʒwɛ]
★★★★
玩具

disque (n.m.)
[disk]
★★★★
唱片

marque (n.f.)
[maʀk]
★★★★
名牌

livre (n.m.)
[livʀ]
★★★★
书籍

ustensiles de cuisine (n.m.pl.)
[ystɑ̃sildkɥizin]
★★★★
厨房用具

matériel sportif (n.m.)
[mateʀjɛlspɔʀtif]
★★★★
体育用品

légumes et fruits (n.m.pl.)
[legymefʀɥi]
★★★
蔬菜水果

produits quotidiens (n.m.pl.)
[pʀɔdɥikɔtidjɛ̃]
★★★★
生活用品

électroménager (n.m.)
[elɛktʀomenaʒe]
★★★★
家用电器

meuble (n.m.)
[mœbl]
★★★★
家具

literie (n.f.)
[litʀi]
★★★★
床上用品、卧具

produit haut de gamme (n.m.)
[pʀɔdɥiodgam]
★★★
高档商品

116

Chapitre 3 娱乐

情景 01 百货公司

百货公司销售的服饰及配件

homme (n.m.)
[ɔm]
男装

femme (n.f.)
[fam]
女装

enfants (n.m.pl.)
[ãfã]
童装

accessoire (n.m.)
[akseswaʀ]
配件

bague (n.f.)
[bag]
戒指

collier (n.m.)
[kɔlje]
项链

costume (n.m) **robe** (n.f.)
[kɔstym] / [ʀɔb]
男式西装；女式连衣裙

bijou (n.m.)
[biʒu]
珠宝

montre (n.f.)
[mɔ̃tʀ]
手表

boucle d'oreilles (n.f.)
[bukldɔʀɛj]
耳环

百货公司里的人

client (n.m.)
cliente (n.f.)
[klijɑ̃] / [klijɑ̃t]
顾客

invité (n.m.)
invitée (n.f.)
[ɛ̃vite] / [ɛ̃vite]
贵宾

consommateur (n.m.)
consommatrice (n.f.)
[kɔ̃sɔmatœʀ] / [kɔ̃sɔmatʀis]
消费者

vendeur (n.m.)
vendeuse (n.f.)
[vɑ̃dœʀ] / [vɑ̃døz]
销售员

sécurité (n.f)
[sekyʀite]
保卫

临时需要用到的一个词：法语关键词6000

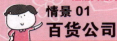

情景 01
百货公司

03-02

百货公司里面的场所

grand magasin (n.m.)
[gʀɑ̃magazɛ̃]
★★★★
百货公司

bazar (n.m.)
[bazaʀ]
★★★
百货店

magasin (n.m.)
[magazɛ̃]
★★★★
商店

comptoir (n.m.)
[kɔ̃twaʀ]
★★★
柜台

escalier (n.m)
[ɛskalje]
★★★★
楼梯

ascenseur (n.m.)
[asɑ̃sœʀ]
★★★★
电梯

étage (n.m.)
[etaʒ]
★★★★
楼层

détaxe (n.f.)
[detaks]
★★★
退税

point accueil (n.m.)
[pwɛ̃akœj]
★★★★
服务台

restaurant (n.m.)
[ʀɛstɔʀɑ̃]
★★★★
餐厅

café (n.m.)
[kafe]
★★★★
咖啡厅

escalier mécanique (n.m.)
[ɛskaljemekanik]
★★★★
电扶梯

boulangerie (n.f.)
[bulɑ̃ʒʀi]
★★★★
面包店

magasin spécialisé (n.m.)
[magazɛ̃spesjalize]
★★★
专卖店

toilettes (n.f.pl.)
[twalɛt]
★★★★
洗手间

casier (n.m.)
[kazje]
★★★
置物柜

place du marché (n.f.)
[plasdymaʀʃe]
★★★★
超市广场

Chapitre 3 娱乐

情景 01 百货公司

百货公司外面的场所

gare (n.f.)
[gaʀ]
车站
★★★★

sortie (n.f.)
[sɔʀti]
出口
★★★★

métro (n.m.)
[metʀo]
地铁站
★★★★

trottoir (n.m.)
[tʀɔtwaʀ]
人行道
★★★★

taxi (n.m.)
[taksi]
出租车招呼站
★★★

hall (n.m.)
[ol]
大厅
★★★★

parking (n.m.)
[paʀkiŋ]
停车场
★★★★

entrée (n.f.)
[ɑ̃tʀe]
入口
★★★★

galerie (n.f.)
[galʀi]
艺廊
★★★

station de bus (n.m.)
[stasjɔ̃dbys]
公交车站
★★★★

place (n.f.)
[plas]
广场
★★★

与百货公司里的人有关的词语

client (n.m.)
[klijɑ̃]
顾客
★★★★

client cible (n.m.)
[klijɑ̃sibl]
目标顾客
★★★★

management (n.m.)
[manaʒmɑ̃]
管理阶层
★★★

famille (n.f.)
[famij]
家庭
★★★★

personnes âgées (n.f.pl.)
[pɛʀsɔnzɑʒe]
银发族
★★★★

service (n.m.)
[sɛʀvis]
服务
★★★★

临时需要用到的一个词：法语关键词6000

情景 01
百货公司

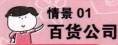

MP3 03-03

与百货公司相关的时间词语

horaires d'ouverture (n.m.pl.)
[ɔRERduvERtyR]
营业时间 ★★★★

ouvertures (n.f.pl.)
[uvERtyR]
开放时间 ★★★★

fermetures (n.f.pl.)
[fERmtyR]
关闭时间 ★★★

jour de repos (n.m.)
[ʒuRdRpo]
公休日 ★★★★

tous les jours
[tuleʒuR]
全年无休 ★★★

百货公司提供的服务

nouveauté (n.f.)
[nuvote]
新到商品 ★★★★

hors-saison
[ɔRsezɔ̃]
非当季 ★★★★

cadeau (n.m)
[kado]
礼品 ★★★★

carte cadeau (n.f.)
[kaRtkado]
礼物卡 ★★★★

service d'emballage (n.m.)
[sERvisdɑ̃balaʒ]
包装服务 ★★★

service de voiturier (n.m)
[sERvisdvwatyRije]
代客泊车 ★★★

faire une annonce (v.)
[fERynɑnɔ̃s]
广播 ★★★★

objets trouvés (n.m.pl.)
[ɔbʒεtRuve]
失物招领 ★★★★

accueil (n.m.)
[akœj]
接待处 ★★★★

terrasse (n.f.)
[teRas]
露天咖啡台 ★★★

garantie (n.f.)
[gaRɑ̃ti]
保固 ★★★

service après vente (n.m.)
[sERvisapRεvɑ̃t]
售后服务 ★★★

Chapitre 3 娱乐

情景 01 百货公司

百货公司里与金钱相关的词语

prix (n.m.)
[pRi]
★★★★
价格

prix original (n.m)
[pRiɔRiʒinal]
★★★
原价

prix réduit (n.m)
[pRiRedɥi]
★★★
折扣后售价

solde (n.f.)
[sɔld]
★★★★
打折

liquidation (n.f.)
[likidasjɔ̃]
★★★★
清仓特卖

vente finale (n.f.)
[vɑ̃tfinal]
最后特卖

taxe (n.f.)
[taks]
★★★★
税

coût (n.m.)
[ku]
★★★★
成本

réduire les coûts (v.)
[RedɥiRleku]
降低成本

négocier le prix (v.)
[negɔsjelpRi]
★★★★
议价

TVA (n.f.)
(taxe à la valeur ajoutée)
★★★
附加价值税

carte de membre (n.f.)
[kaRtdəmɑ̃bR]
★★★
会员卡

frais de transport (n.m.)
[fRedtRɑ̃spɔR]
★★★★
运费

gratuit (a.m.)
gratuite (a.f.)
[gRatɥi] / [gRatɥit]
★★★★
免费的

profit (n.m.)
[pRɔfi]
★★★★
利润

point (n.m.)
[pwɛ̃]
★★★★
点数

coupon (n.m.)
[kupɔ̃]
优惠券

promotion (n.f.)
[pRɔmosjɔ̃]
★★★★
促销

临时需要用到的一个词：法语关键词6000

情景 01
百货公司

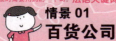

MP3 03-04

百货公司里与购物相关的动词

acheter (v.)
[aʃte]
买

comparer (v.)
[kɔ̃pare]
比较

commander (v.)
[kɔmɑ̃de]
订购

vendre (v.)
[vɑ̃dR]
销售

retourner (v.)
[RtuRne]
退货

régler (v.)
[Regle]
结算

描述百货公司用到的词语

cher (a.m.)
chère (a.f.)
[ʃɛR] / [ʃɛR]
贵的

bon marché (a.)
[bɔ̃maRʃe]
便宜的

abordable (a.)
[abɔRdabl]
负担得起的

varié (a.m.)
variée (a.f.)
[vaRje] / [vaRje]
丰富的；多样的

grand (a.m.)
grande (a.f.)
[gRɑ̃] / [gRɑ̃d]
大的

beaucoup (adv.)
[boku]
许多

précieux (a.m.)
précieuse (a.f.)
[presjø] / [presjøz]
珍贵的

pratique (a.)
[pRatik]
方便的

spacieux (a.m.)
spacieuse (a.f.)
[spasjø] / [spasjøz]
宽敞的

désirer (v.)
[deziRe]
欲望

vouloir (v.)
[vulwaR]
想要

agréable (a.)
[agReabl]
舒适的

Chapitre 3 娱乐

情景 01 百货公司

与百货公司相关的动词

ouvrir (v.)
[uvʀiʀ]
★★★★
开（店）

échanger (v.)
[eʃɑ̃ʒe]
★★★★
换

réparer (v.)
[ʀepaʀe]
★★★★
修理

renouveler (v.)
[ʀnuvle]
★★★★
改装

estimer (v.)
[εstime]
★★★★
预估

organiser (v.)
[ɔʀganize]
★★★★
安排

s'occuper (v.)
[sɔkype]
★★★★
处理

améliorer (v.)
[ameljɔʀe]
★★★★
改善

installer (v.)
[ɛ̃stale]
★★★★
开设

choisir (v.)
[ʃwaziʀ]
★★★★
挑选

prendre (v.)
[pʀɑ̃dʀ]
★★★★
选定；拿

payer (v.)
[peje]
★★★★
付款

entrer (v.)
[ɑ̃tʀe]
★★★★
进入

donner (v.)
[dɔne]
★★★★
给

offrir (v.)
[ɔfʀiʀ]
★★★★
送

livrer (v.)
[livʀe]
★★★★
送达

augmenter (v.)
[ɔgmɑ̃te]
★★★★
增加

réduire (v.)
[ʀedɥiʀ]
★★★★
减少

utiliser (v.)
[ytilize]
★★★★
利用

临时需要用到的.一个句型

法 ▶ Il y a une interconnection entre A et B.
中 ▶ A 和 B 连接在一起。

- Il y a une interconnection entre la gare et le métro.
  火车站与地铁站连接在一起。

- Il y a une interconnection entre le métro et le grand magasin.
  地铁站与百货公司连接在一起。

- Il y a une interconnection entre le premier et le deuxième terminus.
  第一航站和第二航站连接在一起。

法 ▶ Je cherche...
中 ▶ 我在找~

- Je cherche un costume.
  我在找一套正式的西装。

- Je cherche un rouge à lèvre.
  我在找口红。

- Je cherche une cravate pour mon marie.
  我在帮我老公找一条领带。

- Je cherche mon enfant.
  我在找我的孩子。

Chapitre 3 娱乐

情景 01 百货公司

临时需要用到的．一个句型　MP3 03-06

（名词1）比较（名词2）～

法 ▶ A + être + 比较级形容词 + que + B.
中 ▶ A 比 B ～。

- Cette robe est plus chère que cette chemise.
  这件裙子比这件衬衫贵。
- Le sac à main est moins cher que le portefeuille.
  这个手拿包比这个皮夹还便宜。
- Ton sac est plus lourd que le mien.
  你的包比我的重。
- Mon frère est plus intelligent que moi.
  我弟弟比我聪明。

临时需要的生活短语

- le grand magasin le plus proche　最近的百货公司
- le café le plus proche　最近的咖啡厅
- faire des courses　逛街购物
- appeler un taxi　招呼出租车
- centre commercial　购物中心
- en solde　折扣中
- liquidation de fin d'année　年度清仓
- Les Galeries Lafayette　拉法叶百货公司

情景 02
美妆店 / 药店

所售物品的种类

médicament (n.m)
[medikamɑ̃]
药品

maquillage (n.m.)
[makijaʒ]
化妆品

épicerie (n.f.)
[episʀi]
百货

usage quotidien (n.m.)
[yzaʒkɔtidjɛ̃]
日用品

beauté (n.f.)
[bote]
保养品

complément alimentaire (n.m.)
[kɔ̃plemɑ̃alimɑ̃tɛʀ]
保健食品

produits de bébé (n.m.pl.)
[pʀɔdɥidbebe]
婴儿用品

produit ménager (n.m.)
[pʀɔdɥimenaʒe]
打扫用品

trousse de premiers soins (n.f.)
[tʀusdpʀmjeswɛ̃]
急救用品

grignotage (n.m.)
[gʀiɲɔtaʒ]
零食

soins des cheveux (n.m.)
[swɛ̃deʃvø]
美发用品

hygiène féminine (n.f.)
[iʒjɛnfeminin]
生理用品

soins du corps (n.m.)
[swɛ̃dykɔʀ]
身体保养用品

ustensiles de cuisine (n.m.pl.)
[ystɑ̃sildkɥizin]
厨房用具

marque (n.f.)
[maʀk]
品牌

Chapitre 3 娱乐

情景 02 美妆店 / 药店

药店所售物品

rhume (n.m) [ʀym]
感冒药 ★★★

analgésique (n.m.) [analʒezik]
止痛药 ★★★

antipyrétique (n.m.) [ãtipiʀetik]
退烧药 ★★★★

antidiarrhée (n.f.) [ãtidjaʀe]
止泻药 ★★★

à usage externe [ayzaʒɛkstɛʀn]
外用药 ★★★

antiacide (n.m.) [ãtiasid]
胃药 ★★★

pommade (n.f.) [pɔmad]
药膏 ★★★★

bandage (n.m.) [bãdaʒ]
绷带 ★★★★

coton-tige (n.m.) [kɔtɔ̃tiʒ]
棉花棒 ★★★★

alcool (n.m.) [alkɔl]
酒精 ★★★★

gouttes ophtalmiques (n.f.pl.) [gutɔftalmik]
眼药水 ★★★★

在美妆店 / 药店会遇到的人

pharmacien (n.m)
pharmacienne (n.f.) [faʀmasjɛ̃] / [faʀmasjɛn]
药剂师 ★★★★

vente en gros (n.f.) [vãtãgʀo]
批发（商）★★★★

commerce de détail (n.m.) [kɔmɛʀsddetaj]
零售（商）★★★★

employé (n.m.) **employée** (n.f.) [ãplwaje] / [ãplwaje]
店员 ★★★★

client (n.m.) **cliente** (n.f.) [klijã] / [klijãt]
顾客 ★★★★

临时需要用到的一个词：法语关键词6000

情景 02
美妆店 / 药店

 03-08

美妆店所售物品

fond de teint (n.m.)
[fɔ̃dtɛ̃]
粉底 ★★★★

fard à joues (n.m.)
[faraʒu]
腮红 ★★★★

mascara (n.m.)
[maskaʀa]
睫毛膏 ★★★★

eye-liner (n.m.)
[ajlajnœʀ]
眼线笔 ★★★★

accessoire (n.f.)
[akseswaʀ]
化妆小物 ★★★★

rouge à lèvre (n.m.)
[ʀuʒalɛvʀ]
口红 ★★★★

sérum (n.m.)
[seʀɔm]
精华液 ★★★★

lotion (n.f.)
[losjɔ̃]
化妆水 ★★★★

crème hydratante (n.f.)
[kʀɛmidʀatɑ̃t]
保湿乳液 ★★★★

crème mains (n.f.)
[kʀɛmmɛ̃]
护手霜 ★★★

baume à lèvres (n.m.)
[bomalɛvʀ]
护唇膏 ★★★

masque (n.m.)
[mask]
面膜 ★★★★

crème pour les yeux (n.f.)
[kʀɛmpuʀlezjø]
眼霜 ★★★★

crème nettoyante (n.f.)
[kʀɛmnetwajɑ̃t]
洗面乳 ★★★★

lait démaquillant (n.m.)
[lɛdemakijɑ̃]
卸妆乳 ★★★★

gel (m.n.)
[ʒɛl]
凝胶 ★★★

mousse (n.f.)
[mus]
慕斯 ★★★

Chapitre 3 娱乐

情景 02 美妆店 / 药店

美妆店所售其他物品

ombre à paupières (n.f.)
[ɔ̃bʀapopjɛʀ]
眼影

gloss (n.m.)
[glɔs]
唇蜜

poudre (n.m.)
[pudʀ]
蜜粉

crayon sourcils (n.m.)
[kʀɛjɔ̃suʀsi]
眉笔

vernis à ongles (n.m.)
[vɛʀniaɔ̃gl]
指甲油

correcteur (n.m.)
[kɔʀɛktœʀ]
遮瑕膏

houppette (n.f.)
[upɛt]
粉扑

éponge (n.f.)
[epɔ̃ʒ]
海绵

recourbe-cils (n.f.)
[ʀkuʀbsil]
睫毛夹

pinceau (n.m.)
[pɛ̃so]
刷子

faux-cils (n.m.)
[fosil]
假睫毛

pince (n.f.)
[pɛ̃s]
镊子

poudre compacte (n.m.)
[pudʀkɔ̃pakt]
粉饼

ride (n.f.)
[ʀid]
皱纹

tache (n.f.)
[taʃ]
斑点

sec (a.m.) **sèche** (a.f.)
[sɛk] / [sɛʃ]
干燥的

gras (a.m.) **grasse** (a.f.)
[gʀɑ] / [gʀɑs]
油性的

sensible (a.)
[sɑ̃sibl]
敏感的

情景 02
美妆店 / 药店

MP3 03-09

生活用品

pile (n.f.)
[pil]
干电池 ★★★★

ampoule (n.f.)
[ɑ̃pul]
电灯泡 ★★★★

nappe (n.f.)
[nap]
桌巾 ★★★★

serviette de toilette (n.f.)
[sɛʀvjɛtdtwalɛt]
毛巾 ★★★★

serviette de bain (n.f.)
[sɛʀvjɛtdbɛ̃]
浴巾 ★★★★

couche (n.f.)
[kuʃ]
纸尿布

sac poubelle (n.m.)
[sakpubɛl]
垃圾袋 ★★★★

balai (n.m.)
[balɛ]
扫把 ★★★★

serpillère (n.f.)
[sɛʀpijɛʀ]
拖把 ★★★★

cintre (n.m.)
[sɛ̃tʀ]
衣架 ★★★★

papier toilette (n.m.)
[papjɛtwalɛt]
卫生纸 ★★★★

serviette en papier (n.f.)
[sɛʀvjɛtɑ̃papje]
厨房纸巾 ★★★★

杂货

chaussette (n.f.)
[ʃosɛt]
袜子 ★★★★

collant (n.m.)
[kɔlɑ̃]
丝袜 ★★★★

gant (n.m.)
[gɑ̃]
手套 ★★★★

sous-vêtement (n.m.)
[suvɛtmɑ̃]
内衣 ★★★★

masque chirurgical (n.m.)
[maskʃiʀyʀʒikal]
口罩（医用） ★★★★

pantoufle (n.f.)
[pɑ̃tufl]
拖鞋 ★★★★

Chapitre 3 娱乐

情景 02 美妆店 / 药店

盥洗用品

dentifrice (n.f.)
[dɑ̃tifʀis]
牙膏

brosse à dents (n.f.)
[bʀɔsadɑ̃]
牙刷

file dentaire (n.m.)
[fildɑ̃tɛʀ]
牙线

shampooing (n.m.)
[ʃɑ̃pwɛ̃]
洗发露

soins des cheveux (n.m.)
[swɛ̃deʃvø]
护发产品

savon (n.m.)
[savɔ̃]
香皂

gel douche (n.m.)
[ʒɛlduʃ]
沐浴乳

gommage (n.m.)
[gɔmaʒ]
去角质

bain de bouche (n.m.)
[bɛ̃dbuʃ]
漱口水

après-shampooing (n.m.)
[apʀɛʃɑ̃pwɛ̃]
润发乳

mousse à raser (n.f.)
[musaʀɑze]
刮胡膏

清洁用品

déodorant (n.m.)
[deɔdɔʀɑ̃]
除臭剂

pesticide (n.m.)
[pɛstisid]
杀虫剂

lessive (n.f.)
[lesiv]
洗衣粉

adoucissant (n.m.)
[adusisɑ̃]
柔软精

lingette (n.f.)
[lɛ̃ʒɛt]
湿纸巾

nettoyant (n.m.)
[netwajɑ̃]
清洁剂

131

情景 02
美妆店 / 药店

 03-10

其他词汇

santé (n.f.)
[sɑ̃te]
健康 ★★★★

ordonnance (n.f.)
[ɔrdɔnɑ̃s]
处方笺 ★★★★

beauté (n.m.)
[bote]
美容 ★★★★

remède (n.m.)
[ʀmɛd]
药方 ★★★★

nouveauté (n.f.)
[nuvote]
新到商品 ★★★★

vente en gros (n.f.)
[vɑ̃tɑ̃ɡʀo]
批发 ★★★★

commerce de détail (n.f.)
[kɔmɛʀsddetaj]
零售业 ★★★★

complet (a.m.) **complète** (a.f.)
[kɔ̃plɛ] / [kɔ̃plɛt]
齐全的 ★★★★

taxe (n.f.)
[taks]
税 ★★★★

échantillon (n.m.)
[eʃɑ̃tijɔ̃]
试用品 ★★★★

centre commercial (n.m.)
[sɑ̃tʀkɔmɛʀsjal]
购物中心 ★★★★

promotion (n.f.)
[pʀɔmosjɔ̃]
促销品 ★★★★

prix (n.m.)
[pʀi]
价格 ★★★★

réduction (n.f)
[ʀedyksjɔ̃]
折扣 ★★★★

solde (n.f.)
[sɔld]
拍卖 ★★★★

liquidation (n.f.)
[likidasjɔ̃]
清仓特卖 ★★★★

gratuit (a.m.) **gratuite** (a.f.)
[ɡʀatɥi] / [ɡʀatɥit]
免费的 ★★★★

promotion (n.f.)
[pʀɔmosjɔ̃]
促销 ★★★★

Chapitre 3 娱乐

情景 02 美妆店 / 药店

相关动作

chercher (v.)
[ʃɛʀʃe]
找

acheter (v.)
[aʃte]
买

rembourser (v.)
[ʀɑ̃buʀse]
退款

commander (v.)
[kɔmɑ̃de]
订购

essayer (v.)
[eseje]
试用

choisir (v.)
[ʃwaziʀ]
挑选

retourner (v.)
[ʀtuʀne]
退货

bondé (a.m.)
bondée (a.f.)
[bɔ̃de] / [bɔ̃de]
拥挤的

échanger (v.)
[eʃɑ̃ʒe]
换

faire des achats (v.)
[fɛʀdezaʃa]
购物

accumuler (v.)
[akymyle]
累积

gagner (v.)
[gaɲe]
赚取

相关形容词

varié (a.m.)
variée (a.f.)
[vaʀje] / [vaʀje]
丰富的；多样的

pratique (a.)
[pʀatik]
方便的

bon marché (a.)
[bɔ̃maʀʃe]
便宜的

cher (a.m.)
chère (a.f.)
[ʃɛʀ] / [ʃɛʀ]
贵的

efficace (a.)
[efikas]
有效的

populaire (a.)
[pɔpylɛʀ]
受欢迎的

临时需要用到的．一段对话

和朋友逛美妆店

A: On va à la parfumerie ensemble?
要不要一起去美妆店呢？

B: Oui. Je voudrais essayer leurs nouveaux produits aussi.
好啊。我也想去试试他们的新产品。

A: C'est génial. Tu m'aides à choisir un nouveau fond de teint?
太好了。你帮我选一个新的粉底好吗？

B: Je veux bien, mais tu sais ta couleur de peau?
我很乐意帮忙，你知道你的色号吗？

A: Ah non..., normalement, je ne me maquille pas.
不知道耶，我平常不化妆的。

B: C'est pas grave. On peut l'essayer.
没关系。我们先试用看看。

A: Wow, ils ont beaucoup de marques!
哇，他们有好多牌子！

B: Et ils ont des nouveautés aussi aujourd'hui.
而且他们今天有些新货。

Chapitre 3 娱乐

情景 02 美妆店 / 药店

A: Tout est en solde, on a de la chance.
每样东西都打折耶，今天真幸运。

B: Cinquante pour cent de réduction maximum!
最多打五折耶！

A: C'est vrai, on peut acheter ce qu'on veut alors!
真的耶，那我们想买什么就买什么啰！

B: Mais, on peut payer avec la carte?
但是，可以用银行卡付账吗？

A: Je pense que oui.
我想是可以的。

补充句型

法 ▶ **On va** 地点 **ensemble?**
中 ▶ 我们一起去 地点 ？

法 ▶ 金额 **moins cher.**
中 ▶ 便宜 金额 以上。

法 ▶ **Je peux payer** 方法 **?**
中 ▶ 我可以用 方法 结账吗？

临时需要用到的一个词：**法语关键词6000**

情景 03
3C 卖场

MP3 03-11

| 所售种类 | 周边的场所 |

produit électronique (n.m.)
[pʀɔdɥielɛktʀɔnik]
★★★
电子产品

électroménager (n.m.)
[elɛktʀɔmenaʒe]
★★★★
家电产品

multimédia (n.m.)
[myltimedja]
★★★★
多媒体设备

accessoire électronique (n.m.)
[akseswaʀelɛktʀɔnik]
★★★★
电子配件

ordinateur (n.m.)
[ɔʀdinatœʀ]
★★★★
电脑

stéréo (n.f.)
[steʀeo]
★★★★
音响设备

informatique (n.f.)
[ɛ̃fɔʀmatik]
★★★★
资讯设备

système de surveillance (n.m.)
[sistɛmdəsyʀvɛjɑ̃s]
★★★★
监视系统

petit électroménager (n.m.)
[ptielɛktʀɔmenaʒe]
★★★★
小家电

accessoires et périphériques (n.m.pl.)
[akseswaʀepeʀifeʀik]
★★★★
配件与周边

parking (n.m.)
[paʀkiŋ]
★★★★
停车场

zone piétonne (n.f.)
[zonpjetɔn]
★★★
行人专用区

taxi (n.m.)
[taksi]
★★★★
出租车搭乘处

trottoire (n.m)
[tʀɔtwaʀ]
★★★
人行道

magasin spécialisé (n.m.)
[magazɛ̃spesjalize]
★★★★
专卖店

Chapitre 3 娱乐

情景 03 3C 卖场

所售视听产品

télévision (n.f.)
[televizjɔ̃]
★★★★
电视

écran plat (n.m.)
[ekrɑ̃pla]
★★★★
平板电视

TV plasma (n.m.)
[tvplasma]
★★★★
电浆电视

projecteur (n.m.)
[prɔʒɛktœr]
★★★★
投影机

jeux vidéo (n.m.)
[ʒøvideo]
★★★★
电动游戏;电玩

console de jeux vidéo (n.f.)
[kɔ̃sɔldʒøvideo]
★★★
电动游戏机

radio (n.f.)
[radjo]
★★★★
收音机

lecteur MP3 (n.m.)
[lɛktœrmpetrwa]
★★★★
MP3 播放器

lecteur CD (n.m.)
[lɛktœrsede]
★★★★
CD 播放器

lecteur DVD (n.m.)
[lɛktœrdevede]
★★★★
DVD 播放器

lunette 3D (n.f.)
[lynɛttrwade]
★★★
3D 眼镜

home cinéma (n.m.)
[həʊmsinema]
★★★
家庭剧院

Blu-ray (n.m.)
[blurɛ]
★★★★
蓝光

enregistreur (n.m.)
[ɑ̃rʒistrœr]
★★★★
录影机

amplificateur (n.m.)
[ɑ̃plifikatœr]
★★★★
音箱

haut-parleur (n.m.)
[oparlœr]
★★★★
喇叭

haute définition (n.f.)
[otdefinisjɔ̃]
★★★
高画质

情景 03
3C 卖场

🎧 03-12

厨房家电

réfrigérateur (n.m.)
[ʀefʀiʒeʀatœʀ]
★★★★
冰箱

bouilloire (n.f.)
[bujwaʀ]
★★★
煮水器

micro-onde (n.f.)
[mikʀoɔ̃d]
★★★
微波炉

grille-pain (n.m.)
[gʀijpɛ̃]
★★★
烤面包机

filtre (n.f.)
[filtʀ]
★★★
滤水器

cuiseur de riz (n.m.)
[kɥizœʀdʀi]
★★★★
电锅

mixeur (n.m.)
[miksœʀ]
★★★
果菜调理机

plaque à induction (n.f.)
[plakaɛ̃dyksjɔ̃]
★★★
电磁炉

four (n.m.)
[fuʀ]
★★★★
烤箱

cafetière (n.f.)
[kaftjɛʀ]
★★★★
咖啡机

lave-vaisselle (n.m.)
[lavvɛsɛl]
★★★
洗碗机

cave à vin (n.f.)
[kavavɛ̃]
★★★
储酒柜

空气调节家电

climatiseur (n.m.)
[klimatizœʀ]
★★★★
空调机

ventilateur (n.m.)
[vɑ̃tilatœʀ]
★★★★
电风扇

chauffage (n.m.)
[ʃofaʒ]
★★★★
暖气机

radiateur (n.m.)
[ʀadjatœʀ]
★★★★
暖气机

humidificateur (n.m.)
[ymidifikatœʀ]
★★★★
加湿器

purificateur d'air (n.m.)
[pyʀifikatœʀdɛʀ]
★★★★
空气清新机

Chapitre 3 娱乐

情景 03 3C 卖场

其他家电产品

sèche-cheveux (n.m.)
[sɛʃəvø]
吹风机

épilateur électrique (n.m.)
[epilatœrelɛktrik]
电动除毛刀

lampe (n.f.)
[lɑ̃p]
台灯

rasoir (n.m)
[ʀɑzwaʀ]
刮胡刀

brosse à dents électrique (n.f.)
[bʀɔsadɑ̃elɛktʀɔnik]
电动牙刷

balance (n.f.)
[balɑ̃s]
体重计

téléphone fixe (n.f.)
[telefɔnfiks]
有线电话

téléphone sans fil (n.f.)
[telefɔnsɑ̃fil]
无线电话

téléphone portable (n.f.)
[telefɔnpɔrtabl]
移动电话

lave-linge (n.m.)
[lavlɛ̃ʒ]
洗衣机

sèche- linge (n.m.)
[sɛʃlɛ̃ʒ]
烘衣机

fer à repasser (n.m.)
[fɛʀaʀpɑse]
电熨斗

aspirateur (n.m.)
[aspiʀatœʀ]
吸尘器

appareil photo numérique (n.m.)
[apaʀɛjfotonymeʀik]
数码相机

tablette (n.f.)
[tablet]
平板电脑

tactile (a.)
[taktil]
触控式

ordinateur portable (n.m.)
[ɔʀdinatœʀpɔʀtabl]
笔记本电脑

临时需要用到的，一个句型

MP3 03-13

法 ▶ être bondé(e) / être bouché(e)

中 ▶ ～很拥挤 / ～被塞住了

- Le train est très bondé.
  这火车挤得不得了。

- Le restaurant est très bondé.
  这家餐厅挤满了人。

- La rue est complètement bouchée, on ne peut plus bouger.
  整条街都塞住了，我们动弹不得。

补充句型

法 ▶ soirée annuelle
soirée de fin d'année

中 ▶ 年终晚会

年会常见的活动：

- tirage au sort 抽奖
- spectacle 表演
- faire un discours 致词
- Santé!（举酒杯）干杯！

Chapitre 3 娱乐

情景 03 3C 卖场

临时需要用到的. 一个句型

 03-14

法▶ **avoir lieu**
中▶ 举行 / 举办

- Le carnaval a lieu dans le parc.
  嘉年华在公园举行。
- Le défilé a lieu au Louvre.
  时尚秀在卢浮宫举行。
- La soirée de fin d'année aura lieu dans La Procope.
  年终晚会将在 Procope 餐厅举行。

 临时需要的生活短语

- édition limitée
  限量商品
- la spécialité de...
  ～的特产
- haute-technologie
  高科技的
- le dernier modèle
  最新型号
- nouveauté
  新品
- 3 ans de garantie
  三年保修

临时需要用到的一个词：法语关键词6000

情景 04
食品百货铺

MP3 03-15

相关名称

bazar (n.m.)
[bazaʀ]
★★★★
百货铺

épicerie fine (n.f.)
[episʀifin]
★★★★
精致食品百货铺

Fauchon
★★★★
品牌名（法国一个卖精致食品百货的品牌）

Hediard
★★★★
品牌名（法国一个卖精致杂货的品牌）

point de vente (n.m.)
[pwɛ̃dvɑ̃t]
★★★★
零售点

chaîne de magasins (n.f.)
[ʃɛndmagazɛ̃]
★★★★
连锁店

营业时间及方式

du lundi au samedi
[dlœ̃diasamdi]
★★★★
从星期一到星期六

de dix heures à dix-neuf heures
★★★★
从上午十点到晚上七点

ouverture (n.f.)
[uvɛʀtyʀ]
★★★★
营业时间

succursale (n.f.)
[sykyʀsal]
★★★★
分店

franchise (n.f.)
[fʀɑ̃ʃiz]
★★★★
经销商

succursale directe (n.f)
[sykyʀsaldiʀɛkt]
★★★
直营店

销售种类

thé (n.m.)
[te]
★★★★
茶

café (n.m.)
[kafe]
★★★★
咖啡

épice (n.f.)
[epis]
★★★★
香料

huile (n.f.)
[ɥil]
★★★★
食用油

pâte (n.f.)
[pat]
★★★★
意大利面

vin (n.m.)
[vɛ̃]
★★★★
酒

fruit sec (n.m.)
[fʀɥisɛk]
★★★★
水果干

142

Chapitre 3 娱乐

情景 04 食品百货铺

其他销售种类

vinaigre (n.m.)
[vinɛgr]
醋
★★★★

confiserie (n.f.)
[kɔ̃fizri]
甜食
★★★★

biscuit (n.m.)
[biskɥi]
饼干
★★★★

confiture (n.f.)
[kɔ̃fityr]
果酱
★★★★

chocolat (n.m.)
[ʃɔkɔla]
巧克力
★★★★

boisson (n.m.)
[bwasɔ̃]
饮料
★★★★

foie gras (n.m.)
[fwagrɑ]
鹅肝（酱）
★★★★

truffe (n.f.)
[tryf]
松露
★★★★

dessert (n.m.)
[desɛr]
甜点
★★★★

apéritif (n.m.)
[aperitif]
开胃点心
★★★★

plat préparé (n.m.)
[plaprepare]
熟食
★★★★

conserve (n.f.)
[kɔ̃sɛrv]
罐头食品
★★★★

crème (n.f.)
[krɛm]
奶油
★★★★

légume (n.m.)
[legym]
青菜
★★★★

farine (n.f.)
[farin]
面粉
★★★★

beurre (n.m.)
[bœr]
牛油
★★★★

sucre (n.m.)
[sykr]
糖
★★★★

sel (n.m.)
[sɛl]
盐
★★★★

poivre (n.m.)
[pwavr]
胡椒粉
★★★★

临时需要用到的一个词：法语关键词6000

情景 04
食品百货铺

🎧 03-16

在食品百货铺会用到的词语

stock (n.m.)
[stɔk]
★★★★
库存

livrer (v.)
[livʀe]
★★★★
运送

en rupture de stock
[ɑ̃ʀyptyʀdstɔk]
★★★★
缺货

nouveauté (n.f.)
[nuvote]
★★★★
新商品

en solde
[ɑ̃sɔld]
★★★★
折扣中

payer à la livraison (v.)
[pejealalivʀɛzɔ̃]
★★★★
货到付款

accumuler les bons (v.)
[akymyleleb珙]
★★★
集点

tirage au sort (n.m.)
[tiʀaʒosɔʀ]
★★★★
抽奖

coupon (n.m.)
[kupɔ̃]
★★★★
优惠券

solde (n.f.)
[sɔld]
★★★
拍卖

Le deuxième est gratuit.
[lədøzjɛmɛɡʀatɥi]
★★★★
第二个免费。

prix original (n.m.)
[pʀiɔʀiʒinal]
★★★★
原价

在食品百货铺遇到的人

patron (n.m.)
patronne (n.f.)
[patʀɔ̃] / [patʀɔn]
★★★★
老板

employé (n.m.)
employée (n.f.)
[ɑ̃plwaje] / [ɑ̃plwaje]
★★★★
店员

travail à temps partiel (n.m.)
[tʀavajatɑ̃paʀsjel]
★★★★
兼职工作

directeur (n.m.)
directrice (n.f.)
[diʀɛktœʀ] / [diʀɛktʀis]
★★★★
经理

stagiaire
(n.m. / n.f.)
[staʒjɛʀ]
★★★★
实习生

Chapitre 3 娱乐

情景 04 食品百货铺

在食品百货铺做的动作

ouvrir (v.)
[uvʀiʀ]
打开

fermer (v.)
[fɛʀme]
关闭

cuire au micro-ondes (v.)
[kɥiʀomikʀoɔ̃d]
微波调理

réchauffer (v.)
[ʀeʃofe]
加热

s'occuper (v.)
[sɔkype]
处理

remplir (v.)
[ʀɑ̃pliʀ]
填写

envoyer (v.)
[ɑ̃vwaje]
寄

récupérer (v.)
[ʀekypeʀe]
取货

se renseigner (v.)
[sʀɑ̃seɲe]
询问

acheter (v.)
[aʃte]
买东西

retourner (v.)
[ʀtuʀne]
退货

utiliser (v.)
[ytilize]
利用

prendre (v.)
[pʀɑ̃dʀ]
拿

échanger (v.)
[eʃɑ̃ʒe]
换货

在食品百货铺与结账相关的词语

frais de transport (n.m.)
[fʀɛdtʀɑ̃spɔʀ]
运费

payer (v.)
[peje]
付款

chèque (n.m.)
[ʃɛk]
支票

liquide (n.f.)
[likid]
现金

monnaie (n.f.)
[mɔnɛ]
零钱

carte (n.f.)
[kaʀt]
信用卡

145

临时需要用到的．一个句型

03-17

法 ▶ tous les jours
中 ▶ 全年无休

- Ce café est ouvert tous les jours.
  这一家咖啡厅每天都开门。

- En France, le supermarché Carrefour est ouvert tous les jours.
  在法国，家乐福超市是全年无休的。

法 ▶ ouvrir
中 ▶ 开店

- Vous ouvrez à quelle heure?
  你们几点开始营业？

- Nous sommes ouvert de neuf heures du matin à neuf heures du soir.
  我们的营业时间是早上九点到晚上九点。

- Vous êtes ouvert jusqu'à quelle heure?
  你们营业到几点？

临时需要的生活短语

- J'ai besoin d'un sac, s'il vous plaît.
  麻烦您，我需要一个袋子。

- Je voudrais payer avec la carte / en liquide.
  我要用银行卡 / 现金付款。

- Je peux utiliser ce coupon?
  我可以用这张优惠券吗？

Chapitre 3 娱乐

情景 04 食品百货铺

 临时需要用到的. **一个句型** 03-18

开启～/关闭～

法▶ **ouvrir...**
中▶ 打开～

- ouvrir la porte
  打开门
- ouvrir le livre
  打开书
- ouvrir le plan
  打开地图

法▶ **mettre... en marche...**
中▶ 打开～（电器）

- mettre l'ordinateur en marche
  打开电脑
- mettre la radio en marche
  打开收音机
- mettre la télé en marche
  打开电视

法▶ **fermer...**
中▶ 关上～

- fermer la porte
  把门关上
- fermer le livre
  把书合上
- fermer le plan
  把地图合起来

法▶ **arrêter...**
中▶ 关上～（电器）

- arrêter l'ordinateur
  关上电脑
- arrêter la radio
  关上收音机
- arrêter la télé
  关上电视

文化小叮咛

在法国，有一般食品百货铺与精致食品百货铺。一般的百货铺里面卖各式各样的生活用品。而卖高级品的杂货铺，通常都是卖食品类，还有早餐或是下午茶等轻食。

情景 05
超级市场

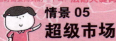

种类

supermarché (n.m.)
[sypɛRmaRʃe]
★★★★
超市

hypermarché (n.m.)
[ipɛRmaRʃe]
★★★★
大型量贩店

supermarché bio (n.m.)
[sypɛRmaRʃebjo]
★★★★
有机超市

supermarché de bricolage (n.m.)
[sypɛRmaRʃedbRikɔlaʒ]
★★★★
装修 DIY 用品超市

Carrefour
★★★★
家乐福超市

Géant
★★★★
吉安超市

Mr. Bricolage
法国一 DIY 用品的量贩店名

Monoprix
★★★★
法国一超市名

人物

client (n.m.)
cliente (n.f.)
[klijɑ̃] / [klijɑ̃t]
★★★★
顾客

directeur (n.m.)
directrice (n.f.)
[diRɛktœR] / [diRɛktRis]
★★★★
经理

employé (n.m.)
employée (n.f.)
[ɑ̃plwaje] / [ɑ̃plwaje]
★★★★
店员

vendeur (n.m.)
vendeuse (n.f.)
[vɑ̃dœR] / [vɑ̃døz]
★★
销售员

service clientèle (n.m.)
[sɛRvisklijɑ̃tɛl]
★★★
客服

Chapitre 3 娱乐

情景 05 超级市场

与食物相关的词语

aliment (n.m.)
[alimɑ̃]
食品

produits surgelés (n.m.pl.)
[pʀɔdɥisyʀʒle]
冷冻食品

produits agricoles (n.m.pl.)
[pʀɔdɥiagʀikɔl]
农产品

fruits de mer (n.m.pl.)
[fʀɥidmɛʀ]
海鲜

viande (n.f.)
[vjɑ̃d]
肉类

conserve (n.f.)
[kɔ̃sɛʀv]
罐头食品

生活用品

usage quotidien (n.m.)
[yzaʒkɔtidjɛ̃]
日用品

ustensiles de cuisine (n.m.pl.)
[ystɑ̃sildkɥizin]
厨房用具

bricolage (n.m.)
[bʀikɔlaʒ]
装修 DIY 用品

meuble (n.m.)
[mœbl]
家具

animaux (n.m.)
[animo]
宠物

literie (n.f.)
[litʀi]
寝具

maquillage (n.m.)
[makijaʒ]
化妆品

lingerie (n.f.)
[lɛ̃ʒʀi]
内睡衣

électroménager (n.m.)
[elɛktʀɔmenaʒe]
家电

produits ménager (n.m.pl.)
[pʀɔdɥimenaʒe]
家庭清洁用品

multimédia (n.m.)
[myltimedja]
多媒体影音

临时需要用到的一个词:**法语关键词6000**

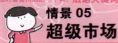

情景 05
超级市场

🎧 03-20

个人用品相关词语

vêtement (n.m.)
[vetmɑ̃]
服饰
★★★★

femme (n.f.)
[fam]
女装
★★★★

homme (n.m.)
[ɔm]
男装
★★★★

enfants (n.m.pl.)
[ɑ̃fɑ̃]
童装
★★★★

sous-vêtement (n.m.)
[suvɛtmɑ̃]
内衣
★★★

accessoire (n.m.)
[akseswaʀ]
配件
★★★★

produit de beauté (n.m.)
[pʀɔdɥidəbote]
美容用品
★★★★

dame (n.f.)
[dam]
女士
★★★★

monsieur (n.m.)
[məsjø]
男士
★★★★

chaussure (n.f.)
[ʃosyʀ]
鞋子
★★★★

sac (n.m.)
[sak]
皮包
★★★★

enfant (n.m.)
[ɑ̃fɑ̃]
儿童
★★★★

produits de bébé (n.m.pl.)
[pʀɔdɥidbebe]
婴儿用品
★★★★

描述用语

bon marché (a.)
[bɔ̃maʀʃe]
便宜的
★★★★

beaucoup (adv.)
[boku]
多地
★★★★

varié (a.m.)
variée (a.f.)
[vaʀje] / [vaʀje]
多样的
★★★★

pas beaucoup (adv.)
[paboku]
少地
★★★★

pratique (a.)
[pʀatik]
方便的
★★★★

grand (a.m.)
grande (a.f.)
[gʀɑ̃] / [gʀɑ̃d]
大的
★★★★

150

Chapitre 3 娱乐

情景 05 超级市场

动作

regarder (v.)
[ʀɡaʀde]
看

choisir (v.)
[ʃwaziʀ]
挑选

comparer (v.)
[kɔ̃paʀe]
比较

acheter (v.)
[aʃte]
买

retourner (v.)
[ʀtuʀne]
退货

échanger (v.)
[eʃɑ̃ʒe]
换货

rembourser (v.)
[ʀɑ̃buʀse]
退款

在超级市场里用到的词语

nouveauté (n.f.)
[nuvote]
新到货

exotique (a.)
[ɛɡzɔtik]
异国的

en solde
[ɑ̃sɔld]
折扣中

produit bio (n.m.)
[pʀɔdɥibjo]
有机产品

promotion (n.f.)
[pʀɔmosjɔ̃]
促销

gratuit (a.m.)
gratuite (a.f.)
[ɡʀatɥi] / [ɡʀatɥit]
免费的

peser (v.)
[pəze]
称重

origine (n.m)
[ɔʀiʒin]
来源

prix spécial (n.m.)
[pʀispesjal]
特价

stock (n.m.)
[stɔk]
库存

accueil (n.m.)
[akœj]
接待处

caisse (n.f.)
[kɛs]
结账处

en rupture de stock
[ɑ̃ʀyptyʀdstɔk]
缺货

临时需要用到的. 一段对话

到超市退货

A: Excusez-moi, le lait que j'ai acheté hier a tourné, je peux le retourner?
不好意思,我昨天在这里买的牛奶已经酸掉了,我可以退货吗?

B: J'en suis vraiment désolée. Je vais appeler le service aux clients tout de suite.
真的很抱歉。我马上请我们的客服人员过来。

A: Merci beaucoup.
谢谢。

B: Suivez-moi, on va vous le rembourser et vous donner un coupon.
这边请,我们会退费给您,并送您一张优惠券。

A: Je vous remercie. C'est très gentil.
谢谢您。您真是太好了。

B: C'est normal et je vous prie de nous excuser.
这是我应该做的。请您原谅。

 补充句型

法▶ **Je suis désolé(e) de...**
中▶ 为~致歉

Chapitre 3 娱乐

情景 05 超级市场

临时需要用到的. 一个句型 🎧 03-21

法▶ prendre + 工具
中▶ 搭乘～

- prendre le bus / le taxi / le métro / le bateau / l'avion / le train
  搭公交车 / 出租车 / 地铁 / 船 / 飞机 / 火车

法▶ avoir envie de...
中▶ 想～

- J'ai envie de manger des pâtes.
  我想吃意大利面。

- J'ai envie de pleurer.
  我很想哭。

- Je n'ai pas envie de sortir avec Thomas.
  我不想跟汤姆出去。

- J'ai envie de déménager en France.
  我想搬到法国居住。

临时需要的生活短语

- Le porc n'est pas encore cuit. 这猪肉还没熟。
- La viande est déjà pourrie. 这肉已经腐烂掉了。
- Mon ordinateur est en panne. 我的电脑坏了。
- J'ai besoin de faire réparer la cuvette.
  我需要找人来修理马桶。

临时需要用到的一个词：法语关键词6000

情景 06
夜景

🎧 03-22

种类

nuit (n.f.)
[nɥi]
★★★★
夜晚

minuit (n.f.)
[minɥi]
★★★★
午夜

nocturne (a.)
[nɔktyʀn]
★★★★
夜间的

vue de nuit (n.f.)
[vydnɥi]
★★★★
夜景

vue de nuit à la montagne
★★★★
山上夜景

vue de nuit en ville
★★★★
城市夜景

颜色

rouge (a.)
[ʀuʒ]
★★★★
红色的

violet (a.m.)
violette (a.f.)
[vjɔlɛ] / [vjɔlɛt]
★★★★
紫色的

bleu (a.m.)
bleue (a.f.)
[blø] / [blø]
★★★★
蓝色的

vert (a.m.)
verte (a.f.)
[vɛʀ] / [vɛʀt]
★★★★
绿色的

blanc (a.m.)
blanche (a.f.)
[blɑ̃] / [blɑ̃ʃ]
★★★★
白色的

orange (a.)
[ɔʀɑ̃ʒ]
★★★★
橘黄色的

动作

voir (v.)
[vwaʀ]
★★★★
看见；看到

regarder (v.)
[ʀəgaʀde]
★★★★
注视；观看

apercevoir (v.)
[apɛʀsəvwaʀ]
★★★★
瞥见；瞅见

lever les yeux vers... (v.)
[ləveʒjøvɛʀ]
★★★★
仰望 ~

baisser les yeux (v.)
[beseleʒjø]
★★★★
俯视

apprécier (v.)
[apʀesje]
★★★★
欣赏

Chapitre 3 娱乐

情景 06 夜景

看夜景的地点

endroit (n.m.)
[ãdʀwa]
地点
★★★

campagne (n.f.)
[kãpaɲ]
乡下
★★★★

mer (n.f.)
[mɛʀ]
海洋
★★★★

montagne (n.f.)
[mɔ̃taɲ]
山
★★★★

ville (n.f.)
[vil]
都市
★★★★

Hong-Kong (n.m.)
[ɔ̃gkɔ̃g]
香港
★★★★

3 meilleures vues de nuit du monde
★★★★
世界三大夜景
(参见 P.159)

Nagasaki
[nagasaki]
长崎
★★★

Monaco (n.m.)
[monako]
摩纳哥
★★★★

与看夜景地点有关的词语

rue (n.f.)
[ʀy]
道路
★★★★

chemin (n.m.)
[ʃmɛ̃]
路径
★★★★

piste (n.f.)
[pist]
小径
★★★★

parking (n.m.)
[paʀkiŋ]
停车场
★★★★

plan (n.m.)
[plɑ̃]
地图
★★★★

distance de marche (n.f.)
[distɑ̃sdmaʀʃ]
徒步距离
★★★★

circulation (n.f.)
[siʀkylasjɔ̃]
交通
★★★★

临时需要用到的一个词：法语关键词6000

情景 06
夜景

MP3 03-23

相关的动作用语

prendre (v.)
[pʀɑ̃dʀ]
★★★★
照（相）

conduire (v.)
[kɔ̃dɥiʀ]
★★★★
开车

monter (v.)
[mɔ̃te]
★★★★
爬（高）

se précipiter (v.)
[spʀesipite]
★★★
赶

faire l'éloge (v.)
[fɛʀleloʒ]
★★★
赞美

avoir un rendez-vous (v.)
[avwaʀœ̃ʀɑ̃devu]
★★★★
有约会

tenir la main (v.)
[tniʀlamɛ̃]
★★★★
牵手

embrasser (v.)
[ɑ̃bʀase]
★★★★
拥抱

déclaration d'amour (n.f.)
[deklaʀasjɔ̃damuʀ]
★★★★
告白

fatigué (a.m.)
fatiguée (a.f.)
[fatige] / [fatige]
★★★★
疲倦的

se voir (v.)
[svwaʀ]
★★★★
会合

promettre (v.)
[pʀɔmetʀ]
★★★★
承诺

相关描述用语

spécial (a.m.)
spéciale (a.f.)
[spesjal] / [spesjal]
★★★★
特别的

éblouissant (a.m.)
éblouissante (a.f.)
[ebluisɑ̃] / [ebluisɑ̃t]
★★★★
美极的

brillant (a.m.)
brillante (a.f.)
[bʀijɑ̃] / [bʀijɑ̃t]
★★★★
明亮的

étincelant (a.m.)
étincelante (a.f.)
[etɛ̃slɑ̃] / [etɛ̃slɑ̃t]
★★★★
闪耀的

nuageux (a.m.)
nuageuse (a.f.)
[nɥaʒø] / [nɥaʒøz]
★★★★
多云的

Chapitre 3 娱乐

情景 06 夜景

其他相关词汇

ciel de nuit (n.m.)
[sjɛldnɥi]
夜空

aube (n.f.)
[ob]
破晓

coucher de soleil (n.f.)
[kuʃedsɔlɛj]
夕阳

étoile (n.f.)
[etwal]
星星

vue (n.f.)
[vu]
视野

voie lactée (n.f.)
[vwalakte]
银河

lune (n.f.)
[lyn]
月亮

étoile filante (n.f.)
[etwalfilɑ̃t]
流星

lumière (n.f.)
[lymjɛʀ]
光

clair de lune (n.m.)
[klɛʀdlyn]
月光

pollution lumineuse (n.f.)
[pɔlysjɔ̃lyminøz]
光害

ampoule (n.f.)
[ɑ̃pul]
电灯泡

lampe au néon (n.f.)
[lɑ̃poneɔ̃]
霓虹灯

photo (n.f.)
[fɔto]
照片

image (n.f.)
[imaʒ]
图像

photographie (n.f.)
[fɔtɔgʀafi]
摄影

enregistrer une video (v.)
[ɑ̃ʀʒistʀeœ̃video]
录影

lampadaire de rue (n.m.)
[lɑ̃padɛʀdʀy]
路灯

临时需要用到的. 一个句型

法▶ Ça prend combien de temps pour...?
中▶ ～要花多少时间？

- Ça prend combien de temps pour aller au parking?
  到停车场要多久？
- Ça prend combien de temps pour aller à Pekin de Tokyo en avion?
  从东京到北京要飞多少时间？

法▶ C'est combien + 东西？
　　　... coûte combien?
中▶ ～要多少钱？

- La bouteille de vin coûte combien?
  这瓶酒值多少钱？
- C'est combien, le melon?
  这哈密瓜要多少钱？
- Le sac à main coûte combien?
  这个手提包要多少钱？
- C'est combien, cette robe?
  这件裙子多少钱？

Chapitre 3 娱乐

情景 06 夜景

临时需要用到的．一个句型 03-25

法▶ de... jusqu'à...

中▶ 从～到～

- Je marche de chez moi jusqu'à mon bureau.
  我从我家走路到我的办公室。
- Il vous faut prendre le taxi de l'aéroport à l'hôtel.
  从机场到饭店您必须搭出租车。
- Ça prend dix minutes d'ici jusqu'au sommet de la montagne.
  从这里到山顶要花十分钟。

临时需要的生活短语

- bloqué dans le bouchon 正在堵车
- voir la vue de nuit 看夜景
- Il fait nuit. 夜晚来临了。
- La vue est mauvaise. 视野不佳。

贴心小补充

世界三大夜景

专门研究夜景对旅游业影响的夜景峰会，主办单位根据问卷及实地调查分析结果决定何者为"世界三大夜景"。

2009 年，世界三大夜景获胜的是：香港、北海道函馆和意大利那不勒斯三处夜景。

但 2012 年在长崎举行夜景峰会，香港、长崎及摩纳哥，被评委选为新一批世界三大夜景。

临时需要用到的一个词：法语关键词6000

情景 07
滑雪

MP3 03-26

地点

montagne (n.f.)
[mɔ̃taɲ]
山上 ★★★★

pente (n.f.)
[pɑ̃t]
山坡 ★★★★

chalet (n.m.)
[ʃalɛ]
山上小木屋 ★★★★

station de ski (n.f.)
[stasjɔ̃dski]
滑雪场 ★★★★

piste de ski (n.f.)
[pistdski]
滑雪道 ★★

club de ski (n.m.)
[klœbdski]
滑雪俱乐部 ★★★

téléphérique (n.m.)
[telefeʀik]
缆车 ★★★★

télésiège (n.m.)
[telesjɛʒ]
（滑雪场）缆车 ★★★★

piste facile (n.f.)
[pistfasil]
初级滑雪道 ★★★

piste moyenne (n.f.)
[pistmwajɛn]
中级滑雪道 ★★★

piste difficile (n.f.)
[pistdifisil]
高级滑雪道 ★★★

piste très difficile (n.f.)
[pisttʀedifisil]
专业滑雪道 ★★★

相关描述用语

rapide (a.)
[ʀapid]
快速的 ★★★★

excitant (a.m.)
excitante (a.f.)
[ɛksitɑ̃] / [ɛksitɑ̃t]
刺激的 ★★★★

dangereux (a.m.)
dangereuse (a.f.)
[dɑ̃ʒʀø] / [dɑ̃ʒʀøz]
危险的 ★★★★

adroit (a.m.)
adroite (a.f.)
[adʀwa] / [adʀwat]
技巧高超的 ★★★★

maladroit (a.m.)
maladroite (a.f.)
[maladʀwa] / [maladʀwat]
笨手笨脚的 ★★★★

Chapitre 3 娱乐

情景 07 滑雪

相关的装备

planche de ski (n.f.)
[plɑ̃ʃdski]
雪板

patin à glace (n.m.)
[patɛ̃aglas]
冰鞋

bâton de ski (n.m.)
[batɔ̃dski]
雪杖

lunettes de ski (n.f.pl.)
[lynɛtdski]
滑雪护目镜

chaussure de ski (n.f.)
[ʃosyʀdski]
雪鞋

gant de ski (n.m.)
[gɑ̃dski]
手套

chaufferette (n.f.)
[ʃofʀɛt]
暖暖包

chaussette de ski (n.f.)
[ʃosɛtdski]
滑雪袜

pantalon de ski (n.m.)
[pɑ̃talɔ̃dski]
雪裤

genouillère (n.f.)
[ʒnujɛʀ]
护膝

bonnet de ski (n.m.)
[bɔnɛdski]
雪帽

combinaison de ski (n.f.)
[kɔ̃binɛzɔ̃dski]
组合式雪衣

casque (n.f.)
[kask]
安全帽；头盔

veste de ski (n.m.)
[vɛstdski]
滑雪防风衣

protection corporelle (n.f.)
[pʀotɛksjɔ̃kɔʀpɔʀɛl]
护身装备

luge (n.f.)
[lyʒ]
雪橇

情景 07
滑雪

🎧 MP3 03-27

动作

glisser (v.)
[glise]
★★★★
滑

pivoter (v.)
[pivɔte]
★★★
旋转

presser (v.)
[pʀese]
★★★
压力控制

incliner (v.)
[ɛ̃kline]
★★★
倾斜身体

tourner (v.)
[tuʀne]
★★★
转弯

bâton de ski (n.m.)
[batɔ̃dski]
★★★
点杖

相关词汇

location (n.f.)
[lɔkasjɔ̃]
★★★★
租赁

instructeur de ski (n.m.)
[ɛ̃stʀyktœʀdski]
★★
滑雪指导员

entraîneur de ski (n.m.)
[ɑ̃tʀɛnœʀdski]
★★★
训练选手的滑雪教练

transport (n.m.)
[tʀɑ̃spɔʀ]
★★★★
交通运输

médical (a.m.)
médicale (a.f.)
[medikal] / [medikal]
★★★
医疗的

sauver (v.)
[sove]
★★★★
搜救

滑雪胜地

Zermatt
★★★
策马特(瑞士)

St. Moritz
★★★
圣莫里茨(瑞士)

Davos
★★★
达佛斯(瑞士)

St. Anton
★★
圣安顿(奥地利)

Schladming
★★
施拉德明(奥地利)

Vail
★★
韦尔(美国,科罗拉多)

Chapitre 3 娱乐

情景 07 滑雪

注意事项

climat (n.m.)
[klima]
气候

tempête de neige (n.f.)
[tɑ̃pɛtdnɛʒ]
暴风雪

savoir-faire (n.m.)
[savwaʀfɛʀ]
技巧

sensibilité (n.f.)
[sɑ̃sibilite]
敏感度

se cogner (v.)
[kɔɲe]
互撞；撞到

compagnon (n.m.)
[kɔ̃paɲɔ̃]
同伴

相关动作

sauter (v.)
[sote]
跳跃

tomber (v.)
[tɔ̃be]
摔倒

équilibrer (v.)
[ekilibʀe]
平衡

balancer (v.)
[balɑ̃se]
摇晃

tourner (v.)
[tuʀne]
转弯

freiner (v.)
[fʀene]
刹车

accélérer (v.)
[akseleʀe]
加速

arrêter (v.)
[aʀete]
停

entraîner (v.)
[ɑ̃tʀene]
练习

louer (v.)
[lwe]
租

rendre (v.)
[ʀɑ̃dʀ]
还

临时需要用到的. 一段对话

邀约朋友一起滑雪

A: Tu sais skier?
你会滑雪吗?

B: Non... j'ai toujours envie d'y aller mais j'ai toujours pas d'opportunité.
不会,我一直很想去,但一直都没机会。

A: Bon... on y va demain? ou bien... tu as déja autre chose de prévu?
那么,明天去如何呢?还是~你已经有其他事情了?

B: C'est génial! J'ai hâte d'y aller, mais, tu peux me donner un coup de main?
那太好了,我等不及要去了。但是,可以请你帮我一个忙吗?

A: Oui. Je t'écoute.
好。我洗耳恭听。

B: Tu peux m'accompagner pour acheter les équipements de ski?
你可以陪我去买滑雪装备吗?

A: Tu n'as pas besoin de les acheter maintenant. On peut les louer dans la station de ski.
你不需要现在买。我们可以到滑雪场租。

 补充句型

法 ▶ Il fait 形容词 ?
中 ▶ 天气 形容词 ?

Chapitre 3 娱乐

情景 07 滑雪

临时需要用到的. **一段对话**

和朋友一起买滑雪的装备

A: Wow... il y a trop de choses ici!
哇～东西太多了！

B: Tu as apporté la list de courses que t'avais écrite?
你带了我写给你的购物清单吗？

A: Bien sûr. Voilà. D'abord, il me faut une paire de chaussures de ski
当然带了。在这里。首先，我必须买一双雪靴。

A: Celle là est comment? C'est fabriquée par une grande marque.
那双怎么样？是一家很知名品牌的产品。

B: Bon... j'aime pas trop la couleur... c'est trop brillant...
嗯，我不太喜欢这个颜色，太亮了。

A: C'est vrai... et cette couleur ne te va pas... mais il y a peut-être d'autres couleurs..
这倒是真的，而且这个颜色不适合你。不过也许有别的颜色。

B: Je vais demander au vendeur et voir s'il peut nous donner des conseils.
我去问问店员并且看他是否可以给点儿建议。

A: D'accord, je vais chercher les autres choses.
好啊，我来找其他的东西。

情景 08 购物中心

场所

accueil (n.m.)
[akœj]
服务台

entrée (n.f.)
[ɑ̃tʀe]
入口

restaurant (n.m.)
[ʀɛstɔʀɑ̃]
餐厅

banc (n.m.)
[bɑ̃]
长板凳

couloir (n.m.)
[kulwaʀ]
走廊

magasin (n.m.)
[magazɛ̃]
商店

toilettes (n.f.pl.)
[twalɛt]
洗手间

boutique (n.f.)
[butik]
精品店

stand (n.m.)
[stɑ̃d]
摊位

salle d'exposition (n.f.)
[saldɛkspozisjɔ̃]
展示场

cabine d'essayage (n.f.)
[kabindesɛjaʒ]
试衣间

salle VIP (n.f.)
[salveipe]
贵宾室

centre commercial (n.m.)
[sɑ̃tʀkɔmɛʀsjal]
购物中心

entrepôt (n.m.)
[ɑ̃tʀəpo]
仓库

succursale directe (n.f.)
[sykyʀsaldiʀɛkt]
直营店

succursale (n.f.)
[sykyʀsal]
分店

magasin fleuron (n.m.)
[magazɛ̃flœʀɔ̃]
旗舰店

place (n.f.)
[plas]
广场

Chapitre 3 娱乐

情景 08 购物中心

折扣相关词语

hors-saison
[ɔrsezɔ̃]
非当季的
***

nouveauté (n.f.)
[nuvote]
新品
****

en solde
[ɑ̃sɔld]
折扣中
****

vente finale (n.f.)
[vɑ̃tfinal]
最后折扣
****

liquidation (n.f.)
[likidasjɔ̃]
清仓
****

Le deuxième est gratuit.
[lədøzjɛmɛgratyi]
第二个免费。
****

... pourcent de réduction
打~折
****

相关描述词语

cher (a.m.)
chère (a.f.)
[ʃɛr] / [ʃɛr]
贵的
****

genre (n.f.)
[ʒɑ̃R]
种类
****

joli (a.m.)
jolie (a.f.)
[ʒɔli] / [ʒɔli]
美丽的
****

à la mode
[alamɔd]
时尚的
****

luxe (n.f.)
[lyks]
奢华
****

devoir acheter (v.)
[dvwaraʃte]
必买
****

bonne qualité (n.f.)
[bɔnkalite]
品质好的
***

bon marché (a.)
[bɔ̃maRʃe]
便宜的
****

abordable (a.)
[abɔrdabl]
负担得起的
****

mignon (a.m.)
mignonne (a.f.)
[miɲɔ̃] / [miɲɔn]
可爱的
****

spécial (a.m.)
spéciale (a.f.)
[spesjal] / [spesjal]
特别的

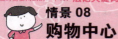

情景 08 购物中心

03-29

销售种类

sac (n.m.)
[sak]
包包

électroménager (n.m.)
[elektromenaʒe]
家电

matériel sportif (n. m.)
[materjɛlspɔrtif]
体育用品

chaussure (n.f.)
[ʃosyr]
鞋子

boutique (n.f.)
[butik]
精品店

vêtement (n.m.)
[vɛtmɑ̃]
服饰

meuble (n.m.)
[mœbl]
家具

lingerie (n.f.)
[lɛ̃ʒri]
睡衣

sous-vêtement (n.m.)
[suvɛtmɑ̃]
内衣

accessoire (n.m.)
[akseswar]
配件

décoration (n.f.)
[dekɔrasjɔ̃]
家饰品

literie (n.f.)
[litri]
床上用品、卧具

parfum (n.m.)
[parfœ̃]
香水

lunette (n.f.)
[lynɛt]
眼镜

bijou (n.m.)
[biʒu]
珠宝

valise (n.f.)
[valiz]
行李箱

beauté (n.f.)
[bote]
保养品

maquillage (n.m.)
[makijaʒ]
化妆品

Chapitre 3 娱乐

情景 08 购物中心

与购物中心相关的词语

gaspiller (v.)
[gaspije]
★★★★
浪费

stock (n.m.)
[stɔk]
★★★★
存货

acheter (v.)
[aʃte]
★★★★
购买

carte (n.f.)
[kaʀt]
★★★★
信用卡

chèque (n.m.)
[ʃek]
★★★★
支票

liquide (n.f.)
[likid]
★★★★
现金

prendre (v.)
[pʀɑ̃dʀ]
★★★★
要；拿

vente en gros (n.f.)
[vɑ̃tɑ̃gʀo]
★★★★
批发

dette (n.m.)
[dɛt]
★★★★
负债

retirer (v.)
[ʀtiʀe]
★★★
提款

chercher (v.)
[ʃɛʀʃe]
★★★★
寻找

vérifier (v.)
[veʀifje]
★★★★
检查

indécis (a.m.)
indécise (a.f.)
[ɛ̃desi] / [ɛ̃desiz]
无法决定的

rembourser (v.)
[ʀɑ̃buʀse]
★★★★
退款

échanger (v.)
[eʃɑ̃ʒe]
★★★★
换货

garantie (n.f.)
[gaʀɑ̃ti]
★★★★
保固

accro du shopping (n.m. / n.f.)
[akʀodyʃɔpiŋ]
★★★
购物狂

irremboursable (a.)
[iʀɑ̃buʀsabl]
★★★★
无法退换的

retourner (v.)
[ʀtuʀne]
★★★★
退货

情景 08
购物中心

在购物中心用到的其他词语

négocier le prix (v.)
[neɡɔsje]
议价

aimer (v.)
[eme]
喜欢

préférer (v.)
[pʁefeʁe]
偏好

style (n.m.)
[stil]
风格

tendance (n.f.)
[tɑ̃dɑ̃s]
趋势

imitation (n.f.)
[imitasjɔ̃]
仿造品

expirer (v.)
[ɛkspiʁe]
到期

vrai cuir (n.m.)
[vʁekɥiʁ]
真皮

en rupture de stock
[ɑ̃ʁyptyʁdstɔk]
缺货

regarder (v.)
[ʁɡaʁde]
随便看看

poli (a.m.)
polie (a.f.)
[pɔli] / [pɔli]
有礼貌的

patient (a.m.)
patiente (a.f.)
[pasjɑ̃] / [pasjɑ̃t]
有耐心的

essayer (v.)
[eseje]
试穿

décider (v.)
[deside]
决定

expédier (v.)
[ɛkspedje]
运送

emballer (v.)
[ɑ̃bale]
包装

carte cadeau (n.f.)
[kaʁtkado]
礼品卡

reçu (n.m.)
[r(a)sy]
收据

Chapitre 3 娱乐

情景 08 购物中心

在购物中心用到的其他词语

grand (a.m.)
grande (a.f.)
[gʀɑ̃] / [gʀɑ̃d]
大的
★★★★

énorme (a.)
[enɔʀm]
超大的
★★★★

nouveau (a.m.)
nouvelle (a.f.)
[nuvo] / [nuvɛl]
新的
★★★★

brillant (a.m.)
brillante (a.f.)
[bʀijɑ̃] / [bʀijɑ̃t]
明亮的
★★★★

pratique (a.)
[pʀatik]
方便的
★★★★

propre (a.)
[pʀɔpʀ]
干净的
★★★★

généreux (a.m.)
généreuse (a.f.)
[ʒeneʀø] / [ʒeneʀøz]
大方的
★★★★

radin (a.m.)
radine (a.f.)
[ʀadɛ̃] / [ʀadin]
小气的
★★★★

impoli (a.m.)
impolie (a.f.)
[ɛ̃pɔli] / [ɛ̃pɔli]
无礼的
★★★★

autoritaire (a.)
[ɔtɔʀitɛʀ]
爱指挥他人的
★★★★

égocentrique (a.)
[egosɑ̃tʀik]
自我中心的
★★★★

direct (a.m.)
directe (a.f.)
[diʀɛkt] / [diʀɛkt]
直接的
★★★★

honnête (a.)
[ɔnɛt]
诚实的
★★★★

rare (a.)
[ʀɑʀ]
稀有的
★★★★

de bon goût
[də bɔ̃ gu]
有品位的
★★★★

offensant (a.m.)
offensante (a.f.)
[ɔfɑ̃sɑ̃] / [ɔfɑ̃sɑ̃t]
冒犯的
★★★★

épuisé (a.m.)
épuisée (a.f.)
[epɥize] / [epɥize]
精疲力竭的
★★★★

临时需要用到的. 一个句型

03-31

法 ▶ ... te / vous va très bien.
中 ▶ ～（东西）很适合你 / 您。

- Cette robe te va très bien.
  这件裙子很适合你。

- Cette chemise ne vous va pas.
  这件衬衫不适合您。

- Cette paire de chaussures me va très bien.
  这双鞋很适合我。

临时需要的生活短语

- Où se trouvent les toilettes, s'il vous plaît?
  请问洗手间在哪里？

- Où est le centre commercial Les Halles, s'il vous plaît?
  请问巴黎大堂购物中心在哪里？

- Vous faites quelle taille? S, M ou L?
  您穿什么尺寸？S、M 还是 L 号呢？

  衣服尺寸：taille

  鞋子尺寸：pointure

- Vous faites quelle pointure?
  您鞋子穿几号？

Chapitre 3 娱乐

情景 08 购物中心

临时需要用到的，一个句型

法 ▶ essayer...

中 ▶ 试（吃/穿/用）~

- Je peux essayer cette robe? 我可以试穿这件裙子吗？
- Je peux essayer cette chemise? 我可以试穿这件衬衫吗？
- Je peux essayer cette couleur sur le visage?
  我可以在脸上试这种颜色吗？

法 ▶ une taille plus grande / petite
une pointure plus grande / petite

中 ▶ 大 / 小一号

- Ces chaussures sont trop petites, est-ce que vous avez une pointure plus grande?
  这鞋太小了，您有大一号的吗？
- C'est vraiment trop grand; il me faut une pointure plus petite.
  这真的太大了，我需要拿小一号的。

临时需要的生活短语

- C'est gagné! 简直是赚到家了！
- Puis-je avoir une réduction plus importante, s'il vous plaît? 可以再给我一点折扣吗？
- Vous avez la réduction spéciale pour VIP?
  VIP 有特别的折扣吗？

临时需要用到的一个词：法语关键词6000

情景 09
博物馆

 03-33

种类

art (n.m.)
[aʀ]
★★★★
艺术

peinture (n.f.)
[pɛ̃tyʀ]
★★★★
画作

noter (v.)
[nɔte]
★★★★
记录

histoire (n.f.)
[istwaʀ]
★★★★
历史

statue (n.f.)
[staty]
★★★★
雕像

vestige (n.m)
[vɛstiʒ]
★★★★
遗迹

culture (n.f.)
[kyltyʀ]
★★★★
文化

fossile (n.m.)
[fɔsil]
★★★★
化石

musique (n.f.)
[myzik]
★★★★
音乐

antique (n.f.)
[ɑ̃tik]
★★★★
古董

squelette (n.m.)
[skəlɛt]
★★★★
骨骼

architecture (n.f.)
[aʀʃitɛktyʀ]
★★★★
建筑

livre (n.m.)
[livʀ]
★★★★
书籍

document (n.m.)
[dɔkymɑ̃]
★★★★
文件

sculpture (n.f.)
[skyltyʀ]
★★★★
雕刻

porcelaine (n.f.)
[pɔʀsəlɛn]
★★★★
瓷器

sketch (n.m.)
[skɛtʃ]
★★★★
素描

argenterie (n.f.)
[aʀʒɑ̃tʀi]
★★★★
银器

spécimen (n.m.)
[spesimɛn]
★★★★
标本

Chapitre 3 娱乐

情景 09 博物馆

人物

directeur (n.m.)
directrice (n.f.)
[dirɛktœr] / [dirɛktris]
管理经理
★★★

guide (n.m. / n.f.)
[gid]
讲解员
★★★★

touriste (n.m. / n.f.)
[turist]
游客
★★★★

bénévole (n.m. / n.f.)
[benevɔl]
志愿者、义工
★★★★

sécurité (n.f)
[sekyrite]
保安
★★★★

参观博物馆用到的其他词语

peintre (n.m.)
[pɛ̃tr]
画家

architecte (n.m. / n.f.)
[aRʃitɛkt]
建筑师
★★★★

artiste (n.m. / n.f.)
[artist]
艺术家

photographe (n.m. / n.f.)
[fɔtograf]
摄影师
★★★★

Moyen Âge (n.m.)
[mwajɛnɑʒ]
中世纪
★★★

impressionnisme (n.m.)
[ɛ̃prɛsjɔnism]
印象派
★★★

fauvism (n.m.)
[fovism]
野兽派
★★★

chevalier (n.m.)
[ʃvalje]
骑士
★★★

inestimable (a.)
[inɛstimabl]
无价的
★★★★

valeur (n.f.)
[valœr]
价值
★★★★

arrière-plan (n.m.)
[arjɛrplɑ̃]
背景
★★★★

情景 09
博物馆

参观博物馆做的动作

visiter (v.)
[vizite]
参观 ★★★★

entrer (v.)
[ɑ̃tʀe]
进入 ★★★★

acheter un billet (v.)
[aʃtœbijɛ]
买票 ★★★★

visite guidée (n.f.)
[vizitgide]
导览 ★★★★

expliquer (v.)
[eksplike]
解释 ★★★★

apprécier (v.)
[apʀesje]
欣赏 ★★★★

admirer (v.)
[admiʀe]
欣赏 ★★★★

toucher (v.)
[tuʃe]
触摸 ★★★★

attirer (v.)
[atiʀe]
吸引 ★★★★

obstruer (v.)
[ɔpstʀye]
挡住（视线）★★★★

attendre (v.)
[atɑ̃dʀ]
等待 ★★★★

éprouver (v.)
[epʀuve]
体验 ★★★★

mémoriser (v.)
[memɔʀize]
记住 ★★★★

prendre une photo (v.)
[pʀɑ̃dʀynfɔto]
拍照 ★★★★

entourer (v.)
[ɑ̃tuʀe]
包围 ★★★★

observer (v.)
[ɔpsɛʀve]
观察 ★★★★

étudier (v.)
[etydje]
研究 ★★★★

partir (v.)
[paʀtiʀ]
离开 ★★★★

rappeler (v.)
[ʀaple]
回想 ★★★★

Chapitre 3 娱乐

情景 09 博物馆

描述博物馆用到的词语

luxueux (a.m.)
luxueuse (a.f.)
[lyksyø] / [lyksyøz]
华丽的 ★★★★

simple (a.)
[sɛ̃pl]
简单的 ★★★★

moderne (a.)
[mɔdɛʀn]
现代的 ★★★★

varié (a.m.)
variée (a.f.)
[vaʀje] / [vaʀje]
丰富的 ★★★★

historique (a.)
[istɔʀik]
历史悠久的 ★★★★

précieux (a.m.)
précieuse (a.f.)
[pʀesjø] / [pʀesjøz]
珍贵的 ★★★★

le plus... la plus...
[lply] / [laply]
最~ ★★★★

clair (a.m.)
claire (a.f.)
[klɛʀ] / [klɛʀ]
清楚的 ★★★★

flou (a.m.)
floue (a.f.)
[flu] / [flu]
模糊的 ★★★★

contemporain (a.m.)
contemporaine (a.f.)
[kɔ̃tɑ̃pɔʀɛ̃] / [kɔ̃tɑ̃pɔʀɛn]
当代 ★★★★

vieux (a.m.)
vieille (a.f.)
[vjø] / [vjɛj]
老旧的

描述博物馆注意到的时间

horaires d'ouverture (n.m.pl.)
[ɔʀɛʀduvɛʀtyʀ]
开馆日 ★★★★

jour de repos (n.m.)
[ʒuʀdʀpo]
休馆日 ★★★★

heure d'activité (n.f.)
[œʀdaktivite]
活动时间 ★★★★

ouverture (n.f.)
[uvɛʀtyʀ]
开馆时间 ★★★★

calendrier (n.m.)
[kalɑ̃dʀije]
日历 ★★★★

临时需要用到的．一个句型

法 ► être impressionné(e) par...
中 ► 对~印象很好

- Je suis impressionné par la varieté des collections.
  我对馆藏的多样性感到印象深刻。
- Je suis impressionné par les beaux-arts.
  我对这些美术作品感到印象深刻。
- Je suis impressionné par son talent.
  我对他（她）的天分印象深刻。
- J'ai une très haute opinion de toi.
  我对你评价很高。
- Tout le monde dans l'entreprise a une très haute opinion de lui.
  公司的每一个人都对他评价很高。

法 ► **collectionner + 名词**
中 ► 收集~

- collectionner des timbres 收集邮票
- Elle collectionne des timbres. 她收集邮票。
- Je collectionne les monnaies de differents pays.
  我收集不同国家的钱币。
- collectionner des objets d'art 收集艺术品
- Le musée a collectionné beacoup d'objets d'art.
  这家博物馆收集了很多艺术品。

Chapitre 3 娱乐

情景 09 博物馆

 临时需要用到的，**一个句型** 🎧 03-36

法 ▶ **être attiré(e) par...**
中 ▶ 被~吸引

- Je suis attiréé par la couleur de la peinture.
  我被那幅画的颜色吸引了。
- Il est attiré par sa jolie voix. 他被她美妙的歌声吸引了。
- Je suis attiré par cette actrice. 我被这位女演员吸引了。

法 ▶ **attirer les regards de...**
中 ▶ 吸引~的目光

- La momie attire beaucoup les regards des touristes.
  这具木乃伊非常吸引游客的目光。
- Les peintures de Monet attirent les regards des visiteurs.
  莫奈的绘画吸引参观者的目光。
- La tour Eiffel attire les regards des visiteurs du monde.
  埃菲尔铁塔吸引了世界各地游客的眼光。

 文化小叮咛

巴黎知名博物馆

- Le musée du Louvre 卢浮宫
- Le musée d'Orsay 奥赛美术馆
- Les Invalides 荣军院（拿破仑棺木停放的地方）
- Le centre Pompidou 蓬皮杜中心
- Le musée de l'Armée 军事博物馆
- Le musée Picasso 毕加索美术馆
- Le musée de Quai Branly 布朗利河岸博物馆

情景 10
赏枫

 03-37

时间与天气

automne (n.m.)
[ɔtɔn]
秋天 ★★★★

commencer (v.)
[kɔmɑ̃se]
开始 ★★★★

début (n.m.)
[deby]
初始 ★★★★

hiver (n.m.)
[ivɛʀ]
冬天 ★★★

fin d' été (n.m.)
[fɛ̃dete]
夏末 ★★★★

septembre (n.m.)
[sɛptɑ̃bʀ]
九月 ★★★★

octobre (n.m.)
[ɔktɔbʀ]
十月 ★★★★

novembre (n.m.)
[nɔvɑ̃bʀ]
十一月 ★★★★

frais (a.)
[fʀɛ]
凉爽的 ★★★★

vent (n.m.)
[vɑ̃]
风 ★★★★

partiellement nuageux (a.)
[paʀsjɛlmɑ̃nɥaʒø]
多云的 ★★★★

欣赏内容

érable (n.m.)
[eʀabl]
枫树 ★★★★

feuille d'érable (n.f.)
[fœjdeʀabl]
枫叶 ★★★★

feuille rouge (n.f.)
[fœjʀuʒ]
红叶 ★★★★

feuille verte (n.f.)
[fœjvɛʀt]
绿叶 ★★★★

feuille morte (n.f.)
[fœjmɔʀt]
落叶 ★★★★

tronc (n.m.)
[tʀɔ̃]
树干 ★★★★

Chapitre 3 娱乐

情景 10 赏枫

赏枫场所

forêt (n.f.)
[fɔʀɛ]
森林
★★★★

colline (n.f.)
[kɔlin]
小山
★★★★

parc national (n.m.)
[paʀknasjɔnal]
国家公园
★★★★

parc (n.m.)
[paʀk]
公园
★★★★

téléphérique (n.m.)
[teleferik]
缆车
★★★★

endroit populaire (n.m.)
[ɑ̃dʀwapɔpylɛʀ]
热门景点
★★★★

monument (n.m.)
[mɔnymɑ̃]
古迹
★★★★

endroit réputé (n.m.)
[ɑ̃dʀwaʀepyte]
名胜
★★★★

montagne (n.f.)
[mɔ̃taɲ]
山上
★★★★

site (n.m.)
[sit]
遗址
★★★★

héritage (n.m.)
[eʀitaʒ]
遗产
★★★

chalet (n.m.)
[ʃalɛ]
小木屋
★★★

rivière (n.f.)
[ʀivjɛʀ]
河川
★★★★

boulevard (n.m.)
[bulvaʀ]
大道
★★★★

temple (n.m.)
[tɑ̃pl]
神社；寺庙
★★★★

communauté (n.f.)
[kɔmynote]
社区
★★★

bâtiment (n.m.)
[batimɑ̃]
建筑物
★★★★

nature (n.f.)
[natyʀ]
大自然
★★★★

情景 10
赏枫

与赏枫有关的词语

admirer (v.)
[admiʀe]
欣赏

altitude (n.f.)
[altityd]
海拔

élégance (n.f.)
[elegɑ̃s]
优美

tomber (v.)
[tɔ̃be]
掉落

crosière (n.f.)
[kʀwazjɛʀ]
航游

voyage (n.m.)
[vwajaʒ]
旅行

vaste (a.)
[vast]
广阔的

changer la couleur (v.)
[ʃɑ̃ʒelakulœʀ]
变色

ambiance (n.f.)
[ɑ̃bjɑ̃s]
气氛

paysage (n.m.)
[peizaʒ]
景色

logement (n.m.)
[lɔʒmɑ̃]
住宿

excursion d'un jour (n.m.)
[ɛkskyʀsjɔ̃dœʒuʀ]
一日游

agence de voyage (n.f.)
[aʒɑ̃sdvwajaʒ]
旅行社

touriste (n.m. / n.f.)
[tuʀist]
游客

banc (n.m.)
[bɑ̃]
长椅

table (n.f.)
[tabl]
桌子

voyager (v.)
[vwajaʒe]
旅行

populaire (a.)
[pɔpylɛʀ]
受欢迎的

romantique (a.)
[ʀɔmɑ̃tik]
浪漫的

Chapitre 3 娱乐

情景10 赏枫

赏枫做的动作

s'amuser (v.)
[samyze]
娱乐；享受

regarder (v.)
[ʀɡaʀde]
看

admirer (v.)
[admiʀe]
赞赏

pique-niquer (v.)
[piknike]
野餐

lire (v.)
[liʀ]
阅读

aimer (v.)
[eme]
爱

adorer (v.)
[adɔʀe]
喜爱

prendre une photo (v.)
[pʀɑ̃dʀynfɔto]
拍照

sketch (n.m.)
[skɛtʃ]
素描

plein de
[plɛ̃d]
充满

présenter (v.)
[pʀezɑ̃te]
介绍

visiter (v.)
[vizite]
拜访

toucher (v.)
[tuʃe]
摸

cueillir (v.)
[kœjiʀ]
采

teindre (v.)
[tɛ̃dʀ]
染

ramasser (v.)
[ʀamase]
捡起

touché (a.m.)
touchée (a.f.)
[tuʃe] / [tuʃe]
感动的

marcher (v.)
[maʀʃe]
踩踏

partir (v.)
[paʀtiʀ]
离开

临时需要用到的．一个句型

法 ▶ en même temps...
中 ▶ 同时～

- On fait du sport et, en même temps, on écoute la musique.
  我们做运动同时听音乐。

- On regarde la télé et, en même temps, Sami cherche le logement.
  我们看电视的同时山米在查住宿资讯。

- Je fais la cuisine et, en même temps, tu fais le ménage.
  我做饭，同时你打扫。

临时需要的生活短语

- beau paysage.
  美丽的景色。

- plein d'ambiance d'automne
  充满了秋天的气氛。

- Il fait très agréable.
  感觉天气很舒服。

Chapitre 3 娱乐

情景 10 赏枫

 临时需要用到的，**一个句型** 03-40

搭乘某种交通工具去做某事

法 ▶ aller à... en / à...
中 ▶ 搭乘~（交通工具）去~

- Je vais à l'école en train.
  我搭火车去学校。

- Il va au travail en voiture.
  他开车去上班。

- On va au parc à vélo.
  我们要骑自行车去公园。

临时需要的生活短语

- Les feuilles sont devenues rouge.
  叶子变红了。

- Les feuilles commencent à tomber.
  叶子开始掉了。

- On va voyager au Canada.
  我们要去加拿大玩儿。

- On pique-nique sur la pelouse.
  我们在草坪上野餐。

情景 11
海滩

与海滩相关的地点

plage artificielle (n.f.)
[plaʒartifisjɛl]
人工沙滩

mer (n.f.)
[mɛʀ]
海

océan (n.m.)
[ɔseã]
海洋

côte (n.f.)
[kot]
沿海地区

sports nautiques (n.m.pl.)
[spɔʀnotik]
水上活动

sable (n.f.)
[sabl]
沙子

parc aquatique (n.m.)
[paʀkakwatik]
海水浴场

eau de mer (n.f.)
[odmɛʀ]
海水

plage (n.f.)
[plaʒ]
海滩

rivage (n.m.)
[ʀivaʒ]
海岸

描述海滩用到的词语

propre (a.)
[pʀɔpʀ]
干净的

plat (a.m.) **plate** (a.f.)
[pla] / [plat]
平坦的

excitant (a.m.) **excitante** (a.f.)
[ɛksitã] / [ɛksitãt]
刺激的

amusant (a.m.) **amusante** (a.f.)
[amyzã] / [amyzãt]
好玩的

détendu (a.m.) **détendue** (a.f.)
[detãdy] / [detãdy]
放松的

se bronzer (v.)
[sbʀɔ̃ze]
晒成棕褐色

Chapitre 3 娱乐

情景 11 海滩

与潮汐有关的词语

vague (n.f.)
[vag]
波浪

marée (n.f.)
[maʀe]
潮汐

vent (n.m.)
[vɑ̃]
风势

brise de mer (n.f.)
[bʀizdmɛʀ]
海风

cycle (n.m.)
[sikl]
周期循环

embruns (n.m.pl.)
[ɑ̃bʀœ̃]
浪花

courant (n.m.)
[kuʀɑ̃]
水流

marée montante (n.f.)
[maʀemɔ̃tɑ̃t]
涨潮

marée descendante (n.f.)
[maʀedesɑ̃dɑ̃t]
退潮

tourbillon (n.m.)
[tuʀbijɔ̃]
旋涡

surf (n.m.)
[sœʀf]
冲浪

在海滩上看到的物品

maillot de bain (n.m.)
[majodbɛ̃]
游泳衣

parasol (n.m.)
[paʀasɔl]
海滩伞

bouée de sauvetage (n.f.)
[bwedsovtaʒ]
游泳圈

planche (n.f.)
[plɑ̃ʃ]
浮板

bonnet de bain (n.m.)
[bɔnədbɛ̃]
泳帽

lunettes de natation (n.f.pl.)
[lynɛtdnatasjɔ̃]
泳镜

情景 11
海滩

在海滩上做的活动

château de sable (n.m.)
[ʃɑtodsabl]
沙堡

nager (v.)
[naʒe]
游泳

plonger (v.)
[plɔ̃ʒe]
跳水；潜水

faire du snorkelling (v.)
[fɛʁdysnɔklin]
浮潜

beach volley
沙滩排球

jet-skis (n.m.)
[ʒɛtski]
水上摩托车

在海滩上看到的生物

poisson (n.m.)
[pwasɔ̃]
鱼

crabe (n.f.)
[kʁɑb]
螃蟹

oursin (n.m.)
[uʁsɛ̃]
海胆

algues (n.f.pl.)
[alg]
海藻

tortue marine (n.f.)
[tɔʁtymaʁin]
海龟

bernard-l'ermite (n.m.)
[bɛʁnaʁlɛʁmit]
寄居蟹

corail (n.m.)
[kɔʁaj]
珊瑚

étoile de mer (n.f.)
[etwaldmɛʁ]
海星

requin (n.m.)
[ʁəkɛ̃]
鲨鱼

crevette (n.f.)
[kʁəvɛt]
虾子

méduse (n.f.)
[medyz]
水母

plancton (n.m.)
[plɑ̃ktɔ̃]
浮游生物

conque (n.f.)
[kɔ̃k]
海螺

Chapitre 3 娱乐

情景 11 海滩

在海滩上看到的人物

sauveteur (n.m.)
[sovtœr]
★★★★
救生员

enfant (n.m. / n.f.)
[ɑ̃fɑ̃]
★★★★
儿童

ami (n.m)
amie (n.f.)
[ami] / [ami]
★★★★
朋友

visiteur (n.m.)
visiteuse (n.f.)
[vizitœr] / [vizitøz]
★★★★
游客

pêcheur (n.m.)
[pɛʃœr]
★★★★
渔夫；钓客

parents (n.m.pl.)
[parɑ̃]
★★★★
双亲；父母

在海滩上做的动作

natation (n.f.)
[natasjɔ̃]
★★★★
游泳

surf (n.m.)
[sœrf]
★★★★
冲浪

pêcher (v.)
[peʃe]
★★★★
钓鱼

ramasser (v.)
[ramase]
★★★★
捡拾

chercher (v.)
[ʃɛrʃe]
★★★★
寻找

marcher (v.)
[marʃe]
★★★★
走路

construire (v.)
[kɔ̃strɥir]
★★★★
堆（沙堡）

rester (v.)
[rɛste]
★★★★
过夜

attendre (v.)
[atɑ̃dr]
★★★★
期待

s'amuser (v.)
[samyze]
★★★★
娱乐；享受

ramer (v.)
[rame]
★★★★
划船

bain de soleil (n.m.)
[bɛ̃dsɔlɛj]
★★★
日光浴

189

情景 11
海滩

在海滩上用到的其他词语

coquillage (n.m.)
[kɔkijaʒ]
贝类
★★★★

paysage (n.m.)
[peizaʒ]
景色
★★★★

image (n.f.)
[imaʒ]
印象
★★★★

soleil (n.m.)
[sɔlɛj]
阳光
★★★★

ordures (n.f.pl.)
[ɔRdyR]
垃圾
★★★★

classement (n.m.)
[klasmɑ̃]
排名
★★★★

crème solaire (n.f.)
[kRɛmsɔlɛR]
防晒乳
★★★

équipement (n.m.)
[ekipmɑ̃]
设施
★★★★

tente (n.m.)
[tɑ̃t]
帐篷
★★★★

fruits de mer (n.m.pl.)
[fRɥidmɛR]
海鲜
★★★★

loisir (n.m.)
[lwaziR]
休闲
★★★

faire du camping (v.)
[fɛRdykɑ̃piŋ]
露营
★★★★

bikini (n.m.)
[bikini]
比基尼
★★★★

inonder (v.)
[inɔ̃de]
溺水
★★★★

bois flottant (n.m.)
[bwaflɔtɑ̃]
漂流木
★★★★

flotter (v.)
[flɔte]
漂
★★★★

en sécurité
[ɑ̃sekyRite]
安全
★★★★

lunettes de soleil (n.f.)
[lynɛtdsɔlɛj]
太阳镜
★★★★

Chapitre 3 娱乐

情景 11 海滩

在海滩上做的其他动作

aller (v.)
[ale]
去

retourner (v.)
[ʀturne]
返回

prendre (v.)
[pʀɑ̃dʀ]
拿取

s'allonger (v.)
[salɔ̃ʒe]
躺下

calmer (v.)
[kalme]
平静下来

chasser (v.)
[ʃase]
追逐

souffler (v.)
[sufle]
吹

tirer (v.)
[tiʀe]
拉

approcher (v.)
[apʀɔʃe]
靠近

frapper (v.)
[fʀape]
打

dériver (v.)
[deʀive]
漂流

与游泳相关的动作

flotter (v.)
[flɔte]
漂

plonger (v.)
[plɔ̃ʒe]
跳水；潜水

retenir la respiration (v.)
[ʀtniʀlaʀɛspiʀasjɔ̃]
憋气

sauter (v.)
[sote]
跳

nager sur place (v.)
[naʒesyʀplas]
踩水

sauver (v.)
[sove]
救

临时需要用到的. 一个句型

MP3 03-44

法 ▶ envisager de...
中 ▶ 计划~

- J'envisage de faire une randonnée ce week-end.
  我计划这周末去爬山。

- Vous envisagez d'aller pêcher dimanche?
  您计划星期天去钓鱼吗？

- Il envisage de faire du camping.
  他计划去露营。

法 ▶ faire...
中 ▶ 堆 / 建~

- Les enfants sont en train de faire un château de sable.
  孩子们正在堆沙堡。

- J'aime beaucoup faire un bonhomme de neige quand il neige.
  我很喜欢在下雪的时候堆雪人。

- Thomas a fait une maison avec ses legos.
  汤姆用乐高积木盖了一间房子。

临时需要的生活短语

- faire de la planche à voile 风帆冲浪
- scooter des mers 沙滩摩托车
- prendre un bain de soleil 做日光浴
- jour au beach volley-ball 玩沙滩排球

Chapitre 3 娱乐

情景 11 海滩

临时需要用到的，一个句型

03-45

法 ▶ ... et...
中 ▶ 边～边～

- On marche sur la plage et on chante.
  我们边走在沙滩上，边唱歌。
- On dîne et on parle.
  我们边吃晚餐，边聊天。

法 ▶ proche de...
中 ▶ 亲近～

- proche de la nature 亲近大自然
- proche de la ville 离城市近

临时需要的生活短语

- ramasser les coquillages
  捡拾贝壳
- marcher sur la plage
  走在沙滩上
- nager dans l'océan
  在海里游泳
- La marée monte.
  涨潮了。

情景 12
登山

MP3 03-46

山的种类

colline (n.f.)
[kɔlin]
山丘 ★★★

petite montagne (n.f.)
[ptitmɔ̃taɲ]
小山 ★★★★

haute montagne (n.f.)
[otmɔ̃taɲ]
高山 ★★★★

montagne (n.f.)
[mɔ̃taɲ]
山 ★★★★

chaîne de montagne (n.f.)
[ʃɛndmɔ̃taɲ]
山脉 ★★★

登山碰到的人物

grimpeur (n.m.)
grimpeuse (n.f.)
[gʀɛ̃pœʀ] / [gʀɛ̃pøz]
登山者 ★★★★

groupe d'alpinistes (n.m.)
[gʀupdalpinist]
登山队 ★★★★

guide de haute montagne (n.m.)
[giddotmɔ̃taɲ]
登山向导 ★★★★

débutant (n.m.)
débutante (n.f.)
[debytɑ̃] / [debytɑ̃t]
新手;初学者 ★★★★

compagnon (n.m.)
[kɔ̃paɲɔ̃]
同行者 ★★★★

amateur (n.m.)
[amatœʀ]
爱好者 ★★★★

sponsor (n.m.)
[spɔ̃sɔʀ]
赞助者 ★★★★

guide (n.m.)
[gid]
向导 ★★★★

Chapitre 3 娱乐

情景 12 登山

基本配备

équipement (n.m.)
[ekipmɑ̃]
装备 ★★★★

chaussure (n.f.)
[ʃosyʀ]
鞋子 ★★★★

imperméable (n.m.)
[ɛ̃pɛʀmeabl]
雨衣 ★★★★

plan (n.m.)
[plɑ̃]
地图 ★★★★

lampe de poche (n.f.)
[lɑ̃pdpɔʃ]
手电筒 ★★★★

sac à dos (n.m.)
[sakado]
登山背包 ★★★★

其他配备

boussole (n.f.)
[busɔl]
指南针 ★★★★

vêtement chaud (n.m.)
[vɛtmɑ̃ʃo]
保暖衣物 ★★★★

thermos (n.m.)
[tɛʀmos]
保温瓶 ★★

canne (n.f.)
[kan]
杖 ★★★★

marteau (n.m.)
[maʀto]
锤 ★★★★

crampon (n.m.)
[kʀɑ̃pɔ̃]
钉鞋底；冰爪 ★★★★

corde (n.f.)
[kɔʀd]
绳索 ★★★★

boots de neige (n.f.pl)
[butsdnɛʒ]
雪靴 ★★★★

piolet (n.m.)
[pjɔlɛ]
破冰斧 ★★★★

boulon (n.m.)
[bulɔ̃]
登山用的铁栓 ★★★★

escalade artificielle (n.f.)
[ɛskaladaʀtifisjɛl]
垂降器，人工攀岩／墙 ★★★★

chaufferette (n.f.)
[ʃofʀɛt]
暖暖包 ★★★★

情景 12
登山

 03-47

登山时住的地方

logement (n.m.)
[lɔʒmɑ̃]
住宿

tente (n.f.)
[tɑ̃t]
帐篷

sac de couchage (n.m.)
[sakdukuʃaʒ]
睡袋

auberge (n.f.)
[obɛʁʒ]
小旅社

chalet (n.m.)
[ʃalɛ]
小木屋

cottage (n.m.)
[kotaʒ]
小屋

相关描述词语

piste (n.f.)
[pist]
山路

métabolism (n.m.)
[metabɔlism]
新陈代谢

plante sauvage (n.f.)
[plɑ̃tsovaʒ]
野生植物

paysage naturel (n.m.)
[peizaʒnatyʁɛl]
自然景观

grimper (v.)
[gʁɛ̃pe]
爬山

aérobie (a.)
[aeʁɔbie]
有氧运动

sommet (n.m.)
[sɔmɛ]
顶峰

danger (n.m.)
[dɑ̃ʒe]
危险

sécurité (n.f.)
[sekyʁite]
安全性

animal sauvage (n.m.)
[animalsovaʒ]
野生动物

se détendre (v.)
[sdetɑ̃dʁ]
放松

Chapitre 3 娱乐

情景 12 登山

其他相关描述词语

haut (a.m.)
haute (a.f.)
[o] / [ot]
高的

magnifique (a.)
[maɲifik]
壮观的

beau (a.m.)
belle (a.f.)
[bo] / [bɛl]
帅的；美的

défi (n.m.)
[defi]
挑战

intéressant (n.m.)
intéressante (n.f.)
[ɛ̃teʀesɑ̃] / [ɛ̃teʀesɑ̃t]
有趣的

difficile (a.)
[difisil]
困难的

effrayant (a.m.)
effrayante (a.f.)
[efʀejɑ̃] / [efʀejɑ̃t]
恐怖的

convenable (a.)
[kɔ̃vnabl]
合适的

gelé (a.m.)
gelée (a.f.)
[ʒle] / [ʒle]
寒冷的

calme (a.)
[kalm]
安静的

droit (a.m.)
droite (a.f.)
[dʀwa] / [dʀwat]
直直的

lent (a.m.)
lente (a.f.)
[lɑ̃] / [lɑ̃t]
缓慢的

facile (a.)
[fasil]
简单的

étroit (a.m.)
étroite (a.f.)
[etʀwa] / [etʀwat]
窄的

large (a.)
[laʀʒ]
宽的

peu à peu (adv.)
[pøapø]
渐渐地

beaucoup (adv.)
[boku]
很多

fatigué (a.m.)
fatiguée (a.f.)
[fatige] / [fatige]
累的

临时需要用到的一个词：**法语关键词6000**

情景 12
登山

 03-48

动作相关词语

randonner (v.)
[rɑ̃dɔne]
★★★★
远足

perdu (a.m.)
perdue (a.f.)
[pɛRdy] / [pɛRdy]
★★★★
迷路的

marcher (v.)
[maRʃe]
★★★★
走路

tomber (v.)
[tɔ̃be]
★★★★
跌倒

glisser (v.)
[glise]
★★★★
滑

fournir (v.)
[fuRniR]
★★★★
补给

transporter (v.)
[tRɑ̃spɔRte]
★★★
运送

posséder (v.)
[pɔsede]
★★★★
拥有

reposer (v.)
[Rpoze]
★★★★
休息

réunir (v.)
[ReyniR]
★★★★
集合

partir (v.)
[paRtiR]
★★★★
出发

retarder (v.)
[RtaRde]
★★★★
迟到

blesser (v.)
[blese]
★★★★
受伤

时间相关词语

lent (a.m.)
lente (a.f.)
[lɑ̃] / [lɑ̃t]
★★★★
慢的

rapide (a.)
[Rapid]
★★★★
快的

fréquent (a.m.)
fréquente (a.f.)
[fRekɑ̃] / [fRekɑ̃t]
★★★★
常常的

quelquefois (adv.)
[kɛlkfwa]
★★★★
偶尔地

souvent (adv.)
[suvɑ̃]
★★★★
经常

encore (adv.)
[ɑ̃kɔR]
★★★★
再一次

Chapitre 3 娱乐

情景 12 登山

其他相关词语

montagne (n.f.)
[mɔ̃taɲ]
★★★★
山

randonnée (n.f.)
[ʀɑ̃dɔne]
★★★★
健行

observer (v.)
[ɔpsɛʀve]
★★★★
观察

noter (v.)
[nɔte]
★★★★
记录

plan topographique (n.m.)
[plɑ̃tɔpɔɡʀafik]
★★
地形图

chute de pierres (n.f.)
[ʃytdəpjɛʀ]
★★★★
落石

astronomie (n.f.)
[astʀɔnɔmi]
★★★★
星象学

course (n.f.)
[kuʀs]
★★★★
比赛

course en montagne (n.m.)
[kuʀsɑ̃mɔ̃taɲ]
★★★★
登山比赛

varappe (n.f.)
[vaʀap]
★★★
攀岩

pencher (v.)
[pɑ̃ʃe]
★★★★
倾斜

météo (n.f.)
[meteo]
★★★★
天气预报

eau de source (n.f.)
[odsuʀs]
★★★★
泉水

rosée (n.f.)
[ʀoze]
★★★★
露水

endommager (v.)
[ɑ̃dɔmaʒe]
★★★★
破坏

avalanche (n.f.)
[avalɑ̃ʃ]
★★★★
雪崩

éboulement (n.m.)
[ebulmɑ̃]
★★★★
坍塌

hélicoptère (n.m.)
[elikɔptɛʀ]
★★★★
直升机

临时需要用到的．一个句型 🎧 03-49

法 ▶ s'intéresser à / être intéressé(e) par...
中 ▶ 对～有兴趣

- Je suis intéressée par la randonnée.
  我对远足有兴趣。

- Il est intéressé(e) par la photographie.
  他对摄影有兴趣。

- Mon père s'intéresse beaucoup au jardinage.
  我父亲对园艺很有兴趣。

- Vous vous intéressez à ce travail?
  您对这个工作有兴趣吗？

法 ▶ J'aimerais...
中 ▶ 我很乐意～

- J'aimerais bien voyager avec toi.
  我很乐意与你一起去旅行。

- J'aimerais bien dîner avec toi.
  我很乐意与你共进晚餐。

- Je m'intéresse beaucoup à l'astronomie.
  我对星象学很感兴趣。

- Je préfère habiter en ville qu'à la campagne.
  比起乡下，我比较愿意住在城市。

- Tu préfères faire de la randonnée à quelle montagne?
  你比较想去哪座山徒步旅行？

Chapitre 3 娱乐

情景 12 登山

临时需要用到的. 一个句型

03-50

法▶ sauver...

中▶ 拯救～

- Nous allons bientôt vous sauver.
  我们很快就会去救你。
- Ne t'inquiète pas, la police va bientôt nous sauver.
  别担心，警察很快就会来救我们了。
- J'étais tombée de la montagne et il m'a sauvée.
  我从山上摔下来，幸亏他救了我一命。

临时需要的生活短语

- Attention.
  小心。
- Fais attention. / Faites attention.
  小心。
- être conscient(e) de quelque chose
  对～（事情）有警觉
- prendre une photo
  照张相
- On est en route.
  我们在路上了。
- Ne t'inquiète pas.
  你别担心。
- Ne vous inquiétez pas.
  您别担心。

临时需要用到的一个词：法语关键词6000

情景 13
运动

🎧 03-51

球类运动种类

football (n.m.)
[futbɔl]
足球 ★★★★

base-ball (n.m.)
[bɛzbol]
棒球 ★★★★

basket-ball professionnel (n.m.)
[baskɛtbolpRɔfɛsjɔnɛl]
职业棒球 ★★★★

softball (n.m.)
[softbol]
垒球 ★★★★

bowling (n.m.)
[buliŋ]
保龄球 ★★★★

rugby (n.m.)
[Rygbi]
橄榄球 ★★★★

tennis (n.m.)
[tɛnis]
网球 ★★★★

golf (n.m.)
[gɔlf]
高尔夫球 ★★★★

badminton (n.m.)
[badmintɔn]
羽毛球 ★★★★

basket-ball (n.m.)
[baskɛtbol]
篮球 ★★★★

volley-ball (n.m.)
[vɔlebol]
排球 ★★★★

handball (n.m.)
[ɑ̃dbal]
手球 ★★★★

在球类运动中看到的人物

joueur (n.m.)
joueuse (n.f.)
[ʒwœR] / [ʒwøz]
选手 ★★★★

athlète (n.m. / n.f.)
[atlɛt]
运动员 ★★★★

entraîneur (n.m.)
entraîneuse (n.f.)
[ɑ̃tRɛnœR] / [ɑ̃tRɛnøz]
教练 ★★★★

arbitre (n.m.)
[aRbitR]
裁判 ★★★★

lanceur (n.m.)
lanceuse (n.f.)
[lɑ̃sœR] / [lɑ̃søz]
投手 ★★★★

battre (n.m.)
[batR]
打击手 ★★★★

Chapitre 3 娱乐

情景 13 运动

球类运动时用到的器材

équipement (n.m.)
[ekipmɑ̃]
装备

club de golf (n.m.)
[klœbdgolf]
高尔夫球杆

sac de golf (n.m.)
[sakdgolf]
高尔夫球袋

batte (n.f.)
[bat]
球棒

gant (n.m.)
[gɑ̃]
手套

raquette (n.f.)
[Rakɛt]
球拍

棒球运动相关的词语

terrain (n.m.)
[teRɛ̃]
场地

frapper (v.)
[fRape]
攻击

trois prises (n.f.)
[tRwɑpRiz]
三振

match nul (n.m.)
[matʃnyl]
平手

dehors (adv.)
[dəɔR]
出界

homerun (n.m.)
[hɔmRœn]
全垒打

safe
[sɛf]
安全上垒

base (n.f.)
[baz]
垒

bon lancer (n.m.)
[bɔ̃lɑ̃se]
好球

mauvais lancer (n.m.)
[mɔvɛlɑ̃se]
坏球

faute (n.f.)
[fot]
犯规；失误

情景 13
运动

与运动比赛相关的词语

équipe (n.f.)
[ekip]
队伍

groupe (n.m.)
[gʀup]
组

course (n.f.)
[kuʀs]
比赛

manche (n.f.)
[mɑ̃ʃ]
局次

règle (n.f.)
[ʀɛgl]
规则

avertissement (n.m.)
[avɛʀtismɑ̃]
警告

score (n.m.)
[skɔʀ]
分数

match (n.m.)
[matʃ]
比赛

champion (n.m.)
championne (n.f.)
[ʃɑ̃pjɔ̃] / [ʃɑ̃pjɔn]
冠军

résultat (n.m.)
[ʀezylta]
结果

gagner (v.)
[gaɲe]
赢

échouer (v.)
[eʃwe]
输

victoire (n.f.)
[viktwaʀ]
胜利

运动比赛做的动作

compétition (n.f.)
[kɔ̃petisjɔ̃]
竞争

diffusion (n.f.)
[difyzjɔ̃]
电视转播

défaite (n.f.)
[defɛt]
战败

score (n.m.)
[skɔʀ]
计分

lutter (v.)
[lyte]
挣扎

battre (v.)
[batʀ]
对抗；击败

Chapitre 3 娱乐

情景 13 运动

篮球运动的相关词语

hook shot
钩射投篮

lancer la balle (v.)
[lɑ̃selabal]
投篮

lay-up
带球上篮

tir de trois points (n.m.)
[tiRdtRwɑpwɛ̃]
三分球

lancer franc (v.)
[lɑ̃sefRɑ̃]
罚球

rebondissement (n.m.)
[Rəbɔ̃dismɑ̃]
篮板

faute (n.f.)
[fot]
犯规；失误

zone de lancer (n.f.)
[zɔndlɑ̃se]
投篮区

zone interdite (n.f.)
[zɔnɛ̃tɛRdit]
禁区

coup de coude (n.m.)
[kudkud]
打拐子

première demie (n.f.)
[pRəmjɛRdmi]
上半场

première période (n.f.)
[pRəmjɛRpeRjɔd]
比赛的第一节

faute flagrante (n.f.)
[fotflagRɑ̃t]
公然犯规

aider (v.)
[ede]
助攻

finale (n.f.)
[final]
终场

情景 13 运动

可以游泳的场所

piscine (n.f.)
[pisin]
游泳池

centre aquatique (n.m.)
[sɑ̃tʀakwatik]
水上乐园

rivière (n.f.)
[ʀivjɛʀ]
河川

mer (n.f.)
[mɛʀ]
海

école de natation (n.f.)
[ekɔldənatasjɔ̃]
游泳学校

plage (n.f.)
[plaʒ]
海滩

游泳的方式

nage libre (n.f.)
[naʒlibʀ]
自由式

brasse (n.f.)
[bʀas]
蛙式

nage papillon (n.f.)
[paʒpapijɔ̃]
蝶式

nage sur le dos (n.f.)
[naʒsyʀldo]
仰式

nage (n.f.)
[naʒ]
游法

nage sur place (n.f.)
[naʒsyʀplas]
踩水游

nage sur le côté (n.f.)
[naʒsyʀlkote]
侧泳

coup de pied (n.m.)
[kudpje]
打水

faire des ricochets (v.)
[fɛʀdeʀikɔʃɛ]
打水漂

Chapitre 3 娱乐

情景 13 运动

游泳需要准备的配备

équipement (n.m.)
[ekipmɑ̃]
装备

matériel (n.m.)
[materjɛl]
器具

maillot de natation (n.m.)
[majodənatasjɔ̃]
泳装

bonnet de natation (n.m.)
[bɔnɛdnatasjɔ̃]
泳帽

lunettes de natation (n.f.pl.)
[lynetdnatasjɔ̃]
泳镜

serviette (n.f.)
[sɛrvjɛt]
毛巾

bouée de sauvetage (n.f.)
[bwedsovtaʒ]
游泳圈

protège-tympans (n.m.)
[pRɔtɛʒtɛ̃pɑ̃]
耳塞

planche (n.f.)
[plɑ̃ʃ]
浮板

tremplin (n.m.)
[trɑ̃plɛ̃]
跳板

piscine (n.f.)
[pisin]
水池

plateforme de plongeon (n.f.)
[platfɔRmdəplɔ̃ʒɔ̃]
跳水台

游泳相关词语

nager (v.)
[naʒe]
游泳

longue distance (n.f.)
[lɔ̃gdistɑ̃s]
长距离

plongée sous-marine (n.f.)
[plɔ̃ʒesumaRin]
水下潜水

plonger (v.)
[plɔ̃ʒe]
跳水；潜水

plongée (n.f.)
[plɔ̃ʒe]
潜水

情景 13
运动

游泳时做的动作

porter (v.)
[pɔʀte]
★★★★
穿戴

se réchauffer (v.)
[sʀeʃofe]
★★★★
暖身

expirer (v.)
[ɛkspiʀe]
★★★★
吐气

respirer (v.)
[ʀɛspiʀe]
★★★★
呼吸

aspirer (v.)
[aspiʀe]
★★★★
吸气

avancer (v.)
[avɑ̃se]
★★★★
前进

bouger (v.)
[buʒe]
★★★★
动

baisser (v.)
[bese]
★★★★
低下

lever (v.)
[lave]
★★★★
抬高

flotter (v.)
[flɔte]
★★★★
浮

retourner (v.)
[ʀtuʀne]
★★★★
返回

tourner (v.)
[tuʀne]
★★★★
转

arrêter (v.)
[aʀete]
★★★★
停止

与游泳有关的其他词语

pression d'eau (n.f.)
[pʀɛsjɔ̃do]
★★★★
水压

poussée (n.f.)
[puse]
★★★★
浮力

gravité (n.f.)
[gʀavite]
★★★★
重力

poids (n.m.)
[pwa]
★★★★
重量

exercice de flottaison (n.f.)
[ɛgzɛʀsisdflɔtɛzɔ̃]
★★★
漂浮练习

retenir la respiration (v.)
[ʀtniʀlaʀɛspiʀasjɔ̃]
★★★★
憋气

Chapitre 3 娱乐

情景 13 运动

交谊舞种类

danse de salon (n.f.)
[dɑ̃sdsalɔ̃]
社交舞

rumba (n.f.)
伦巴舞

cha-cha (n.m.)
恰恰

tango (n.m.)
探戈

samba (n.f.)
森巴舞

valse (n.f.)
[vals]
华尔兹

跳舞看到的人

danseur (n.m.)
danseuse (n.f.)
[dɑ̃sœʀ] / [dɑ̃søz]
舞者

groupe de danse (n.m.)
[gʀupddɑ̃s]
舞蹈团体

partenaire (n.m. / n.f.)
[paʀtɛnɛʀ]
舞伴

débutant (n.m.)
débutante (n.f.)
[debytɑ̃] / [debytɑ̃t]
初学者

champion (n.m.)
championne (n.f.)
[ʃɑ̃pjɔ̃] / [ʃɑ̃pjɔn]
冠军

跳舞的基本配备

chaussons de danse (n.m.pl.)
[ʃosɔ̃ddɑ̃s]
舞鞋

costume de danse (n.f.)
[kɔstymddɑ̃s]
舞蹈服装

pas de danse (n.m.)
[paddɑ̃s]
舞步

rythme (n.m.)
[ʀitm]
韵律

tempo (n.m.)
[tɛmpo]
节奏

musique de danse (n.f.)
[myzikddɑ̃s]
舞曲

情景 13
运动

舞蹈的种类

danse (n.f.)
[dɑ̃s]
舞蹈 ★★★★

danse de rue (n.f.)
[dɑ̃sdʀy]
街舞 ★★★★

claquettes (n.f.pl.)
[klakɛt]
踢踏舞 ★★★★

danse orientale (n.f.)
[dɑ̃sɔʀjɑ̃tal]
肚皮舞 ★★★★

rock (n.m.)
[ʀɔk]
摇滚 ★★★

hip hop (n.m.)
[ipɒp]
嘻哈舞 ★★★★

popping (n.m.)
机械舞 ★★★★

ballet (n.m.)
[balɛ]
芭蕾舞 ★★★★

locking
锁舞 ★★★★

danse moderne (n.f.)
[dɑ̃smɔdɛʀn]
现代舞蹈 ★★★★

breaking
霹雳舞 ★★★

wave
电流舞蹈 ★★★

rave (n.m.)
[ʀav]
锐舞 ★★★

fox-trot (n.m.)
狐步舞 ★★★

aérobie (a.)
[aeʀɔbi]
有氧舞蹈 ★★★★

salsa (n.f.)
[salsa]
萨尔萨舞 ★★★★

danse africaine (n.f.)
[dɑ̃safʀikɛn]
非洲舞 ★★★★

capoeira (n.f.)
巴西战舞 ★★★★

danse tahitienne (n.f.)
[dɑ̃staisjɛn]
大溪地舞 ★★★

flamenco (n.m.)
[flamɛnko]
弗朗明哥舞 ★★★★

hula
草裙舞 ★★★★

Chapitre 3 娱乐

情景 13 运动

描述跳舞的词语

passionné (a.m.)
passionnée (a.f.)
[pasjɔne] / [pasjɔne]
热切的 ★★★★

varié (a.m.)
variée (a.f.)
[varje] / [varje]
各式各样的 ★★★

difficile (a.)
[difisil]
困难的 ★★★★

compliqué (a.m.)
compliquée (a.f.)
[kɔ̃plike] / [kɔ̃plike]
复杂的 ★★★★

spécial (a.m.)
spéciale (a.f.)
[spesjal] / [spesjal]
特别的 ★★★★

transpirer (v.)
[trɑ̃spire]
流汗 ★★★★

ennuyeux (a.m.)
ennuyeuse (a.f.)
[ɑ̃nɥijø] / [ɑ̃nɥijøz]
枯燥的 ★★★★

faire mal à (v.)
[fɛrmala]
（使）受伤 ★★★★

élégant (a.m.)
élégante (a.f.)
[elegɑ̃] / [elegɑ̃t]
优雅的 ★★★★

facile (a.)
[fasil]
简单的 ★★★

être bon(ne) en...
[ɛtrbɔ(n)ɑ̃]
擅长~ ★★★★

ne pas être bon en...
[nəpaɛtrbɔ̃nɑ̃]
不擅长~ ★★★★

与跳舞相关的动作

s'entraîner (v.)
[sɑ̃trene]
练习 ★★★★

se balancer (v.)
[sbalɑ̃se]
摇摆 ★★★★

sauter (v.)
[sote]
跳 ★★★★

faire des cercles (v.)
[fɛrdesɛrkl]
转圈 ★★★★

taper (v.)
[tape]
点；轻拍 ★★★★

se figer (v.)
[sfiʒe]
定格 ★★★★

se courber (v.)
[skurbe]
鞠躬 ★★★★

情景 13
运动

跑步的方式

jogging (n.m.)
[dʒɔgiŋ]
慢跑 ★★★★

marathon (n.m.)
[maʀatɔ̃]
马拉松 ★★★★

athlétisme (n.m.)
[atletism]
田径赛 ★★★★

marche (n.f.)
[maʀʃ]
慢走 ★★★★

marche athlétique (n.f.)
[maʀʃatletik]
竞走 ★★★★

courir (v.)
[kuʀiʀ]
跑 ★★★★

entraîner (v.)
[ɑ̃tʀene]
训练 ★★★★

跑步需要的配备

chaussures de course (n.f.pl.)
[ʃosyʀdkuʀs]
慢跑鞋 ★★★

pantalon de jogging (n.m.)
[pɑ̃talɔ̃dʒɔgiŋ]
慢跑裤 ★★★

tapis de course (n.m.)
[tapidkuʀs]
跑步机 ★★★★

coupe-vent (n.f.)
[kupvɑ̃]
风衣 ★★★★

baladeur (n.m.)
[baladœʀ]
随身听 ★★★★

protection de poignet (n.f.)
[pʀɔteksjɔ̃dpwaɲɛ]
护腕 ★★★★

protection de genou (n.f.)
[pʀɔteksjɔ̃dʒnu]
护膝 ★★★★

bonnet (n.m.)
[bɔnɛ]
软呢帽 ★★★★

corset (n.m.)
[kɔʀsɛ]
护腰 ★★★

musique (n.f.)
[myzik]
音乐 ★★★★

Chapitre 3 娱乐

情景 13 运动

跑步时做的动作及感觉

courir (v.)
[kuʀiʀ]
跑

continuer (v.)
[kɔ̃tinɥe]
持续(跑)

insister (v.)
[ɛ̃siste]
坚持

regarder derrière (v.)
[ʀgaʀdedɛʀjɛʀ]
回头看

calculer (v.)
[kalkyle]
计算

prévenir (v.)
[pʀevniʀ]
防止

améliorer (v.)
[ameljɔʀe]
提升

faire attention (v.)
[fɛʀatɑ̃sjɔ̃]
注意

fatigué (a.m.)
fatiguée (a.f.)
[fatiɡe] / [fatiɡe]
累的

épuisé (a.m.)
épuisée (a.f.)
[epɥize] / [epɥize]
精疲力竭的

bouger (v.)
[buʒe]
移动

maintenir (v.)
[mɛ̃tniʀ]
保持

estimer (v.)
[estime]
估计

fournir (v.)
[fuʀniʀ]
补充

répéter (v.)
[ʀepete]
重复

reculer (v.)
[ʀkyle]
倒退

augmenter (v.)
[ɔɡmɑ̃te]
增加

enlever (v.)
[ɑ̃lve]
脱

情景 13
运动

运动的相关原因

obésité (n.f.)
[ɔbezite]
肥胖

tissus adipeux (n.m.pl.)
[tisyadipø]
体脂肪

brûler (v.)
[bʀyle]
燃烧

calorie (n.f.)
[kalɔʀi]
卡路里

artériosclérose (n.f.)
[aʀteʀjoskleʀoz]
动脉硬化

maladie cérébrovasculaire (n.f.)
[maladisecerebrovaskyleʀ]
脑血管疾病

fardeau (n.m.)
[faʀdo]
负担

exercice (n.m.)
[egzeʀsis]
运动量

battement de cœur (n.m.)
[batmɑ̃dkœʀ]
心跳

hypertension (n.f.)
[ipeʀtɑ̃sjɔ̃]
高血压

diabète (n.m.)
[djabɛt]
糖尿病

acide urique (n.m)
[asidyʀik]
尿酸

其他常见的运动

pêcher (v.)
[peʃe]
钓鱼

équitation (n.f.)
[ekitasjɔ̃]
马术

cyclisme (n.m.)
[siklism]
自行车（运动）

gymnastique (n.f.)
[ʒimnastik]
体操

patiner (v.)
[patine]
溜冰

skier (v.)
[skje]
滑雪

yoga (n.m.)
[jɔga]
瑜伽

Chapitre 3 娱乐

情景 13 运动

与运动相关的场地

terrain (n.m.)
[teʀɛ̃]
棒球场

court (n.m.)
[ccurt]
（网）球场

parc (n.m.)
[paʀk]
公园

stade (n.m.)
[stad]
运动场；体育馆

gymnase (n.m.)
[ʒimnɑz]
健身房

salle de danse (n.f.)
[saldɑ̃dɑ̃s]
舞蹈教室

运动功能相关词语

santé (n.f.)
[sɑ̃te]
健康

intérêt (n.m.)
[ɛ̃teʀɛ]
兴趣

force (n.f.)
[fɔʀs]
力量

joie (n.f.)
[ʒwa]
愉悦

beauté (n.f.)
[bote]
美丽

forme (n.f.)
[fɔʀm]
精神

maigrir (v.)
[meɡʀiʀ]
瘦身

loisir (n.m.)
[lwaziʀ]
休闲

forme physique (n.f.)
[fɔʀmfizik]
健身

circulation (n.f.)
[siʀkylasjɔ̃]
循环

métabolisme (n.m.)
[metabolism]
新陈代谢

aérobie (a.)
[aeʀobi]
有氧的

临时需要用到的．一个句型 🎧 03-58

法▶ aimer...
中▶ 喜欢〜

- J'aime jouer au basket-ball. 我喜欢打篮球。
- J'aime jouer au tennis. 我喜欢打网球。
- J'aime faire du ski. 我喜欢滑雪。
- J'aime lire. 我喜欢阅读。

法▶ n'aimer pas... / détester...
中▶ 不喜欢〜/ 讨厌〜

- Je n'aime pas le ballet.
  我讨厌芭蕾。
- Je déteste le jogging.
  我讨厌慢跑。
- Je n'aime pas travailler.
  我讨厌工作。
- Je déteste manger les légumes.
  我讨厌吃青菜。
- Je n'aime pas la cuisine piquante.
  我不喜欢辣的料理。
- Je déteste l'avion.
  我讨厌坐飞机。

Chapitre 3 娱乐

情景 13 运动

临时需要用到的．一个句型 03-59

法▶ en train de jouer + 球类运动
中▶ 正在进行～（球类运动）

- On est en train de jouer au football.
  我们正在踢足球。
- On est en train de jouer au badminton.
  我们正在打羽毛球。

法▶ en train de faire + 运动名称
中▶ 正在做～（运动）

- On est en train de faire du yoga.
  我们正在做瑜伽。
- On est en train de faire du ski.
  我们正在滑雪。

临时需要的生活短语

- se réchauffer 暖身运动
- faire les efforts 全力以赴
- Fais-toi confiance. 相信你自己。
- Tu peux y arriver. 你可以做到的。
- Bon courage! 加油！

临时需要用到的．一个句型

法 ▶ savoir + 动词
中 ▶ 会～

- Je sais nager. 我会游泳。
- Je sais jouer au basket-ball. 我会打篮球。
- Je sais faire la cuisine. 我会煮菜。

法 ▶ pouvoir... 动词
中 ▶ 能够～

- Je peux aller te chercher demain.
  我明天可以去接你。
- Il peut commencer à travailler la semaine prochaine.
  他下周可以开始工作。
- Je peux marcher maintenant.
  我现在可以走路了。

文化小叮咛

在法国每年举行的知名大型赛事：

Le Roland Garros：法国网球公开赛，每年 5—6 月。

Le Tour de France：自行车环法赛，每年七月。

Chapitre 3 娱乐

情景 13 运动

临时需要用到的. 一个句型 03-61

法 ▶ préférer...
中 ▶ 偏好～ / 宁愿～

- Je préfère nager dans la mer que dans la piscine.
  比起游泳池，我比较喜欢在海里游泳。
- Je préfère faire du yoga que faire de l'aérobie.
  瑜伽和有氧，我更喜欢做瑜伽。

法 ▶ comparer avec...
中 ▶ 与～相比～

- Comparer avec le vert, je préfère le rose.
  与绿色相比，我比较喜欢粉红色。
- Comparer avec le tennis, je préfère le football.
  与网球相比，我比较喜欢足球。

贴心小补充

数字的说法

0	zéro	10	dix	20	vingt
1	un/une	11	onze	21	vingt et un
2	deux	12	douze	22	vingt-deux
3	trois	13	treize	23	vingt-trois
4	quatre	14	quatorze	24	vingt-quatre
5	cinq	15	quinze	25	vingt-cinq
6	six	16	seize	30	trente
7	sept	17	dix-sept	31	trent et un
8	huit	18	dix-huit	40	quarante
9	neuf	19	dix-neuf	50	cinquante

临时需要用到的一个词：法语关键词6000

情景 14
健身房

🎧 MP3 03-62

与健身相关的场所

gymnase (n.m.)
[ʒimnɑz]
★★★★
健身房

stade (n.m.)
[stad]
★★★★
运动场

club de sport (n.m.)
[klœbdspɔʀ]
★★★★
运动俱乐部

salle d'exercice (n.f.)
[saldɛgzɛʀsis]
★★★★
健身室

casier (n.m.)
[kazje]
★★★★
附锁的置物柜

与健身房相关的词语

vestiaire (n.m.)
[vɛstjɛʀ]
★★★★
更衣室

spa (n.m.)
[spa]
★★★★
水疗

sauna (n.m.)
[sona]
★★★★
桑拿

piscine (n.f.)
[pisin]
★★★★
游泳池

terrain d'entraînement (n.m.)
[tɛʀɛ̃dɑ̃tʀɛnmɑ̃]
★★★★
练习场

court (n.m.)
[kuʀ]
★★★★
网球场

在健身房看到的人

réceptionniste (n.m. / n.f.)
[ʀesɛpsjɔnist]
★★★★
接待人员

membre (n.m.)
[mɑ̃bʀ]
★★★★
会员

athlète (n.f.)
[atlɛt]
★★★★
运动员

moniteur (n.m.)
monitrice (n.f.)
[mɔnitœʀ] / [mɔnitʀis]
★★★
指导员

entraîneur (n.m.)
entraîneuse (n.f)
[ɑ̃tʀɛnœʀ] / [ɑ̃tʀɛnøz]
★★★★
教练

étudiant (n.m.)
étudiante (n.f.)
[etydjɑ̃] / [etydjɑ̃t]
★★★★
学生

Chapitre 3 娱乐

情景 14 健身房

健身房里应有的设备

machine (n.f.)
[maʃin]
机器

barre de musculation (n.f.)
[baʀdmyskylasjɔ̃]
弹簧扩展器

extension de jambe (n.f.)
[ɛkstɑ̃sjɔ̃dʒɑ̃b]
腿部伸展机

vélo (n.m.)
[velo]
健身车

haltère (n.m.)
[altɛʀ]
杠铃

stop-disques (n.m.)
[stɔpdisk]
握力器

tapis de course (n.m.)
[tapidkuʀs]
跑步机

vélo droit (n.m.)
[velodʀwa]
立式自行车

vélo couché (n.m.)
[velokuʃe]
卧式自行车

rameur (n.m.)
[ʀamœʀ]
手拉绳机

vélo de biking (n.m.)
[velodbaikin]
健身自行车

appareil à charge (n.m.)
[apaʀejaʃaʀʒ]
胸部训练机

vélo elliptique (n.m.)
[veloeliptik]
交叉滑步训练机

gym ball (n.f.)
[ʒimbal]
体操球

balance board (n.f.)
[balɑ̃sbɔʀd]
平衡板

sèche cheveux (n.m.)
[sɛʃʃvø]
吹风机

banc abdominaux (n.m.)
[bɑ̃abdomino]
仰卧起坐椅

临时需要用到的一个词：法语关键词6000

情景 14
健身房

MP3 03-63

健身房里的活动项目

aérobie (a.)
[aeʀɔbi]
有氧运动 ★★★★

danse (n.f.)
[dɑ̃s]
舞蹈 ★★★★

pilates (n.m.)
[pilat]
普拉提 ★★★★

yoga (n.m.)
[jɔga]
瑜伽 ★★★★

art martial (n.m.)
[aʀmaʀsjal]
武术 ★★★

lutte (n.f.)
[lyt]
摔跤 ★★★★

boxe (n.f.)
[bɔks]
拳击 ★★★

entraînement (n.m.)
[ɑ̃tʀɛnmɑ̃]
训练 ★★★★

cours de gym (n.m.)
[kuʀdʒim]
健身课程 ★★★★

courir (v.)
[kuʀiʀ]
跑 ★★★★

karaté (n.m.)
[kaʀate]
空手道 ★★

在健身房用到的词语

difficile (a.)
[difisil]
困难的 ★★★★

dangereux (a.m.)
dangereuse (a.f.)
[dɑ̃ʒʀø] / [dɑ̃ʒʀøz]
危险的 ★★★★

simple (a.)
[sɛ̃pl]
简单的 ★★★★

facile (a.)
[fasil]
容易的 ★★★★

relaxant (a.m.)
relaxante (a.f.)
[ʀlaksɑ̃] / [ʀlaksɑ̃t]
放松的 ★★★★

transpirer (v.)
[tʀɑ̃spiʀe]
流汗 ★★★★

Chapitre 3 娱乐

情景 14 健身房

在健身房锻炼的身体部位

corps (n.m.)
[kɔʀ]
身体

taille (n.f.)
[tɑj]
腰

abdominal (a.m.)
abdominale (a.f.)
[abdɔminal] / [abdɔminal]
腹部的

cuisse externe (n.f.)
[kɥisɛkstɛʀn]
大腿外侧

cuisse interne (n.f.)
[kɥisɛ̃tɛʀn]
大腿内侧

muscle (n.m.)
[myskl]
肌肉

poitrine (n.f.)
[pwatʀin]
胸膛

poignet (n.m.)
[pwaɲɛ]
手腕

épaule (n.f.)
[epol]
肩膀

genou (n.m.)
[ʒnu]
膝盖

cheville (n.f.)
[ʃvij]
脚踝

pied (n.m.)
[pje]
脚

articulation (n.f.)
[aʀtikylasjɔ̃]
关节

dos (n.m.)
[do]
背

hanche (n.f.)
[ɑ̃ʃ]
髋部

cou (n.m.)
[ku]
颈

abdos (m.pl.)
[abdo]
腹肌

pectoral (a.m)
pectorale (a.f.)
[pɛktɔʀal] / [pɛktɔʀal]
胸肌的

biceps (n.m.)
[bisɛps]
二头肌

情景 14
健身房

在健身房看到的其他事物

soins de corps (n.m.)
[swɛ̃dkɔʀ]
身体保健 ★★★★

donner un coup de poing (v.)
[dɔneœ̃kudpwɛ̃]
猛击 ★★★★

donner un coup de pied (v.)
[dɔneœ̃kudpje]
踢 ★★★★

gras (n.m.)
[gʀɑ]
脂肪 ★★★★

charge (n.f.)
[ʃaʀʒ]
负荷 ★★★★

programme (n.m.)
[pʀɔgʀam]
方案 ★★★★

se détendre (v.)
[sdetɑ̃dʀ]
放松 ★★★

calmer (v.)
[kalme]
平静 ★★★★

huile essentielle (n.f.)
[ɥilesɑ̃sjɛl]
精油 ★★★★

s'étirer (v.)
[setiʀe]
伸展 ★★★★

pouls (n.m.)
[pu]
脉搏 ★★★★

attention (n.f.)
[atɑ̃sjɔ̃]
集中；聚焦 ★★★★

métabolisme (n.m.)
[metabɔlism]
新陈代谢 ★★

effet (n.m.)
[efɛ]
效果 ★★★★

en forme
[ɑ̃fɔʀm]
有精神的 ★★★★

régime (n.m.)
[ʀeʒim]
节食 ★★★★

kilo superflu (n.m.)
[kilosypɛʀfly]
多余的体重 ★★★★

frais (n.m.pl.)
[fʀɛ]
费用 ★★★★

Chapitre 3 娱乐

情景 14 健身房

在健身房做的动作

entraîner (v.)
[ɑ̃tʀene]
训练

expliquer (v.)
[ɛksplike]
解释

enseigner (v.)
[ɑ̃sene]
教学

respiration profonde (n.f.)
[ʀɛspiʀasjɔ̃pʀɔfɔ̃d]
深呼吸

faire de l'exercice (v.)
[fɛʀdləgzɛʀsis]
练习

s'entraîner (v.)
[sɑ̃tʀene]
健身

ouvrir (v.)
[uvʀiʀ]
张开

maigrir (v.)
[megʀiʀ]
瘦身

muscler (v.)
[myskle]
练肌肉

répéter (v.)
[ʀepete]
重复

préparer (v.)
[pʀepaʀe]
准备

se réchauffer (v.)
[sʀeʃofe]
暖身

choisir (v.)
[ʃwaziʀ]
选择

tirer (v.)
[tiʀe]
拉

pousser (v.)
[puse]
推

lever (v.)
[lve]
抬起

se concentrer (v.)
[skɔ̃sɑ̃tʀe]
专心

bouger (v.)
[buʒe]
移动

régler (v.)
[ʀegle]
调整

se reposer (v.)
[sʀəpoze]
休息

临时需要用到的. 一个句型

法 ▶ **C'est facile à / de...**
中 ▶ **～很容易**

- C'est facile à faire.
  这个很容易做。
- C'est facile de maigrir si tu continues à faire du sport.
  如果你继续运动是很容易瘦下来的。

法 ▶ **C'est difficile à...**
中 ▶ **～不容易**

- C'est difficile à apprendre la danse moderne.
  现代舞很难学。
- C'est difficile pour les personnes âgées à aimer la danse de rue.
  老年人很难喜欢街舞。
- C'est difficile à convincre Michel à faire ce project.
  要说服米歇尔去执行这个计划很难。

临时需要的生活短语

- Le coeur bat très vite. 心跳很快。
- s'étirer 伸展身体
- Aspirez... Expirez... 吸气～吐气～。（口令）
- Concentrez à... 专心于～。（口令）

Chapitre 3 娱乐
情景 14 健身房

临时需要用到的，一个句型 🎵 03-66

法 ▶ vouloir devenir...
中 ▶ 想变成～

- Je veux devenir un peu plus mince. 我想要变纤细一点。
- Il veut devenir un docteur. 他想成为一位医生。
- Elle veut devenir plus belle. 她想变得美丽一点。

法 ▶ ne pas vouloir devenir...
中 ▶ 不想变成～

- Je (ne)veux pas devenir un gros garçon.
  我不想变成胖男孩。
- Il (ne)veut pas devenir un avocat.
  他不想成为一位律师。
- Elle (ne) veut pas devenir une femme pauvre.
  她不想变成贫穷的女人。

临时需要的生活短语

- s'inscrire à... 申请加入～
- continuer à... 持续做～
- insister pour faire... 坚持做～事
- équipé(e) 设备齐全的
- collection complète 全套

情景 15
夜生活

🎧 03-67

电影的种类

film (n.m.)
[film]
电影
★★★★

dessin animé (n.m.)
[desɛ̃anime]
动画
★★★★

bande-annonce (n.f.)
[bɑ̃danɔ̃s]
预告片
★★★★

affiche (n.f.)
[afiʃ]
海报
★★★★

derrière la scène
[dɛʁjɛʁlasɛn]
幕后花絮
★★★★

与电影分级制度相关的词语

classement (n.m.)
[klasmɑ̃]
分级
★★★★

vedette (n.f.)
[vədɛt]
明星
★★★★

permis (n.m.)
[pɛʁmi]
许可
★★★★

Festival de Cannes (n.m.)
[fɛstivaldkan]
戛纳电影节
★★★★

adulte (n.m. / n.f.)
[adylt]
成人
★★★★

restriction d'âge (n.f.)
[ʁɛstʁiksjɔ̃daʒ]
年龄限制
★★★★

tuteur (n.m.) **tutrice** (n.f.)
[tytœʁ] / [tytʁis]
监护人
★★★★

tapis rouge (n.m.)
[tapiʁuʒ]
红地毯
★★★★

film porno (n.m.)
[filmpɔʁno]
成人电影
★★★★

mineur (n.m.) **mineure** (n.f.)
[minœʁ] / [minœʁ]
未成年
★★★★

entrée interdite (n.f.)
[ɑ̃tʁeɛ̃tɛʁdit]
禁止进场
★★★★

Chapitre 3 娱乐

情景 15 夜生活

电影的剧情种类

drame (n.m.)
[dʀam]
剧情片

film d'action (n.m.)
[filmdaksjɔ̃]
动作片

film de tragédie (n.m.)
[filmdtʀaʒedi]
悲剧

film de comédie romantique (n.m.)
[filmdkɔmediʀɔmɑ̃tik]
浪漫喜剧片

film documentaire (n.m.)
[filmdɔkymɑ̃teʀ]
纪录片

film de science fiction (n.m.)
[filmdəsjɑ̃sfiksjɔ̃]
科幻片

comédie (n.f.)
[kɔmedi]
喜剧

film à suspense (n.m.)
[filmasyspɛns]
惊悚片

film d'horreur (n.m.)
[filmdɔœʀ]
恐怖片

film éducatif (n.m.)
[filmedykatif]
教育片

与电影有关的人物

réalisateur (n.m.)
réalisatrice (n.f.)
[ʀealizatœʀ] / [ʀealizatʀis]
导演

acteur (n.m.)
actrice (n.f.)
[aktœʀ] / [aktʀis]
演员

dramaturge (n.m.)
[dʀamatyʀʒ]
剧作家

rôle principal (n.m.)
[ʀolpʀɛ̃sipal]
主角

personnage (n.m.)
[pɛʀsɔnaʒ]
人物

script (n.m.)
[skʀipt]
剧本

临时需要用到的一个词：**法语关键词6000**

情景 15
夜生活

03-68

与电影有关的词语

cinéma (n.m.)
[sinema]
电影院
★★★★

sous-titre (n.m.)
[sutitʀ]
字幕
★★★★

rôle (n.m.)
[ʀol]
角色
★★★★

numéro (n.m.)
[nymeʀo]
演出
★★★★

interpréter (v.)
[ɛ̃tɛʀpʀete]
诠释
★★★★

commentaire (n.m.)
[kɔmɑ̃tɛʀ]
评价
★★★★

histoire (n.f.)
[istwaʀ]
剧情
★★★★

与电影相关的事物

voir (v.)
[vwaʀ]
看
★★★★

publier (v.)
[pyblije]
出版；发行
★★★★

critiquer (v.)
[kʀitike]
批评
★★★★

reprocher (v.)
[ʀpʀɔʃe]
指责
★★★★

inviter (v.)
[ɛ̃vite]
邀请
★★★★

attendre (v.)
[atɑ̃dʀ]
期待；等待
★★★★

produire (v.)
[pʀɔdɥiʀ]
制作；创作
★★★★

réaliser (v.)
[ʀealize]
导演
★★★★

montage (n.m.)
[mɔ̃taʒ]
剪辑
★★★★

promouvoir (v.)
[pʀɔmuvwaʀ]
宣传
★★★★

mise en scène
[mizɑ̃sɛn]
上映
★★★★

box-office (n.m.)
[bɔksɔfis]
票房
★★★★

fiasco (n.m.)
[fjasko]
票房很差
★★★

grand succès (n.m.)
[gʀɑ̃syksɛ]
票房大卖
★★★★

Chapitre 3 娱乐

情景 15 夜生活

酒吧的种类

bar (n.m.)
[baʀ]
酒吧

bar jazz (n.m.)
爵士酒吧

boîte (n.f.)
[bwat]
夜店

single bar (n.m.)
单身酒吧

bar à bière (n.m.)
[baʀabjɛʀ]
啤酒酒吧

mini bar (n.m.)
迷你酒吧

piano bar (n.m.)
钢琴酒吧

bar salon (n.m.)
[baʀsalɔ̃]
高级酒吧

standing bar (n.m.)
无座位酒吧

bar sportif (n.m.)
[baʀspɔʀtif]
设有大型电视荧幕
可观赏球赛的酒吧

karaoke bar (n.m.)
卡拉OK吧

dart bar (n.m.)
有飞镖设备的酒吧

bistro (n.m.)
[bistʀo]
酒馆

club (n.m.)
[klœb]
俱乐部

临时需要用到的一个词：法语关键词6000

情景 15
夜生活

🎧 MP3 03-69

在酒吧看到的人物

client (n.m.)
cliente (n.f.)
[klijɑ̃] / [klijɑ̃t]
★★★★
顾客

invité (n.m.)
invitée (n.f.)
[ɛ̃vite]
★★★★
客人

adulte (n.m. / n.f.)
[adylt]
★★★★
成人

serveur (n.m.)
serveuse (n.f.)
[sɛʁvœʁ] / [sɛʁvøz]
★★★★
服务生

barman (n.m.)
[baʁman]
★★★★
调酒师

patron (n.m.)
patronne (n.f.)
[patʁɔ̃] / [patʁɔn]
★★★★
老板

femme (n.f.)
[fam]
★★★★
女性

homme (n.m.)
[ɔm]
★★★★
男性

jeunes (n.m.pl. / n.f.pl.)
[ʒœn]
★★★★
年轻人

client régulier
cliente régulière (n.f.)
[klijɑ̃ʁegylje] / [klijɑ̃tʁegyljɛʁ]
★★★★
常客

adolescent (n.m.)
adolescente (n.f.)
[adɔlesɑ̃] / [adɔlesɑ̃t]
★★★★
青少年

酒类

cocktail (n.m.)
[kɔktɛl]
★★★★
鸡尾酒

vin (n.m.)
[vɛ̃]
★★★★
葡萄酒

vin blanc (n.m.)
[vɛ̃blɑ̃]
★★★★
白酒

vin rouge (n.m.)
[vɛ̃ʁuʒ]
★★★★
红酒

whisky (n.m.)
[wiski]
★★★★
威士忌

bière (n.f.)
[bjɛʁ]
★★★★
啤酒

bière pression (n.f.)
[bjɛʁpʁesjɔ̃]
★★★★
桶装啤酒

Chapitre 3 娱乐

情景 15 夜生活

在酒吧用到的词语

qualité supérieure (n.f.)
[kalitesypeʀjœʀ]
高品质

beaucoup (adv.)
[boku]
很多地

peu (adv.)
[pø]
少地

tranquillement (adv.)
[tʀãkilmã]
安静地

bondé (a.m.)
bondée (a.f.)
[bɔ̃de] / [bɔ̃de]
拥挤的

formidable (a.)
[fɔʀmidabl]
棒极了

étonnant (a.m.)
étonnante (a.f.)
[etɔnã] / [etɔnãt]
很棒的

gentil (a.m.)
gentille (a.f.)
[ʒãti] / [ʒãti]
亲切的

aimable (a.)
[ɛmabl]
和蔼可亲的

jeune (a.)
[ʒœn]
年轻的

bruyant (a.m.)
bruyante (a.f.)
[bʀɥijã] / [bʀɥijãt]
嘈杂的

ivre (a.)
[ivʀ]
酒醉的

在酒吧做的动作

boire (v.)
[bwaʀ]
喝

déguster (v.)
[degyste]
品酒

parler (v.)
[paʀle]
说话

goûter (v.)
[gute]
品尝

danser (v.)
[dãse]
跳舞

vomir (v.)
[vɔmiʀ]
吐

233

临时需要用到的. **一段对话**

邀约看电影

A: Tu veux aller au cinéma ce week-end?
这个周末要不要一起去看电影?

B: Ça a l'air super, mais, quel film?
听起来很赞,但是,要看哪一部?

A: Je suis fan de Luc Besson, tu es au courant de son nouveau film, *Lucie*?
我是吕克·贝松的超级粉丝,你听过他的新片《露西》吗?

B: Bien sûr, c'est le meilleur réalisateur!
当然啊。他是最棒的导演呢!

A: On va voir le film, s'il te plaît? J'ai hâte de le voir.
我们去看这部电影好吗?我迫不及待想去看。

B: On réserve sur Internet alors!
那么,我们就上网订票吧!

 补充句型

法 ▶ Allons au cinéma + 日期 (le 日/月/年)!
中 ～ 日期 的时候,我们去看电影吧!

Chapitre 3 娱乐

情景 15 夜生活

临时需要用到的, 一个常识

法国电视与电影分级制度

de 10 ans：十岁以上

de 12 ans：十二岁以上

de 16 ans：十六岁以上

de 18 ans：十八岁以上

Tous publics：所有大众

在电视播出时，右下角会有以上的字样出现在荧幕上表示分级。

在电影院，海报上会有以上字样来表示分级，售票员通常会在买票时请观众出示身份证明。

tarif adulte：成人票

tarif réduit：优惠票

临时需要用到的一个词：法语关键词6000

情景 16
节庆

🎧 03-70

节庆相关词汇

vacance (n.f.)
[vakɑ̃s]
假期 ★★★★

jour férié (n.m.)
[ʒuʀfeʀje]
（政府规定的）节日 ★★★★

anniversaire (n.m.)
[anivɛʀsɛʀ]
生日；纪念日 ★★★★

Pâques (n.f.pl.)
[pɑk]
复活节 ★★★★

Fête des Pères (n.f.)
[fɛtdepɛʀ]
父亲节 ★★★★

Fête des Mères (n.f.)
[fɛtdemɛʀ]
母亲节 ★★★★

Nouvel An (n.m.)
[nuvɛlɑ̃]
新年 ★★★★

Noël (n.m.)
[nɔɛl]
圣诞节 ★★★★

Fête Nationale (n.f.)
[fɛtnasjɔnal]
国庆日 ★★★★

Saint-Valentin (n.f.)
[sɛ̃valɑ̃tɛ̃]
情人节 ★★★★

Fête du cinéma (n.f.)
[fɛtdysinema]
电影节 ★★★★

Réveillon (n.m.)
[ʀevejɔ̃]
前夕 ★★★★

Fête du Travail (n.f.)
[fɛtdytʀavaj]
劳动节 ★★★★

Poisson d'avril (n.m.)
[pwasɔ̃davʀil]
愚人节 ★★★★

festival (n.m.)
[fɛstival]
庆典 ★★★★

Toussaint (n.f.)
[tusɛ̃]
万圣节 ★★★★

Fête de Carnaval (n.f.)
[fɛtdkaʀnaval]
狂欢节 ★★★★

Fête de la musique (n.f.)
[fɛtdlamyzik]
音乐节 ★★★★

Chapitre 3 娱乐

情景 16 节庆

节庆活动相关词汇

décorer (v.)
[dekɔʀe]
装饰

participer (v.)
[paʀtisipe]
参加

assister (v.)
[asiste]
出席

souhaiter (v.)
[swete]
祝福

défilé (n.m.)
[defile]
游行

muguet (n.f.)
[mygɛ]
铃兰花

fleurir les tombes (v.)
[flœʀiʀletɔ̃b]
坟前献花

fêter (v.)
[fete]
庆祝

offrir (v.)
[ɔfʀiʀ]
赠送

réunir (v.)
[ʀeyniʀ]
聚会

faire une carte (v.)
[fɛʀynkaʀt]
做卡片

cadeau (n.m.)
[kado]
礼物

sortir (v.)
[sɔʀtiʀ]
出游

节庆相关形容词

joyeux (a.m.)
joyeuse (a.f.)
[ʒwajø] / [ʒwajøz]
快乐的

précieux (a.m.)
précieuse (a.f.)
[pʀesjø] / [pʀesjøz]
珍贵的

heureux (a.m.)
heureuse (a.f.)
[øʀø] / [øʀøz]
幸福的

bruyant (a.m.)
bruyante (a.f.)
[bʀɥijɑ̃] / [bʀɥijɑ̃t]
热闹的；喧闹的

grand (a.m.)
grande (a.f.)
[gʀɑ̃] / [gʀɑ̃d]
伟大的；重要的

临时需要用到的一个词：**法语关键词6000**

情景 16
节庆

🎧 MP3 03-71

新年相关词语

Nouvel An (n.m.)
[nuvɛlɑ̃]
新年
★★★★

Réveillon (n.m.)
[ʀevejɔ̃]
前夕
★★★★

fêter (v.)
[fete]
庆祝
★★★★

calendrier chinois (n.m.)
[kalɑ̃dʀijʃinwa]
中国农历
★★★★

Nouvel An Chinois (n.m.)
[nuvɛlɑ̃ʃinwa]
春节
★★★★

enveloppe rouge (n.f.)
[ɑ̃vlɔpʀuʒ]
红包
★★★

圣诞节相关词语

Père Noël (n.m.)
[pɛʀnɔɛl]
圣诞老公公
★★★★

sapin de Noël (n.m.)
[sapɛ̃dnɔɛl]
圣诞树
★★★★

cadeau de Noël (n.m.)
[kadodnɔɛl]
圣诞礼物
★★★★

bonhomme de neige (n.m.)
[bɔnɔmdnɛʒ]
雪人
★★★★

dinde (n.f.)
[dɛ̃d]
火鸡
★★★★

chant de Noël (n.m.)
[ʃɑ̃dnɔɛl]
圣诞颂
★★★★

圣诞节相关词语

Noël (n.m.)
[nɔɛl]
圣诞节
★★★★

chanson de Noël (n.f.)
[ʃɑ̃sɔ̃dnɔɛl]
圣诞歌
★★★★

chaussette de Noël (n.f.)
[ʃosɛtdnɔɛl]
圣诞袜
★★★★

dinde aux marrons (n.f.)
[dɛ̃domaʀɔ̃]
栗子火鸡
★★★★

élan (n.m.)
[elɑ̃]
麋鹿
★★★★

traîneau (n.m.)
[tʀɛno]
雪橇
★★★★

Chapitre 3 娱乐

情景 16 节庆

情人节相关的词语

Saint-Valentin (n.f.)
[sɛ̃valɑ̃tɛ̃]
情人节
★★★★

copain (n.m)
copine (n.f.)
[kɔpɛ̃] / [kɔpin]
男朋友；女朋友
★★★★

amoureux (a.m.)
amoureuse (a.f.)
[amurø] / [amurøz]
爱恋的
★★★★

demander en mariage (v.)
[dmɑ̃deɑ̃maʁjaʒ]
求婚
★★★★

rendez-vous (n.m.)
[ʁɑ̃devu]
约会
★★★★

aimer (v.)
[eme]
爱
★★★★

chocolat (n.m.)
[ʃɔkɔla]
巧克力
★★★★

bague (n.f.)
[baɡ]
戒指
★★★★

fleur (n.m.)
[flœʁ]
花
★★★★

déclarer l'amour (v.)
[deklaʁelamuʁ]
告白
★★★★

être avec...
[ɛtʁavɛk]
与~交往中
★★★★

promettre (v.)
[pʁɔmɛtʁ]
承诺
★★★★

与休假相关的词语

se reposer (v.)
[səʁpoze]
休息
★★★★

vacances d'été (n.f.pl.)
[vakɑ̃sdete]
暑假
★★★★

vacances de printemps (n.f.pl.)
[vakɑ̃sdpʁɛ̃tɑ̃]
春假
★★★★

vacances de Noël (n.f.pl.)
[vakɑ̃sdnɔɛl]
圣诞假期
★★★★

vacances d'hiver (n.f.pl.)
[vakɑ̃sdivɛʁ]
寒假
★★★★

voyager (v.)
[vwajaʒe]
旅行
★★★★

239

临时需要用到的．一个句型

 03-72

法▶ **quel** + 单数阳性名词
quelle + 单数阴性名词
quels + 复数阳性名词
quelles + 复数阴性名词

中▶ 哪一种 / 哪一个～

- Quel cadeau tu espères? 你期待什么样的礼物？
- Quelle tarte tu veux? 你要哪一种水果塔？
- Quels genres de musiques vous préférez?
  您比较喜欢哪些类别的音乐？
- Quelles robes tu préfères?
  你喜欢哪些裙子？

临时需要的生活短语

- Il est amoureux de cette fille.
  他迷恋上这个女孩子了。
- Il est tombé amoureux de la chanteuse.
  他爱上那个女歌手了。
- Je t'aime, et toi, tu m'aimes?
  我爱你，那你呢？你爱我吗？
- Je suis fou(folle) de toi. 我为你 / 您疯狂。
- Je t'aime à la folie. 我疯狂地爱着你。
- Tu veux m'épouser? 你愿意嫁给我吗？

Chapitre 3 娱乐
情景 16 节庆

临时需要用到的．一个句型

MP3 03-73

法▶ **Félicitations pour...**
中▶ 向人祝贺 / 恭喜～

- Félicitations pour la promotion.
  恭喜升官。
- Félicitations pour le mariage.
  恭喜结婚。
- Félicitations pour la retraite.
  恭喜退休。

临时需要的生活短语

- faire un voeux
  许个愿
- accompagner la famille
  和家人作伴
- faire un gateau
  烤蛋糕

临时需要用到的．一个句型

法 ▶ aller à + 地方
中 ▶ 去某个地方

- aller à l'église 去教会
- aller au cinéma 去电影院
- aller à la piscine 去游泳

临时需要的生活短语

- décorer le sapin de Noël 装饰圣诞树
- Joyeux Noël. 圣诞节快乐。
- Bonne Année. 新年快乐。
- Bon voyage. 旅途愉快。
- Bonnes vacances. 假期愉快。

文化小叮咛

法国知名的节日如下：

Le Festival de Cannes
坎城影展：每年五月在坎城举行。

Le Festival d'Avignon
亚维农戏剧节：每年七月在亚维农举行。

Le Carnaval
嘉年华：每年二月到三月在全国举行。

Le Beaujolais Nouveau
薄酒莱新酒节：每年十一月的第三个星期四在薄酒莱举行。

Chapitre 4
衣服

Quatre

情景01 | 帽子
情景02 | 上衣
情景03 | 裤子与裙子
情景04 | 鞋子

情景 01
帽子

 04-01

不同功能的帽子

pare-soleil (n.m.)
[paʀsɔlɛj]
遮阳帽 ★★★

bob (n.m)
[bɔb]
渔夫帽 ★★★

chapeau (n.m.)
[ʃapo]
帽子 ★★★★

casquette de baseball (n.f.)
[kaskɛtdəbɛzbol]
棒球帽 ★★★

bonnet de ski (n.m.)
[bɔnɛdski]
雪帽 ★★★

casquette (n.m.)
[kaskɛt]
鸭舌帽 ★★★

不同材质的帽子

chapeau de paille Hawaï (n.m.)
[ʃapodpajawai]
夏威夷式草帽 ★★

chapeau de paille (n.m.)
[ʃapodpaj]
草帽 ★★

bonnet à pompon (n.m.)
[bɔnɛapɔ̃pɔ̃]
毛线球帽 ★★★

bonnet casquette (n.m.)
[bɔnɛkaskɛt]
毛线鸭舌软帽 ★★★★

chapeau tressé (n.m.)
[ʃapotʀese]
编织帽 ★★

不同造型的帽子

béret (n.m.)
[beʀɛ]
贝雷帽（圆软帽） ★★★

haut de forme (n.m.)
[odfɔʀm]
高礼帽 ★★★

chapeau melon (n.m.)
[ʃapomlɔ̃]
礼帽 ★★★

chapeau de cowboy (n.m.)
[ʃapodkobɔj]
牛仔帽 ★★★

fédora (n.m.)
[fedoʀa]
男士绅士帽 ★★★

chapeau cloche (n.m.)
[ʃapoklɔʃ]
低檐帽 ★★★

Chapitre 4 衣服

情景 01 帽子

其他常见的帽子

casque (n.m.)
[kask]
安全帽 ****

bonnet (n.m.)
[bɔnɛ]
软帽类 ***

chapeau d'enfant (n.m.)
[ʃapodɑ̃fɑ̃]
儿童帽 **

béret basque (n.m.)
[beʀɛbask]
艺术家帽 **

casquette visière (n.f.)
[kaskɛtvizjɛʀ]
报童帽 ***

chapeau capeline (n.m.)
[ʃapokaplin]
女士大宽檐帽 ***

chapeau canotier (n.m.)
[ʃapokanɔtje]
硬挺编织绅士帽 ***

casque (n.m.)
[kask]
作业帽 **

chapeau cadet (n.m.)
[ʃapokade]
军帽 **

toque (n.f.)
[tɔk]
厨师帽 ***

可以买到帽子的地方

grand magasin (n.m.)
[gʀɑ̃magazɛ̃]
百货公司 ****

boutique (n.f.)
[butik]
精品店 ****

marché (n.m.)
[maʀʃe]
集市 ****

point de vente (n.m.)
[pwɛ̃dvɑ̃t]
卖场 ****

Internet (n.m.)
[ɛ̃tɛʀnɛt]
网络 ****

情景 01 帽子

🎧 04-02

描述帽子的相关词语（1）

matière (n.f.)
[matjɛʀ]
★★★
材料

genre (n.m.)
[ʒɑ̃ʀ]
★★★
种类

occasion (n.f.)
[ɔkazjɔ̃]
★★★
场合

décoration (n.f.)
[dekɔʀasjɔ̃]
★★★
装饰品

mode (n.f.)
[mɔd]
★★★
流行

protection (n.f.)
[pʀɔtɛksjɔ̃]
★★★
保护

tissu (n.m.)
[tisy]
★★★
布料

qualité (n.f.)
[kalite]
★★★
品质

taille unique (n.f.)
[tajynik]
★★★★
单一尺寸

taille générale (n.f.)
[tajʒeneʀal]
★★★★
一般尺寸

petit (a.m.)
petite (a.f.)
[pti] / [ptit]
★★★★
小的

grand (a.m.)
grande (a.f.)
[gʀɑ̃] / [gʀɑ̃t]
大的

描述帽子的相关词语（2）

taille (n.f.)
[taj]
★★★★
尺寸

pour homme
[puʀɔm]
★★★★
男士用的

pour femme
[puʀfam]
★★★★
女士用的

joli (a.m.)
jolie (a.f.)
[ʒɔli] / [ʒɔli]
★★★★
好看的

à la mode
[alamɔd]
★★★★
流行的

pratique (a.)
[pʀatik]
★★★★
方便的

utile (a.)
[ytil]
★★★★
实用的

Chapitre 4 衣服

情景 01 帽子

买帽子时碰到的人

homme (n.m.)
[ɔm]
男性 ****

femme (n.f.)
[fam]
女性 ****

adolescent (n.m.)
adolescente (n.f.)
[adɔlesɑ̃] / [adɔlesɑ̃t]
青少年 ****

enfant (n.m. / n.f.)
[ɑ̃fɑ̃]
小孩 ****

gentleman (n.m.)
[dʒɛntləman]
绅士 ****

étudiant (n.m.)
étudiante (n.f.)
[etydjɑ̃] / [etydjɑ̃t]
学生 ****

patron (n.m.)
patronne (n.f.)
[patrɔ̃] / [patrɔn]
老板 ****

employé (n.m.)
employée (n.f.)
[ɑ̃plwaje] / [ɑ̃plwaje]
店员 ****

client (n.m.)
cliente (n.f.)
[klijɑ̃] / [klijɑ̃t]
顾客 ****

dame (n.f.)
[dam]
女士 ****

personne âgée (n.f.)
[pɛrsɔnɑʒe]
老年人 ***

与帽子搭配的发饰

bandeau (n.m.)
[bɑ̃do]
发带 ***

nœud papillon (n.m.)
[nøpapijɔ̃]
蝴蝶结 ****

épingle à cheveu (n.m.)
[epɛ̃glaʃvø]
发夹 ***

ruban (n.m.)
[rybɑ̃]
缎带 ***

perruque (n.f.)
[peryk]
假发 ***

foulard (n.m.)
[fular]
头巾 ***

临时需要用到的一个词：法语关键词6000

情景 01
帽子

 04-03

与帽子买卖活动相关的词语

porter (v.)
[pɔʀte]
戴着
★★★★

essayer (v.)
[eseje]
试戴
★★★★

réduction (n.f.)
[ʀedyksjɔ̃]
打折
★★★★

conseiller (v.)
[kɔ̃seje]
推荐
★★★★

comparer (v.)
[kɔ̃paʀe]
比较
★★★★

montrer à (v.)
[mɔ̃tʀea]
给~看
★★★★

choisir (v.)
[ʃwaziʀ]
选择
★★★★

aller (v.)
[ale]
合适；相称
★★★★

acheter (v.)
[aʃte]
购买
★★★★

vendre (v.)
[vɑ̃dʀ]
卖
★★★★

payer (v.)
[peje]
付钱
★★★★

retourner (v.)
[ʀtuʀne]
退货
★★★★

整理头发的物品

brosse à cheveux (n.f.)
[bʀɔsaʃvø]
梳子
★★★★

sèche-cheveux (n.m.)
[sɛʃʃvø]
吹风机
★★★★

ciseau (n.m.)
[sizo]
剪刀
★★★★

bigoudis (n.m.)
[bigudi]
发卷
★★★

laque (n.f.)
[lak]
定型液
★★★★

gel coiffant (n.m.)
[ʒɛlkwafɑ̃]
发胶
★★★★

Chapitre 4 衣服

情景 01 帽子

搭配帽子的发型

coiffure (n.f.)
[kwafyʀ]
发型 ★★★★

cheveux raides (n.m.pl.)
[ʃvøʀɛd]
直发 ★★★

chignon (n.m.)
[ʃiɲɔ̃]
发髻 ★★★

cheveux longs (n.m.pl.)
[ʃvølɔ̃]
长发 ★★★

cheveux courts (n.m.pl.)
[ʃvøkuʀ]
短发 ★★★

queue de cheval (n.f.)
[kødʃval]
马尾 ★★★

tresse (n.f.)
[tʀɛs]
辫子 ★★★

cheveux frisés (n.m.pl.)
[ʃvøfʀize]
卷发 ★★★

flattop (n.m.)
[flatɔp]
小平头 ★★

sans cheveux
[sɑ̃ʃvø]
光头 ★★

frange (n.f.)
[fʀɑ̃ʒ]
刘海 ★★★★

tempe (n.f.)
[tɑ̃p]
鬓角 ★★★★

理发相关词语

couper (v.)
[kupe]
剪 ★★★★

laver (v.)
[lave]
洗 ★★★

friser (v.)
[fʀize]
烫发 ★★★

teindre (v.)
[tɛ̃dʀ]
染发 ★★★

faire des mèches (v.)
[fɛʀdemɛʃ]
挑染 ★★★

défriser (v.)
[defʀize]
烫直 ★★★

临时需要用到的．一段对话

询问卖场所在

A: Excusez-moi, madame. Pourriez-vous me dire où se trouvent les rayons des produits de soins des cheveux?
不好意思，小姐。可以请您告诉我护发产品的卖场在哪里吗？

B: Pas de problème. C'est au deuxième étage, le coin à gauche.
没问题。在二楼，左手边的角落。

A: Merci beaucoup.
非常感谢。

B: De rien.
不客气。

 补充句型

法▶ **Où se trouve +** 地点 **?**
中▶ 地点 在哪里？

- Vous savez où se trouve l'hôpital de Paris?
  您知道巴黎医院在哪里吗？

- Votre bureau est dans cette direction? （配合手指方向）
  您的办公室是在这个方向吗？

- Comment faire pour aller au supermarché?
  超市要怎么去呢？

Chapitre 4 衣服

情景 01 帽子

临时需要用到的.一段对话

选购帽子

A: Excusez-moi. Puis-je voir le bonnet?
不好意思，我可以看一下那顶毛呢帽吗？

B: Bien sûr, voilà. Ça vous va très bien.
当然，在这里。这顶帽子很适合您。

A: Merci. C'est combien?
谢谢。多少钱呢？

B: C'est 20 euros. Avec ce chapeau, vous avez l'air très chic.
二十欧元。您戴这项帽子看起来很新潮。

A: C'est vrai! Il faut que je le prenne alors!
真的吗！那我得把它买下来啰！

B: Oui. Sans doute.
对。一定要。

法 ▶ **Puis-je voir** 东西 ?
中 ▶ 我可以看一下～ 东西 吗？

法 ▶ **un peu** 形容词 .
中 ▶ 有一点 形容词 。

情景 02
上衣

 04-04

与上衣相关的词语

chemisier (n.m.)
[ʃimzje]
女性衬衫 ★★★

caraco (n.m.)
[kaʀako]
小可爱 ★★★

gilet (n.m)
[ʒilɛ]
背心 ★★★

T-shirt (n.m.)
[tiʃœʀt]
T 恤 ★★★★

sans bretelles
[sɑ̃bʀɑtɛl]
无肩带 ★★★★

pull (n.m.)
[pyl]
毛衣 ★★★★

tricot (n.m.)
[tʀiko]
针织衫 ★★★★

cardigan (n.m.)
[kaʀdigɑ̃]
胸前开扣羊毛衫 ★★★★

chemise (n.f.)
[ʃmiz]
男性衬衫 ★★★★

costume (n.m.)
[kɔstym]
男士西服 ★★★★

sous-vêtements (n.m.pl.)
[suvɛtmɑ̃]
衬衣 ★★★★

polo (n.m.)
[polo]
Polo 休闲上衣 ★★★

pull à col cheminée (n.m.)
[pylakɔlʃmine]
高领上衣 ★★★

pull à col en V (n.m.)
[pylakɔlɑ̃ve]
V 领上衣 ★★★

Chapitre 4 衣服

情景 02 上衣

各种常见的外套

manteau (n.m.)
[mɑ̃to]
外套；大衣 ★★★★

veste (n.f.)
[vɛst]
夹克 ★★★★

blazer (n.m.)
[blazɛʀ]
女性西装外套 ★★★★

veste en cuire (n.m.)
[vɛstɑ̃kɥiʀ]
皮夹克 ★★★

doudoune (n.f.)
[dudun]
羽绒外套 ★★★

blazer court (n.m.)
[blazɛʀkuʀ]
短外套 ★★

blouson (n.m.)
[bluzɔ̃]
拉链夹克 ★★★★

parka (n.f.)
[paʀka]
风雪大衣 ★★★★

imperméable (n.m.)
[ɛ̃pɛʀmeabl]
雨衣 ★★★★

veste ski (n.f.)
[vɛstski]
雪衣 ★★★

costume (n.m.)
[kɔstym]
男士西装 ★★★

poncho (n.m.)
[pɑ̃tʃo]
披风外套 ★★★

anorak (n.m.)
[anɔʀak]
登山夹克 ★★

chandail long (n.m.)
[ʃɑ̃dajlɔ̃]
长版上衣 ★★★

pardessus (n.m.)
[paʀdəsy]
男性长外套 ★★★

coupe-vent (n.m.)
[kupvɑ̃]
风衣 ★★★

trench (n.f.)
[tʀɛnʃ]
轻便长外套 ★★

surchemise (n.f.)
[syʀʃmiz]
衬衫领外套 ★★★

parka longue (n.f.)
[paʀkalɔ̃g]
长风雪大衣 ★★★

253

临时需要用到的一个词：法语关键词6000

情景 02
上衣

🎵 MP3 04-05

常见的上衣衬衫

chemise (n.f.)
[ʃmiz]
男性衬衫 ★★★★

chemisier (n.m.)
[ʃmizje]
女性衬衫 ★★★★

gilet long (n.m.)
[ʒilɛlɔ̃]
长背心 ★★★★

chemise à plastron (n.f.)
[ʃmizaplastrɔ̃]
礼服衬衫 ★★

chemise à manches courtes (n.f.)
[ʃmizamɑ̃ʃkuʀt]
短袖衬衫 ★★

购买上衣的场所

grand magasin (n.m.)
[gʀɑ̃magazɛ̃]
百货公司 ★★★★

boutique (n.f.)
[butik]
精品店 ★★★

centre commercial (n.m.)
[sɑ̃tʀkɔmɛʀsjal]
商场 ★★★

duty free ★★★★
免税店

achats en ligne (n.m.pl.)
[aʃɑɑ̃liɲ]
网购 ★★★

téléachat (n.m.)
[teleaʃa]
电视购物 ★★★★

买上衣的注意事项

style (n.m.)
[stil]
样式 ★★★★

tendance de mode (n.f.)
[tɑ̃dɑ̃sdəmɔd]
流行趋势 ★★★

taille (n.f.)
[tɑj]
尺寸 ★★★★

tissue (n.m.)
[tisy]
布料 ★★★★

qualité (n.f.)
[kalite]
品质 ★★★★

coupe (n.f.)
[kup]
剪裁 ★★★★

couleur (n.f.)
[kulœʀ]
颜色 ★★★★

与上衣有关的其他词语

motif (n.f.)
[mɔtif]
花色 ★★★

goût (n.m.)
[gu]
品位 ★★★

col en carré
[kɔlɑ̃kaRe]
方领 ★★★

col en V (n.m.)
[kɔlɑ̃ve]
V 领 ★★★

col rond (n.m.)
[kɔlRɔ̃]
圆领 ★★★

col cheminée (n.m.)
[kɔlʃmine]
高领 ★★★

dentelle (n.f.)
[dɑ̃tɛl]
蕾丝 ★★★★

ouverture arrière (n.f.)
[uvɛRtyRaRjɛR]
露背 ★★★★

bordé (a.m.)
bordée (a.f.)
[bɔRde] / [bɔRde]
刺绣的 ★★

col (n.m.)
[kɔl]
领子 ★★★★

frange (n.f.)
[fRɑ̃ʒ]
流苏 ★★★

tulle (n.m.)
[tyl]
薄纱 ★★★

chiffon (n.m.)
[ʃifɔ̃]
雪纺 ★★★

ligne (n.f.)
[liɲ]
线条；身材 ★★★

modifier (v.)
[mɔdifje]
修改 ★★★★

personnaliser (v.)
[pɛRsɔnalize]
客制；订做 ★★★★

cabine d'essayage (n.f.)
[kabindesɛjaʒ]
试衣间 ★★★★

accessoire (n.m.)
[aksɛswaR]
配件 ★★★

rétrécir (v.)
[RetResiR]
缩水 ★★★★

情景 02
上衣

 04-06

上衣的配件

écharpe (n.f.)
[eʃaʀp]
围巾 ★★★★

cape (n.f.)
[kap]
披肩 ★★★

foulard (n.m.)
[fulaʀ]
领巾；方巾 ★★★

bague (n.f.)
[bag]
戒指 ★★★★

collier (n.m.)
[kɔlje]
项链 ★★★★

bracelet (n.m.)
[bʀaslɛ]
手环 ★★★★

épingle (n.f.)
[epɛ̃gl]
胸针；别针 ★★★★

portefeuille (n.m.)
[pɔʀtfœj]
钱包 ★★★★

bijou (n.m.)
[biʒu]
珠宝 ★★★★

sac à main (n.m.)
[sakamɛ̃]
手提包 ★★★★

boucle d'oreilles (n.f.)
[bukldɔʀɛj]
耳环 ★★★★

pendentif (n.m.)
[pɑ̃dɑ̃tif]
项链（坠子）★★★★

épingle de cravate (n.f.)
[epɛ̃gldkʀavat]
领带夹 ★★★★

cravate (n.f.)
[kʀavat]
领带 ★★★★

nœud papillon (n.m.)
[nøpapijɔ̃]
领结 ★★★★

montre (n.f.)
[mɔ̃tʀ]
手表 ★★★★

bouton de manchette (n.m.)
[butɔ̃dmɑ̃ʃet]
袖扣 ★★★★

col (n.m.)
[kɔl]
领子 ★★★★

Chapitre 4 衣服

情景 02 上衣

买上衣时的相关词语

mettre (v.)
[mɛtʀ]
穿上

essayer (v.)
[eseje]
穿上

accrocher (v.)
[akʀɔʃe]
挂

négocier (v.)
[negɔsje]
议价

acheter (v.)
[aʃte]
买

choisir (v.)
[ʃwaziʀ]
选择

regarder (v.)
[ʀgaʀde]
随意看看

se renseigner (v.)
[sʀɑ̃seɲe]
询问

garder (v.)
[gaʀde]
保留

comparer (v.)
[kɔ̃paʀe]
比较

rembourser (v.)
[ʀɑ̃buʀse]
退款

retourner (v.)
[ʀtuʀne]
退货

échanger (v.)
[eʃɑ̃ʒe]
换货

描述上衣的相关词语

un peu
[œ̃ pø]
稍微

sembler (v.)
[sɑ̃ble]
似乎

avoir l'air (v.)
[avwaʀlɛʀ]
看起来

trop (adv.)
[tʀo]
太~

en rupture de stock
[ɑ̃ ʀyptyʀ dstɔk]
无存货

varié (a.m.)
variée (a.f.)
[vaʀje] / [vaʀje]
多样的

临时需要用到的. 一段对话

询问衣服尺寸

A: Ce jean est trop petit, vous avez une taille plus grande?
这件牛仔裤太小了,您有再大一号的吗?

B: Bien sûr, un instant, s'il vous plaît. Voilà.
当然有,请稍候。在这里。

A: C'est beaucoup mieux. Je le prends.
好多了,我要买这件。

B: Oui, pas de problème. Vous avez besoin d'autre chose?
好的,没问题。您还需要其他东西吗?

A: Je voudrais chercher un T-shirt.
我想找一件 T 恤。

B: Vous préférez quel style?
您较想要什么样式呢?

A: T-shirt avec col en V.
V 领的 T-shirt。

B: Voilà.
在这里。

法 ▶ Vous avez la taille 号码 ?

中 ▶ 有没有尺寸为 几号 的呢?

Chapitre 4 衣服

情景 02 上衣

临时需要用到的，一个句型 04-07

法 ▶ **N'hésitez pas à...**

中 ▶ **请不要客气做某事**

- Si vous avez des questions, n'hésitez pas à nous contacter.
  如果您有任何问题，请与我们联络，不用客气。

- Si vous avez besoin de quelque chose, n'hésitez pas à me le dire.
  如果您需要任何东西，请跟我说，不用客气。

- N'hésitez pas à essayer ce qui vous plaît.
  您喜欢的，请尽量试穿。

临时需要的生活短语

- une taille plus petite 小一号的尺寸
- une taille plus grande 大一号的尺寸
- Où est la cabine d'essayage? 试衣间在哪里呢？
- Je peux l'essayer? 我可以试穿吗？
- Je regarde. 我随便看看。
- Je cherche une robe longue. 我在找长裙子。

情景 03
裤子与裙子

裤子的类别

short (n.m.)
[ʃɔrt]
短裤

pantalon (n.m.)
[pɑ̃talɔ̃]
长裤

slip (n.m.)
[slip]
内裤

caleçon (n.m.)
[kalsɔ̃]
男性四角裤

pantalon court (n.m.)
[pɑ̃talɔ̃kur]
七分裤

pantalon capris (n.m.)
[pɑ̃talɔ̃kapri]
九分裤

裤子的材质

rayonne (n.f.)
[rɛjɔn]
人造纤维

coton (n.m.)
[kɔtɔ̃]
棉质

polyester (n.m.)
[pɔliɛstɛr]
聚酯纤维

soie (n.m.)
[swa]
丝质

nylon (n.m.)
[nilɔ̃]
尼龙

lin (n.m.)
[lɛ̃]
亚麻

不同类型的裤子

denim (n.m.)
[dɛnim]
单宁裤

pantalon fluide (n.m.)
[pɑ̃talɔ̃flyid]
宽大长裤

combinaison (n.f.)
[kɔ̃binɛzɔ̃]
连身裤

jean (n.m.)
[dʒin]
牛仔裤

bermudas (n.m.)
[bɛrmyda]
百慕大短裤

pantalon sportif (n.m.)
[pɑ̃talɔ̃spɔrtif]
运动裤

Chapitre 4 衣服

情景 03 裤子与裙子

其他常见的裤子

jupe-culotte (n.f.)
[ʒypkylɔt]
A 字宽管裤 ★★★

pantalon yoga (n.m.)
[pɑ̃talɔ̃jɔga]
瑜伽裤 ★★★

pantalon cigarette (n.m.)
[pɑ̃talɔ̃sigaʀɛt]
烟管裤 ★★★

short (n.m.)
[ʃɔrt]
短裤 ★★★

bermudas fluide (n.m.)
[bɛʀmydafluid]
裤裙 ★★★★

pantalon skinny (n.m.)
[pɑ̃talɔ̃skini]
紧身裤 ★★★★

pantalon large (n.m.)
[pɑ̃talɔ̃laʀʒ]
宽裤 ★★★★

pantalon à pattes d'éléphant (n.m.)
[pɑ̃talɔ̃apatdelefɑ̃]
喇叭裤 ★★★

pantalon droit (n.m.)
[pɑ̃talɔ̃dʀwa]
直筒裤 ★★★

pantalon taille haute (n.m.)
[pɑ̃talɔ̃tajot]
高腰裤 ★★★

salopette (n.f.)
[salɔpɛt]
吊带裤 ★★★

minishort (n.m.)
[miniʃɔrt]
迷你短裤 ★★★

造型设计相关词语

design (n.m.)
[dizajn]
设计 ★★★

coupe (n.f.)
[kup]
剪裁 ★★★

tissue (n.m.)
[tisy]
布料 ★★★★

fonction (n.f.)
[fɔ̃ksjɔ̃]
功能 ★★★★

qualité (n.f.)
[kalite]
品质 ★★★

confort (n.m.)
[kɔ̃fɔʀ]
舒适性 ★★★

couture (n.f.)
[kutyʀ]
缝纫 ★★★

261

情景 03
裤子与裙子

常见的裙子类别

jupe (n.f.)
[ʒyp]
裙子 ★★★

jupe longue (n.f.)
[ʒyplɔ̃g]
长裙 ★★★

jupe courte (n.f.)
[ʒypkuʀt]
短裙 ★★

minijupe (n.f.)
[miniʒyp]
迷你裙 ★★★

bermudas fluide (n.m.)
[bɛʀmydaflɥid]
裤裙 ★★

robe (n.f.)
[ʀɔb]
裙子 ★★★★

robe longue (n.f.)
[ʀɔblɔ̃g]
长裙子 ★★★

jupe plissée (n.f.)
[ʒypplissée]
百褶裙 ★★★

qipao (n.m.)
[kipao]
旗袍 ★★

jupe tube (n.f.)
[ʒyptyb]
窄裙 ★★★

jupe ample (n.f.)
[ʒypɑ̃pl]
宽裙

robe (n.f.)
[ʀɔb]
晚礼服 ★★★

robe de mariée (n.f.)
[ʀɔbdmaʀje]
新娘礼服 ★★★★

robe tube (n.f.)
[ʀɔbtyb]
合身裙子 ★★★

robe sans manches (n.f.)
[ʀɔbsɑ̃mɑ̃ʃ]
露肩裙子 ★★

robe sans bretelles (n.f.)
[ʀɔbsɑ̃bʀətɛl]
无肩带裙子 ★★★

Chapitre 4 衣服

情景 03 裤子与裙子

常见的裙子花样

imprimé (a.m.)
imprimée (a.f.)
[ɛ̃pʀime] / [ɛ̃pʀime]
有图样的

floral (a.m.)
florale (a.f.)
[flɔʀal] / [flɔʀal]
碎花的

carreau (n.m.)
[kaʀo]
方格

jacquard (n.m.)
[ʒakaʀ]
提花

pois (n.m.)
[pwa]
圆点

plissé (a.m.)
plissée (a.f.)
[plise] / [plise]
打摺的

orné (a.m.)
ornée (a.f.)
[ɔʀne] / [ɔʀne]
有点缀的

uni (a.m.)
unie (a.f.)
[yni] / [yni]
素面的

sergé (n.m.)
[sɛʀʒe]
斜纹

rayure (n.f.)
[ʀejyʀ]
条纹

tweed (n.m.)
[twid]
毛呢

losange (n.m.)
[lɔzɑ̃ʒ]
菱形

其他相关词语

bas (n.m.)
[ba]
下半身

haut (n.m.)
[o]
上半身

moulant (a.m.)
moulante (a.f.)
[mulɑ̃] / [mulɑ̃t]
紧身的

ample (a.)
[ɑ̃pl]
宽松的

liquidation (n.f.)
[likidasjɔ̃]
清仓

édition limitée (n.f.)
[edisjɔ̃limite]
限定商品

临时需要用到的一个词：法语关键词6000

情景 03
裤子与裙子

购买时有关的词语

de saison
[dsɛzɔ̃]
当季的 ★★★★

démodé (a.m.)
démodée (a.f.)
[demɔde] / [demɔde]
过时的 ★★★

saison passée (n.f.)
[sɛzɔ̃pase]
过季 ★★★★

cabine d'essayage (n.f.)
[kabindesɛjaʒ]
试衣间 ★★★★

habillé (a.m.)
habillée (a.f.)
[abije] / [abije]
穿着正式的 ★★★★

raccourcir (v.)
[ʀakuʀsiʀ]
改短 ★★★★

essayer (v.)
[eseje]
试穿 ★★★★

plus grand (a.m.)
plus grande (a.f.)
大一点的 ★★★★

plus petit (a.m.)
plus petite (a.f.)
小一点的 ★★★★

en solde
[ɑ̃sɔld]
折扣中 ★★★★

payer (v.)
[peje]
付钱 ★★★★

carte de crédit (n.f.)
[kaʀtdkʀedi]
信用卡 ★★★★

liquide (n.f.)
[likid]
现金 ★★★★

相关描述性词语

chic (a.)
[ʃik]
时尚的 ★★★

mode (n.f.)
[mɔd]
流行 ★★★

avoir de bon goût (v.)
有品位 ★★★

joli (a.m.)
jolie (a.f.)
[ʒɔli] / [ʒɔli]
好看的 ★★★★

vulgaire (a.)
[vylgɛʀ]
低俗的 ★★★★

sélectionné (a.m.)
sélectionnée (a.f.)
[selɛksjɔne] / [selɛksjɔne]
精选的 ★★★

Chapitre 4 衣服

情景 03 裤子与裙子

其他有关的词语

coloré (a.m.)
colorée (a.f.)
[kɔlɔʀe] / [kɔlɔʀe]
色彩丰富的

taille (n.f.)
[taj]
尺寸

taille (n.f.)
[taj]
腰围

longueur (n.m.)
[lɔ̃gœʀ]
长度

prix (n.m.)
[pʀi]
价钱

相关的描述性词语

design fin (n.m.)
[dizajnfɛ̃]
精美设计

bien (adv.)
[bjɛ̃]
好地

surpris (a.m.)
surprise (a.f.)
[syʀpʀi] / [syʀpʀiz]
惊喜的

mauvais (a.m.)
mauvaise (a.f.)
[mɔvɛ] / [mɔvɛz]
差劲的

créatif (a.m.)
créative (a.f.)
[kʀeatif] / [kʀeativ]
有创意的

abordable (a.)
[abɔʀdabl]
负担得起的

ordinaire (a.)
[ɔʀdinɛʀ]
普通的

banal (a.m.)
banale (a.f.)
[banal] / [banal]
平庸的；平凡的

extraordinaire (a.)
[ɛkstʀaɔʀdinɛʀ]
与众不同的

approprié (a.m.)
appropriée (a.f.)
[apʀɔpʀije] / [apʀɔpʀije]
适合的

précieux (a.m.)
précieuse (a.f.)
[pʀesjø] / [pʀesjøz]
珍贵的

临时需要用到的. 一段对话

询问意见

A: Je cherche une robe rouge, tu sais où je peux la trouver?
我在找一件红色的裙子,你知道哪里可以找得到吗?

B: On peut aller voir aux Galeries Lafayette.
我们可以去拉法叶百货看看。

A: C'est une bonne idée. Il y en a un près d'ici?
好主意,这附近有吗?

B: Il y en a un dans le neuvième. Un arrêt de métro d'ici.
在第九区有一家,坐一站地铁就到了。

补充句型

法 ▶ **Je cherche** 东西 .

中 ▶ 我想找 东西 。

法 ▶ **Vous acceptez le liquide / la carte de crédit / le chèque de voyage?**

中 ▶ 你们接受现金 / 信用卡 / 旅行支票吗?

Chapitre 4 衣服

情景 03 裤子与裙子

临时需要用到的. 一段对话

询问裤子的花样

A: Excusez-moi. Est-ce que c'est le dernier modèle?
对不起。请问这是最新的款式吗?

B: Oui, et c'est beaucoup vendu!
对,这款卖得很好!

A: D'accord. Il y a d'autres couleurs?
这样啊,请问有其他颜色的吗?

B: Oui, mais c'est la dernière couleur dans le stock.
有的,但这是库存里最后一个颜色了。

A: D'accord, je le prends alors.
好,那我要买这件。

B: Vous payez par carte ou en liquide?
您要刷卡还是付现呢?

A: Je paie par carte.
我要刷卡。

法 ▶ Il y a d'autres tailles / motifs / couleurs?

中 ▶ 有没有其他的 尺寸 / 花样 / 颜色 呢?

情景 04
鞋子

女生穿的鞋子

chaussures femme (n.f.pl.)
[ʃosyʀfam]
女鞋 ★★★

sandales (n.f.pl.)
[sɑ̃dal]
凉鞋 ★★★

mules (n.f.pl.)
[myl]
拖鞋 ★★★

derby (n.m.)
[dɛʀbi]
绑带皮鞋；绑带休闲鞋 ★★★

richelieu (n.f.)
[ʀiʃljø]
绑带短统靴 ★★★

chaussures à hauts talons (n.f.pl.)
[ʃosyʀaotalɔ̃]
高跟鞋 ★★★★

chaussures plates (n.f.pl.)
[ʃosyʀpla]
平底鞋 ★★★

sandales à talon (n.f.pl.)
[sɑ̃dalatalɔ̃]
有跟凉鞋 ★★★

chaussures à talon aiguille (n.f.pl.)
[ʃosyʀatalɔ̃egɥij]
细跟鞋 ★★★

chausson (n.m.)
[ʃosɔ̃]
室内拖鞋 ★★★

sabot (n.m.)
[sabo]
木鞋 ★★★

tongs (n.f.pl.)
[tɔ̃g]
拖鞋 ★★★

boots (n.m.pl.)
[buts]
靴子 ★★★★

bottines (n.f.pl.)
[bɔtin]
踝靴 ★★★★

boots militaires (n.m.pl.)
[butsmilitɛʀ]
军靴 ★★★

bottes (n.f.pl.)
[bɔt]
长筒靴 ★★★

escarpin (n.m.)
[ɛskaʀpɛ̃]
细高跟鞋 ★★★

bottes de pluie (n.f.pl.)
[bɔtdəplɥi]
雨靴 ★★★★

Chapitre 4 衣服

情景 04 鞋子

运动时穿的鞋子

baskets (n.f.pl.)
[baskɛt]
运动鞋

baskets montantes (n.f.pl.)
[baskɛtmɔ̃tɑ̃t]
高筒运动鞋

baskets basses (n.f.pl.)
[baskɛtbas]
低筒运动鞋

tennis (n.m.pl.)
[tenis]
网球鞋

chaussures de golf (n.f.pl.)
[ʃosyʀdəgɔlf]
高尔夫球鞋

chaussures de running (n.m.pl.)
[ʃosyʀdəʀɛ̃niŋ]
跑步鞋

chaussures à pointes (n.f.pl.)
[ʃosyʀapwɛ̃t]
钉鞋

palme (n.f.)
[palm]
蛙鞋（潜水用）

chaussures d'alpinisme (n.f.pl.)
[ʃosyʀdalpinism]
登山鞋

chaussures de danse (n.f.pl.)
[ʃosyʀdɑ̃s]
舞鞋

patins à glace (n.m.pl.)
[patɛ̃aglas]
溜冰鞋

roller (n.m.)
[ʀɔlœʀ]
直排轮鞋

chaussures fitness (n.f.pl.)
[ʃosyʀfitnɛs]
健身鞋

chaussures de ski (n.f.pl.)
[ʃosyʀdski]
滑雪鞋

chaussures de sport (n.f.pl.)
[ʃosyʀdspɔʀ]
运动鞋

chaussures vélo (n.f.pl.)
[ʃosyʀvelo]
自行车鞋

情景 04
鞋子

其他常见的鞋子

chausson (n.m.)
[ʃosɔ̃]
室内拖鞋 ★★★★

moccasin (n.m.)
[mɔkasɛ̃]
莫卡辛鞋 ★★★

oxford (n.f.)
[ɔksfɔʀ]
牛津鞋 ★★★

flâneur (n.m.)
[flɑnœʀ]
乐福鞋 ★★★

chaussons de ballet (n.m.pl.)
[ʃosɔ̃dbalɛ]
芭蕾舞鞋 ★★★

mules (n.f.pl.)
[myl]
拖鞋 ★★★★

chaussures plates (n.f.pl.)
[ʃosyʀpla]
平底鞋 ★★★★

semelle en caoutchouc (n.f.)
[sməlɑ̃kautʃu]
橡胶底鞋 ★★★

sandales de sport (n.f.pl.)
[sɑ̃daldspɔʀ]
运动凉鞋 ★★★

espadrille (n.f.)
[ɛspadʀij]
麻绳底的平底鞋 ★★★

相关的描述性词语

cuir (n.m.)
[kɥiʀ]
真皮 ★★★

cuir de veau (n.m.)
[kɥiʀdvo]
小牛皮 ★★★

peau de chevrette (n.f.)
[podʃevʀɛt]
小羊皮 ★★

suède (n.m.)
[sɥɛd]
麂皮 ★★

étanche (a.)
[etɑ̃ʃ]
防水的 ★★★★

antiglissant (a.m.)
antiglissante (a.f.)
[ɑ̃tiglisɑ̃] / [ɑ̃tiglisɑ̃t]
防滑的 ★★★★

Chapitre 4 衣服

情景 04 鞋子

与鞋子相关的动词

mettre (v.)
[mɛtʀ]
★★★★
穿上

porter (v.)
[pɔʀte]
★★★★
穿着

desserrer (v.)
[deseʀe]
★★
松脱

attacher (v.)
[ataʃe]
★★★
绑

enlever (v.)
[ɑ̃lve]
★★★★
脱下

cirer (v.)
[siʀe]
★★★
擦鞋

与鞋子相关的词语

paire (n.f.)
[pɛʀ]
★★★★
双

chaussette (n.f.)
[ʃosɛt]
★★★★
袜子

talon (n.m.)
[talɔ̃]
★★★★
鞋跟

pointure (n.f.)
[pwɛ̃tyʀ]
★★★★
尺寸

semelle (n.f.)
[smɛl]
★★★★
鞋底

chausse-pied (n.m.)
[ʃospje]
★★★★
鞋拔

lacet (n.m.)
[lasɛ]
★★★★
鞋带

有关脚的常见问题

odeur des pieds (n.f.)
[ɔdœʀdepje]
★★★★
脚臭

cor (n.m.)
[kɔʀ]
★★★★
厚茧

ampoule (n.f.)
[ɑ̃pul]
★★★
水泡

pieds plats (n.m.pl.)
[pjepla]
★★★
扁平足

talon (n.m.)
[talɔ̃]
★★★★
脚跟

mycose du pied (n.f.)
[mikozdypje]
★★★★★
香港脚

临时需要用到的. 一段对话

买鞋子

A: Tu es déjà allé au magasin de chaussures dans le coin?
你去过转角的鞋店吗?

B: Oui..., plusieurs fois. Ils vendent des chaussures faites à la main.
去过啊,去过几次。他们卖手工鞋。

A: La qualité est comment? C'est cher?
品质如何呢?贵吗?

B: Oui, très cher mais à mon avis, ça vaut le coup.
非常贵,但我认为是值得的。

A: Mais j'ai pas beaucoup de budget...
但我的预算不多~

B: Il y a une solde à Zara. On peut aller voir.
Zara 在特价。我们去看看吧。

 人 / 物 + être + comment?
中 ▶ 人 / 物如何?

- Ton patron est comment? 你老板人如何?
- Le pain est comment? 这面包如何?

Chapitre 4 衣服

情景 04 鞋子

临时需要用到的，一个句型　MP3 04-13

法▶ **Tu es allé(e) à 地点?**
中▶ 你去过 地点 吗?

- Tu es allée à la pâtisserie "Paul"?
  你去过"保罗"这家甜点店了吗?
- Tu es allée à la boulangerie là?
  你去过那家面包店了吗?
- Tu es allée au supermarché?
  你去过超市了吗?

法▶ **Pourriez-vous m'emmener à 地点?**
中▶ 您可以带我去 地点 吗?

法▶ **Pourriez-vous me conduire à 地点?**
中▶ 您可以开车送我去 地点 吗?

法▶ **En solde.**
中▶ 打折中。

临时需要用到的. **一个句型** 🎧 04-14

法▶ ressembler à + 名词
中▶ 看起来像～

- Ça ressemble à un chien.
  这看起来像是一只狗。

- Ça ressemble à une boucle d'oreilles.
  这看起来像是耳环。

- Vous (ne) vous ressemblez pas du tout.
  你们看起来一点都不像。

- Je ressemble beaucoup à mon père.
  我跟我爸爸长得很像。

- Ma soeur ressemble à ma mère.
  我姐姐长得像我妈。

- Le chien chez moi ressemble plutôt à un chat.
  我家的狗长得比较像猫。

 临时需要的生活短语

- Vous avez des chaussures de pluie?
  你们卖雨鞋吗？

- Je peux essayer?
  我可以试穿吗？

- Cette paire de chaussures est aussi en solde?
  这双鞋也有特价吗？

Chapitre 5
交通

情景01 | 开车
情景02 | 骑车
情景03 | 公交车与出租车
情景04 | 飞机
情景05 | 火车
情景06 | 地铁
情景07 | 高铁
情景08 | 交通状况

情景 01
开车

车的种类

voiture (n.f.)
[vwatyʀ]
车子

véhicule (n.m.)
[veikyl]
汽车

berline (n.f.)
[bɛʀlin]
轿车

camion (n.m.)
[kamjɔ̃]
卡车

voiture de sport (n.f.)
[vwatyʀdəspɔʀ]
跑车

coupé (n.m.)
[kupe]
双门跑车

décapotable (n.f.)
[dekapɔtabl]
敞篷车

hybride (a.)
[ibʀid]
油电混合车

voiture d'occasion (n.f.)
[vwatyʀdɔkazjɔ̃]
二手车

dépanneuse (n.f.)
[depanøz]
拖吊车

与车相关的人物

conducteur (n.m.)
conductrice (n.f.)
[kɔ̃dyktœʀ] / [kɔ̃dyktʀis]
驾驶者

passager (n.m.)
passagère (n.f.)
[pɑsaʒe] / [pɑsaʒɛʀ]
乘客

piéton (n.m.)
piétonne (n.f.)
[pjetɔ̃] / [pjetɔn]
行人

agent de la circulation (n.m.)
[aʒɑ̃dəlasiʀkylasjɔ̃]
交通警察

débutant (n.m.)
débutante (n.f.)
[debytɑ̃] / [debytɑ̃t]
初学者

Chapitre 5 交通

情景 01 开车

车上的配件

place du conducteur (n.f.)
[plasdykɔ̃dyktœʀ]
★★★
驾驶座

place de deuxième conducteur (n.f.)
[piasddøzjemkɔ̃dyktœʀ]
★★★
副驾驶座

place (n.f.)
[plas]
★★★
座位

volant (n.m.)
[vɔlɑ̃]
★★★
方向盘

ceinture (n.f.)
[sɛ̃tyʀ]
★★★★
安全带

porte (n.f.)
[pɔʀt]
★★★★
门

fenêtre (n.f.)
[fnɛtʀ]
★★★★
窗户

pare-prise (n.f.)
[paʀpʀiz]
★★★★
挡风玻璃

essuie-glace (n.m.)
[esɥiglas]
★★★★
雨刷

climatiseur (n.m.)
[klimatizœʀ]
★★★★
空调

pneu (n.m.)
[pnø]
★★★★
轮胎

rétroviseur (n.m.)
[ʀetʀɔvizœʀ]
★★★★
后视镜

clignotant (n.m.)
[kliɲɔtɑ̃]
★★★
方向灯

pare-chocs (n.m.)
[paʀʃɔk]
★★★
保险杠

capot moteur (n.m.)
[kapomɔtœʀ]
★★★
发动机盖

airbag (n.m.)
[airbag]
★★★★
安全气囊

navigation (n.f.)
[navigasjɔ̃]
★★★
导航系统

tableau de bord (n.m.)
[tablodəbɔʀ]
★★★★
仪表板

情景 01
开车

开车去的地方

station-service (n.f.)
[stasjɔ̃sɛʀvis]
加油站

intersection (n.f.)
[ɛ̃tɛʀsɛksjɔ̃]
十字路口

autoroute (n.f.)
[otoʀut]
高速公路

bretelle (n.f.)
[bʀətɛl]
匝道

échangeur (n.m.)
[eʃɑ̃ʒœʀ]
交叉道

voie express (n.f.)
[vwaɛkspʀɛs]
快速道路

allée (n.f.)
[ale]
车道

parking (n.m.)
[paʀkiŋ]
停车场

route gratuite (n.f.)
[ʀutgʀatɥit]
免费道路

pont (n.m.)
[pɔ̃]
桥

péage (n.m.)
[peaʒ]
收费站

route à péage (n.f.)
[ʀutapeaʒ]
收费道路

与费用相关的词语

essence (n.f.)
[esɑ̃s]
汽油

contravention (n.f.)
[kɔ̃tʀavɑ̃sjɔ̃]
罚单

péage (n.m.)
[peaʒ]
过路费

compteur (n.m.)
[kɔ̃tœʀ]
计费表

assurance (n.f.)
[asyʀɑ̃s]
保险

taxe (n.f.)
[taks]
税金

inspection (n.f.)
[ɛ̃spɛksjɔ̃]
定期检查

Chapitre 5 交通

情景 01 开车

与交通规章相关的词语

règle de circulation (n.f.)
[ʀɛglədsiʀkylasjɔ̃]
交通规则 ★★★★

brûler un feu rouge (v.)
[bʀyleœ̃føʀuʒ]
闯红灯 ★★★★

être en excès de vitesse (v.)
[ɛtʀɑ̃nɛksedvitɛs]
超速 ★★★★

conduite en état d'ivresse (n.f.)
[kɔ̃dɥitɑ̃netadivʀɛs]
酒驾 ★★★★

être arrêté(e) par la police (v.)
[ɛtʀaʀeteparlapɔlis]
被（警察）拦下 ★★★★

与交通标志相关的词语

panneau de signalisation (n.m.)
[panodsiɲalizasjɔ̃]
交通标志 ★★★★

feu rouge (n.m.)
[føʀuʒ]
红灯 ★★★★

feu vert (n.m.)
[føvɛʀ]
绿灯 ★★★★

passage à niveau (n.m.)
[pasaʒanivo]
平交道 ★★★

carrefour (n.m.)
[kaʀfuʀ]
十字路口 ★★★★

tunnel (n.m.)
[tynɛl]
隧道 ★★★

passage clouté (n.m.)
[pasaʒklute]
斑马线 ★★★★

trottoir (n.m.)
[tʀɔtwaʀ]
人行道 ★★★★

passage souterrain (n.m.)
[pasaʒsuteʀɛ̃]
地下道 ★★★★

double sens (n.m.)
[dublsɑ̃s]
双向道 ★★★★

sens unique (n.m.)
[sɑ̃synik]
单行道 ★★★★

情景 01
开车

与车相关的其他词语

combustible (n.m.)
[kɔ̃bystibl]
燃料

lubrifiant (n.m.)
[lybʀifjɑ̃]
机油

gazole (n.m.)
[gazɔl]
柴油

embouteillage (n.m.)
[ɑ̃buteja3]
堵车

accident (n.m.)
[aksidɑ̃]
事故

voyage en voiture (n.m.)
[vwajaʒɑ̃vwatyʀ]
开车旅行

permis de conduire (n.m.)
[pɛʀmidkɔ̃dyiʀ]
驾照

plaque d'immatriculation (n.f.)
[plakdimatʀikylasjɔ̃]
车牌

télépéage (n.m.)
[telepeaʒ]
电子道路收费系统

délit de fuite (n.m.)
[delidfɥit]
肇事逃逸

louer une voiture (v.)
[lweynvwatyʀ]
租车

permis de conduire international (n.m.)
[pɛʀmidkɔ̃dyiʀɛ̃tɛʀnasjɔnal]
国际驾照

transmission manuelle (n.f.)
[tʀɑ̃smisjɔ̃manɥɛl]
手动挡

transmission automatique (n.f.)
[tʀɑ̃smisjɔ̃otomatik]
自动挡

location aller simple (n.f.)
[lɔkasjɔ̃alesɛ̃pl]
甲地租乙地还

Chapitre 5 交通

情景 01 开车

与车相关的动作

conduire (v.)
[kɔ̃dɥiʀ]
★★★★
驾驶

accélérer (v.)
[akseleʀe]
★★★★
加速

freiner (v.)
[fʀene]
★★★★
刹车

obéir (v.)
[ɔbeiʀ]
★★★★
遵守

déplacer (v.)
[deplase]
★★★★
移动

garer (v.)
[gaʀe]
★★★★
停车

charger (v.)
[ʃaʀʒe]
★★★★
充电

emplir (v.)
[ʀɑ̃pliʀ]
★★★★
加满（油）

laver (v.)
[lave]
★★★★
洗车

frein de stationnement (n.m.)
[fʀɛ̃dstasjɔnmɑ̃]
★★★★
手刹车

percuter (v.)
[pɛʀkyte]
★★★★
擦撞

remorquer (v.)
[ʀmɔʀke]
★★★★
拖吊

retourner (v.)
[ʀtuʀne]
★★★★
回转

与车相关的描述性词语

sécurité (n.f.)
[sekyʀite]
★★★★
安全性

importer (v.)
[ɛ̃pɔʀte]
★★★
进口

édition révisée (n.f.)
[edisjɔ̃ʀevize]
★★★★
改款

voiture neuve (n.f.)
[vwatyʀnœv]
★★★
新车

dangereux (a.m.)
dangereuse (a.f.)
[dɑ̃ʒʀø] / [dɑ̃ʒʀøz]
★★★★
危险的

chic (a.)
[ʃik]
★★★
时髦的

临时需要用到的.一段对话

邀约出游

A: Je t'ai dit que j'ai acheté une voiture neuve le mois dernier? Tu veux aller faire un tour?
我跟你提过我上个月买了新车吗？要不要一起去兜风？

B: Bien sûr! Quand?
当然好啊！什么时候？

A: C'est bon pour demain? Je viens te chercher à huit heures du matin.
明天好吗？我明天早上八点来接你。

B: À huit heures, c'est trop tôt, non? À neuf heures? On va où, alors?
八点有点太早了，九点怎么样？那我们要去哪里？

A: Tu as envie d'aller quelque part? Comme tu veux.
你有想去的地方吗？你想去哪里都可以。

B: Ça fait longtemps qu'on n'est pas allé à la mer, tu trouves Nice comment ?
我们很久没去海边了。你觉得去尼斯如何呢？

A: C'est pas mal. N'oublie pas d'apporter ton maillot de bain.
不错。别忘了带你的泳装。

B: Je vais appeler Jane et Peter et voir s'ils veulent y aller avec nous.
我打个电话给珍和彼得，看看他们想不想跟我们一起去。

Chapitre 5 交通

情景 01 开车

补充句型

L'imparfait：用在描述过去的一个状态。比如：时间、习惯、某种惯性或常态性等。

- Il était six heures. 当时是六点钟。
- J'avais l'habitude de me lever très tôt.
  我以前习惯早起。

Le passé composé：用在描述过去发生的一个动作。

- Je me suis levé à cinq heures du matin hier.
  我昨天早上五点就起床了。
- On est allé chez mes parents vendredi dernier.
  上星期五我们回爸妈家了。

同一个句子有 l'imparfait 与 le passé composé 时：

- Quand j'étais en train de lire, il est entré.
  当我正在看书的时候，他走了进来。

  ※ 看书是当时的一个静态，所以使用 l'imparfait。走进来是一个动作，所以使用 le passé composé。

法▶ chercher quelqu'un à 时间 + 地点 + 日期
　　 déposer quelqu'un à 时间 + 地点 + 日期

中▶ 日期 上午 / 下午 / 晚上 在 时间 在某地接某人。
　　 日期 上午 / 下午 / 晚上 在 时间 在某地放某人下车。

情景 02
骑车

 05-04

车的种类

bicyclette (n.f.)
[bisiklɛt]
自行车 ★★★★

bicyclette électrique (n.f.)
[bisiklɛtelektʀik]
电动自行车 ★★★★

vélo (n.m.)
[velo]
自行车 ★★

vélo de ville (n.m.)
[velodvil]
都市自行车 ★★★

vélo de route (n.m.)
[velodʀut]
公路单车（弯把）★★★★

moto (n.f.)
[moto]
摩托车 ★★★★

scooter (n.m.)
[skutœʀ]
轻型摩托车 ★★★

scooter électrique (n.m.)
[skutœʀelektʀik]
电动摩托车 ★★★

moto routière (n.f.)
[motoʀutjɛʀ]
公路摩托车 ★★★★

Harley (n.f.)
[aʀlɛ]
哈雷 ★★★★

moto trail (n.f.)
[mototʀaj]
越野摩托车 ★★★

scooter mobile (n.m.)
[skutœʀmɔbil]
四轮电动代步车 ★★★

moto sportive (n.f.)
[motospɔʀtiv]
运动赛车 ★★★

vélo de montagne (n.m.)
[velodmɔ̃taɲ]
越野自行车 ★★

moto basique (n.f.)
[motobazik]
标准型摩托车 ★★

Chapitre 5 交通

情景 02 骑车

摩托车相关费用词语

taxe (n.f.)
[taks]
税金
★★★★

frais de combustible (n.m.pl.)
[fʀɛdkɔ̃bystibl]
燃料费
★★★★

assurance (n.f.)
[asyʀɑ̃s]
保险
★★★★

frais de stationnement (n.m.pl.)
[fʀɛdstasjɔnmɑ̃]
停车费
★★★★

amende (n.f.)
[amɑ̃d]
罚金
★★★★

相关天气词语

temps (n.m.)
[tɑ̃]
天气
★★★★

beau (a.m)
[bo]
晴天的
★★★★

pleuvoir (v.)
[pløvwaʀ]
下雨
★★★★

chaud (a.m.)
[ʃo]
热的
★★★★

froid (a.m.)
[fʀwa]
冷的
★★★★

neiger (v.)
[neʒe]
下雪
★★★★

brouillard (n.m.)
[bʀujaʀ]
雾
★★★★

骑车人物相关词语

police (n.f.)
[pɔlis]
警察
★★★★

piéton (n.m.)
piétonne (n.f.)
[pjetɔ̃] / [pjetɔn]
行人
★★★★

personne âgée (n.f.)
[pɛʀsɔnaʒe]
年长的
★★★

情景 02 骑车

取得摩托车驾照相关词语

permis de conduire (n.m.)
[pɛʀmidkɔ̃dyiʀ]
驾照
★★★★

école de conduite (n.f.)
[ekɔldkɔ̃dyit]
驾训班
★★★★

examen routier (n.m.)
[egzamɛ̃ʀutje]
路考
★★★

règle (n.f.)
[ʀɛgl]
规则
★★★★

examen (n.m.)
[egzamɛ̃]
考试
★★★★

摩托车的配备

embrayage (n.m.)
[ɑ̃bʀejaʒ]
离合器
★★★★

changer de vitesse (v.)
[ʃɑ̃ʒedvites]
换挡
★★★★

moteur (n.m.)
[mɔtœʀ]
发动机
★★★★

freinage (n.m.)
[fʀenaʒ]
刹车
★★★★

airbag (n.m.)
[ɛʀbag]
安全气囊
★★

panier (n.m.)
[panje]
置物篮
★★★★

骑车碰到的场所

sens unique (n.m.)
[sɑ̃synik]
单行道
★★★★

voie express (n.f.)
[vwaekspʀɛs]
快速道路
★★★★

autoroute (n.f.)
[otoʀut]
高速公路
★★★★

trottoir (n.m.)
[tʀɔtwaʀ]
人行道
★★★★

section du trottoir (n.f.)
[sɛksjɔ̃dytʀɔtwaʀ]
行人徒步区
★★★★

passage clouté (n.m.)
[pasaʒklute]
斑马线
★★★★

Chapitre 5 交通

情景 02 骑车

骑车碰到的意外

accident (n.m.)
[aksidɑ̃]
事故

pneu crevé (n.m.)
[pnøkʀave]
爆胎

glisser (v.)
[glise]
打滑

fuite (n.f.)
[fɥit]
漏（油）

mineur (a.m.)
mineure (a.f.)
[minœʀ] / [minœʀ]
未成年

se faire une entorse (v.)
扭伤

contrôle (n.m.)
[kɔ̃tʀol]
临检

s'égratigner (v.)
[segratiɲe]
擦伤；割伤

fracturer (v.)
[fʀaktyʀe]
骨折

être en panne (v.)
[ɛtʀɑ̃pan]
故障

embouteillage (n.m.)
[ɑ̃butejaʒ]
堵车

tomber (v.)
[tɔ̃be]
跌倒

相关描述性词语

pratique (a.)
[pʀatik]
方便的

étroit (a.m.)
étroite (a.f.)
[etʀwa] / [etʀwat]
狭窄的

large (a.)
[laʀʒ]
宽阔的

rapide (a.)
[ʀapid]
快速的

lourd (a.m.)
lourde (a.f.)
[luʀ] / [luʀd]
重的

cool (a.)
[kul]
很酷的

287

情景 02
骑车

骑车动作相关词语

faire de la moto (v.)
[fɛʀdəlamɔto]
★★★★
开摩托车

arrêter (v.)
[aʀete]
★★★★
停下车

tourner (v.)
[tuʀne]
★★★★
转弯

transporter (v.)
[tʀɑ̃spɔʀte]
★★★★
运送

démarrer (v.)
[demaʀe]
★★★★
发动

faire réparer le pneu (v.)
[fɛʀʀepaʀelpnø]
★★★★
修轮胎

garer (v.)
[gaʀe]
★★★★
停车

changer de vitesse (v.)
[ʃɑ̃ʒedvitɛs]
★★★★
换挡

lâché (a.m.)
lâchée (a.f.)
[lɑʃe]
★★★★
（链子）松脱的

pomper (v.)
[pɔ̃pe]
★★★★
（轮胎）打气

sonnette (n.f.)
[sɔnɛt]
★★★★
自行车铃铛

freiner (v.)
[fʀene]
★★★★
刹车

porter (v.)
[pɔʀte]
★★★★
戴（安全帽）

cabré (n.m.)
[kabʀe]
★★
前轮高举靠后轮平衡的摩托车特技

stoppie (n.m.)
[stɔpi]
★★
靠摩托车后轮站立

tomber (v.)
[tɔ̃be]
★★★★
跌倒

déraper (v.)
[deʀape]
★★★
打滑

glisser (v.)
[glise]
★★★
滑倒

Chapitre 5 交通

情景 02 骑车

骑车用到的其他词语

accélérateur (n.m.)
[akseleʀatœʀ]
油门

cylindrée (n.f.)
[silɛ̃dʀe]
排气量

lubrifiant (n.m.)
[lybʀifjɑ̃]
机油

casque (n.m.)
[kask]
安全帽

siège de sécurité (n.m.)
[sjɛʒdsekyʀite]
安全座椅

baggage (n.m.)
[bagaʒ]
行李

cahoteux (a.m.)
cahoteuse (a.f.)
[kaɔtø] / [kaɔtøz]
路面颠簸的

glissant (a.m.)
glissante (a.f.)
[glisɑ̃] / [glisɑ̃t]
滑的

compartiment (n.m.)
[kɔ̃paʀtimɑ̃]
置物箱

retourner (v.)
[ʀtuʀne]
回转

clignotant (n.m.)
[kliɲɔtɑ̃]
方向灯

selle (n.f.)
[sɛl]
座垫

imperméable (n.m.)
[ɛ̃pɛʀmeabl]
雨衣

parapluie (n.m.)
[paʀaplɥi]
雨伞

réflecteur (n.m.)
[ʀeflektœʀ]
反光片

porte-bidon (n.m.)
[pɔʀtbidɔ̃]
水壶架

chaîne (n.f.)
[ʃɛn]
自行车链

serrure (n.f.)
[seʀyʀ]
锁

临时需要用到的．一个句型　05-07

法 ▶ facile à + 原形动词 / difficile à + 原形动词
中 ▶ 易于～ / 不易于～

- facile à glisser 易滑掉
- facile à tomber 易跌倒
- facile à faire 容易做
- difficile à marcher 不易于行走
- difficile à dire 很难说
- difficile à nettoyer 不易于清理

临时需要的生活短语

- Il y a une fuite d'essence. 在漏油。
- freiner 刹车
- charger les bagages 装载行李
- poser le vélo 停自行车
- un vélo pliable 一辆折叠自行车
- Tu veux que je te dépose? 需要载你一程吗？
- Ne va pas trop vite. 不要骑太快。
- Je (ne) trouve pas de parking. 我找不到停车位。

Chapitre 5 交通

情景 02 骑车

临时需要用到的 一个句型 🎵 05-08

法▶ arriver à... / se passer...
中▶ 发生了～事

- Qu'est-ce qui t'arrives?
  你发生了什么事？

- C'est difficile de croire que cette chose lui soit arrivée.
  很难相信这种事会发生在她身上。

- Qu'est-ce qui se passe?
  发生了什么事？

- Il (ne) s'est rien passé.
  没发生什么事。

- Ça arrive.
  这种事难免会发生。

临时需要的生活短语

- Mon scooter a été remorqué.
  我的机车被拖走了。

- Un accident de voiture est arrivé hier soir sur l'autoroute.
  昨天晚上高速公路发生了一起车祸。

- La moto est tombée.
  机车倒了。

- démarrer le moteur
  起动发动机

- tirer l'embrayage
  控制离合器

情景 03
公交车与出租车

🎧 05-09

公交车的种类

bus (n.m.)
[bys]
★★★★
市区公交车

navette (n.f.)
[navɛt]
★★★★
接驳车

autocar (n.m.)
[otokaʀ]
★★★★
观光公交车；游览车

autobus (n.m.)
[otobys]
★★★★
机场公交车

autobus à impériale (n.m.)
[otobysaɛ̃peʀjal]
★★★
双层公交车

tramway (n.m.)
[tʀamwɛ]
★★★
有轨电车

limousine extralongue (n.f.)
[limuzinɛkstʀalɔ̃g]
★★
加长型礼车

limousine (n.f.)
[limuzin]
★★★
礼车

taxi (n.m.)
[taksi]
★★★★
出租车

funiculaire (n.m.)
[fynikylɛʀ]
★★★
叮叮车；电车

公交车上的位置

place (n.f.)
[plas]
★★★★
座位

couloir (n.m.)
[kulwaʀ]
★★★
走道

place vide (n.f.)
[plasvid]
★★★
空位

siège prioritaire (n.m.)
[sjɛʒpʀijɔʀitɛʀ]
★★★★
博爱座

poignée (n.f.)
[pwaɲe]
★★★★
手拉环

perche (n.f.)
[pɛʀʃ]
★★★★
拉杆

Chapitre 5 交通

情景 03 公交车与出租车

搭乘公交车的注意事项

station de bus (n.f.)
[stasjɔ̃dbys]
公交车站
★★★★

gare routière (n.f.)
[gaʀrutjɛʀ]
客运车站
★★★★

voie de bus (n.f.)
[vwadbys]
公车专用道
★★★★

terminus (n.m.)
[tɛʀminys]
终点
★★★★

changer (v.)
[ʃɑ̃ʒe]
转乘
★★★★

infos de connexion (n.f.pl.)
[ɛ̃fodkɔnɛksjɔ̃]
接驳资讯
★★★★

trajet (n.m.)
[tʀaʒɛ]
路程
★★★★

horaire (n.m.)
[ɔʀɛʀ]
时刻表
★★★★

retard (n.m.)
[ʀtaʀ]
误点
★★★★

destination (n.f.)
[dɛstinasjɔ̃]
目的地
★★★★

arrêt (n.m.)
[aʀɛ]
停靠
★★★

guide (n.m.)
[gid]
导游
★★★★

premier bus (n.m.)
[pʀəmjebys]
首班车
★★

dernier bus (n.m.)
[dɛʀnjebys]
末班车
★★★

monter (v.)
[mɔ̃te]
上车
★★★★

descendre (v.)
[desɑ̃dʀ]
下车
★★★★

office du tourisme (n.m.)
[ɔfisdytuʀism]
旅游咨询中心
★★★★

情景 03
公交车与出租车

搭乘公交车的描述性词语

confortable (a.)
[kɔ̃fɔʀtabl]
舒服的

direct (a.m.)
directe (a.f.)
[diʀɛkt] / [diʀɛkt]
直达的

pratique (a.)
[pʀatik]
方便的

rapide (a.)
[ʀapid]
快速的

fréquent (a.m.)
fréquente (a.f.)
[fʀekɑ̃] / [fʀekɑ̃t]
（班次）频繁的

bondé (a.m.)
bondée (a.f.)
[bɔ̃de] / [bɔ̃de]
拥挤的

搭乘公交车做的动作

prendre (v.)
[pʀɑ̃dʀ]
搭乘

monter (v.)
[mɔ̃te]
上车

composter (v.)
[kɔ̃pɔste]
打票

saisir (v.)
[seziʀ]
抓住

appuyer (v.)
[apɥije]
按铃

changer (v.)
[ʃɑ̃ʒe]
转乘

partir (v.)
[paʀtiʀ]
出发

chercher (v.)
[ʃɛʀʃe]
寻找

descendre (v.)
[desɑ̃dʀ]
下车

rater (v.)
[ʀate]
错过

s'asseoir (v.)
[saswaʀ]
坐下

être debout (v.)
[ɛtʀdəbu]
站立着

se cogner (v.)
[skɔɲe]
互相碰撞

Chapitre 5 交通

情景 03 公交车与出租车

搭乘出租车的方位指引词语

adresse (n.f.)
[adʀɛs]
住址 ★★★★

destination (n.f.)
[dɛstinasjɔ̃]
目的地 ★★★★

plan (n.m.)
[plɑ̃]
地图 ★★★★

tourisme (n.m.)
[tuʀism]
观光 ★★★★

coin (n.m.)
[kwɛ̃]
转角 ★★★★

intersection (n.f.)
[ɛ̃tɛʀsɛksjɔ̃]
十字路口 ★★★★

autour (adv.)
[otuʀ]
附近 ★★★★

droite (n.f.)
[dʀwat]
右边 ★★★★

gauche (n.m.)
[goʃ]
左边 ★★★★

à droite (adv.)
在右边 ★★★★

à gauche (adv.)
在左边 ★★★★

bâtiment (n.m.)
[bɑtimɑ̃]
建筑物 ★★★★

quartier (n.m.)
[kaʀtje]
街区 ★★★★

tout droit
[tudʀwa]
直走 ★★★★

指引出租车的动作

tourner (v.)
[tuʀne]
转弯 ★★★★

arrêter (v.)
[aʀete]
停车 ★★★★

suivre (v.)
[sɥivʀ]
跟着 ★★★★

par là
[paʀla]
往那边 ★★★★

ralentir (v.)
[ʀalɑ̃tiʀ]
减速 ★★★★

plus vite (adj.)
[plyvit]
快一点的 ★★★★

临时需要用到的一个词：法语关键词6000

情景 03
公交车与出租车

MP3 05-11

搭出租车费用相关词语

tarif (n.m.)
[taʀif]
★★★★
费用

garder la monnaie (v.)
[gaʀdelamɔnɛ]
★★
不用找

péage (n.m.)
[pea3]
★★★
过路费

monnaie (n.f.)
[mɔnɛ]
★★★★
零钱

prix de la course (n.m.)
[pʀidlakuʀs]
★★★★
跳表费用

搭出租车看到的其他东西

taxi (n.m.)
[taksi]
★★★★
出租车

chauffeur (n.m.)
[ʃofœʀ]
★★★★
司机（出租车、公交车）

compteur (n.m.)
[kɔ̃tœʀ]
★★★★
计费表

licence de taxi (n.f.)
[lisɑ̃sdtksi]
★★★★
出租车营业执照

搭出租车的描述性词语

rapide (a.)
[ʀapid]
★★★★
迅速的

lent (a.m.)
lente (a.f.)
[lɑ̃] / [lɑ̃t]
★★★★
慢慢的

honnête (a.)
[ɔnɛt]
★★★★
诚实的

malhonnête (a.)
[malɔnɛt]
★★★★
不诚实的

impoli (a.m.)
impolie (a.f.)
[ɛ̃pɔli] / [ɛ̃pɔli]
★★★
无礼的

poli (a.m.)
polie (a.f.)
[pɔli] / [pɔli]
★★★★
礼貌的

Chapitre 5 交通

情景 03 公交车与出租车

搭乘出租车相关词语

appeler (v.)
[aple]
叫（出租车）

prendre (v.)
[pRɑ̃dR]
乘坐

louer (v.)
[lwe]
租用

perdu (a.m.)
perdue (a.f.)
[pɛRdy] / [pɛRdy]
迷路的

continuer (v.)
[kɔ̃tinɥe]
继续开

être pressé (v.)
[etRpRese]
赶时间

embouteillage (n.m.)
[ɑ̃butɛjaʒ]
堵车

partager (v.)
[paRtaʒe]
共乘

arrêter (v.)
[aRete]
停车

mettre en marche (v.)
[mɛtRɑ̃maRʃ]
把（空调）打开

arrêter (v.)
[aRete]
关掉（广播）

ouvrir (v.)
[uvRiR]
打开（门窗）

fermer (v.)
[fɛRme]
关（门窗）

carte de crédit (n.f.)
[kaRtdkRedi]
信用卡

garder la monnaie (v.)
[gaRdelamɔnɛ]
不用找零

payer (v.)
[peje]
付款

临时需要用到的. 一个句型

搭乘交通工具的说法

法 ▶ prendre + 交通工具
en / à + 交通工具

中 ▶ 搭乘～交通工具

- Je vais à l'école en bus.
  我搭公交车去上学。
- Je prends le bus pour aller à l'école.
  我搭公交车去上学。
- Je vais au travail en voiture.
  我开车去上班。
- On va aller au Japon en avion.
  我们要乘飞机去日本。
- Vous allez au restaurant à pied?
  你们要走着去餐厅吗？
- Elle va au parc à vélo.
  她要骑自行车去公园。

转乘 / 转车

法 ▶ changer... à...
中 ▶ 在 地点 换车。

- Je dois changer à cet arrêt?
  我该在这站转车吗？

Chapitre 5 交通

情景 03 公交车与出租车

临时需要用到的，一个句型 🎵 05-13

法▶ descendre + 交通工具
中▶ 下～（交通工具）

- Je descends à cet arrêt. 我要在这一站下车。
- Je dois descendre à quel arrêt? 我该在哪一站下车？
- Je vais descendre. 我要下车了。
- Je viens de descendre du train. 我刚下火车。

法▶ à destination de...
中▶ 开往～

- L'autocar est à destination de Paris et va entrer en gare routière.
  开往巴黎的客车要进站了。
- Le bus est à destination de Provence.
  这班公交车是要开往普罗旺斯的。

临时需要的生活短语

- Veuillez tourner à droite au premier feu rouge.
  请在第一个红绿灯的地方右转。
- Veuillez arrêter au prochain feu rouge.
  请在下个红绿灯停车。
- Veuillez me laisser à la gare la plus proche.
  请让我在最近的火车站下车。

情景 04
飞机

飞机的种类

avion de passagers (n.m.)
[avjɔ̃dpɑsaʒe]
客机

avion-cargo (n.m.)
[avjɔ̃kaʀgo]
货机

jet (n.m.)
[dʒɛt]
喷射机

avion militaire (n.m.)
[avjɔ̃militɛʀ]
军机

hélicoptère (n.m.)
[elikɔptɛʀ]
直升机

planeur (n.m.)
[planœʀ]
滑翔机

飞机上的机组人员

hôtesse de l'air (n.f.)
[otɛsdlɛʀ]
空服员

équipage (n.m.)
[ekipaʒ]
机组员

pilote (n.m. / n.f.)
[pilɔt]
飞行员

capitaine (n.m.)
[kapitɛn]
机长

second capitaine (n.m.)
[sgɔ̃kapitɛn]
副机长

飞机上跟位置相关的词语

fenêtre (n.f.)
[fnɛtʀ]
窗户

couloir (n.m.)
[kulwaʀ]
走道

milieu (n.m.)
[miljø]
中间

avant (n.m.)
[avɑ̃]
前面

arrière (n.m.)
[aʀjɛʀ]
后面

classe affaires (n.f.)
[klɑsafɛʀ]
商务舱

Chapitre 5 交通

情景 04 飞机

飞机机票上的讯息

numéro de billet (n.m.)
[nymeʀodbijɛ]
机票号码 ★★★★

terminal (n.m.)
[tɛʀminal]
航站 ★★★

compagnie aérienne (n.f.)
[kɔ̃paɲiaeʀjɛn]
航空公司 ★★★

carte d'embarquement (n.f.)
[kaʀtdɑ̃baʀkmɑ̃]
登机证 ★★★★

rang (n.m.)
[ʀɑ̃]
排 ★★★★

place (n.f.)
[plas]
座位 ★★★★

numéro de vol (n.m.)
[nymeʀodvɔl]
航班号码 ★★★★

date de départ (n.f.)
[datdəpaʀ]
出发日 ★★★★

lieu de départ (n.m.)
[ljødəpaʀ]
出发地 ★★★★

heure d'embarquement (n.f.)
[œʀdɑ̃baʀkmɑ̃]
登机时刻 ★★★★

porte d'embarquement (n.f.)
[pɔʀtdɑ̃baʀkmɑ̃]
登机门 ★★★★

durée (n.f.)
[dyʀe]
预计飞行时间 ★★★★

heure prévue de départ (n.f.)
[œʀpʀevyddəpaʀ]
预定起飞时间 ★★★★

destination (n.f.)
[dɛstinasjɔ̃]
抵达地 ★★★★

heure d'arrivée (n.f.)
[œʀdaʀive]
抵达时刻 ★★★★

prénom (n.m.)
[pʀenɔ̃]
名字 ★★★★

nom (n.m.)
[nɔ̃]
姓 ★★★★

情景 04 飞机

🎧 05-15

乘机时要特别注意携带的物品

appareil électronique (n.m.)
[aparejelɛktrɔnik]
电子仪器

ordinateur portable (n.m.)
[ɔrdinatœrpɔrtabl]
笔记本电脑

portable (n.m.)
[pɔrtabl]
移动电话

liquide (n.m.)
[likid]
液体

contrebande (n.f.)
[kɔ̃trəbɑ̃d]
违禁品

appareil photo numérique (n.m.)
[aparejfɔtonymerik]
数码相机

办理登机手续的相关词语

bagage (n.m.)
[bagaʒ]
行李

bagage de cabine (n.m.)
[bagaʒdəkabin]
手提行李

contrôle (n.m.)
[kɔ̃trol]
检查

scanner (v.)
[skane]
(X光机)扫描

étiquette de bagage (n.f.)
[etikɛtdəbagaʒ]
行李牌

trop lourd (a.m.)
[trolur]
超重的

enregistrer (v.)
[ɑ̃rʒistre]
报到

passeport (n.m.)
[paspɔr]
护照

contrôle de sécurité (n.m.)
[kɔ̃troldəsekyrite]
安全检查

quarantaine (n.f.)
[karɑ̃tɛn]
检疫

embarquer (v.)
[ɑ̃barke]
登机

limite de poids (n.f.)
[limitdəpwa]
重量限制

Chapitre 5 交通

情景 04 飞机

与航班相关的词语

numéro de vol (n.m.)
[nymeʀɔdvɔl]
航班号码

vol international (n.m.)
[vɔlɛ̃tɛʀnasjɔnal]
国际航班

vol intérieur (n.m.)
[vɔlɛ̃teʀjœʀ]
国内航班

vol de nuit (n.m.)
[vɔldnɥi]
夜间航班

surréservation (n.f.)
[syʀʀezɛʀvasjɔ̃]
座位超订

飞机上提供的服务

repas en vol (n.m.)
[ʀɑpɑɑ̃vɔl]
机内餐点

repas pour enfants (n.m.)
[ʀɑpɑpuʀɑ̃fɑ̃]
儿童餐

repas pour bébés (n.m.)
[ʀɑpɑpuʀbebe]
婴儿餐

repas végétarien (n.m.)
[ʀɑpɑveʒetaʀjɛ̃]
素食餐点

poker (n.m.)
[pɔkɛʀ]
扑克牌

boisson (n.f.)
[bwasɔ̃]
饮料

repas fruité (n.m.)
[ʀɑpɑfʀɥite]
水果餐

casque (n.m.)
[kask]
耳机

produit détaxé (n.m.)
[pʀɔdɥidetakse]
免税品

couverture (n.f.)
[kuvɛʀtyʀ]
毯子

oreiller (n.m.)
[ɔʀeje]
枕头

chausson (n.m.)
[ʃosɔ̃]
拖鞋

情景 04
飞机

与飞机相关的词语

altitude (n.m.)
[altityd]
飞行高度 ★★★

décalage horaire (n.m.)
[dekalaʒɔRER]
时差 ★★★★

vent arrière (n.m.)
[vɑ̃aRjɛR]
顺风 ★★★

vent de face (n.m.)
[vɑ̃dfas]
逆风 ★★★

turbulences (n.f.pl.)
[tyRbylɑ̃s]
乱流 ★★★★

annonce (n.f.)
[anɔ̃s]
广播 ★★★★

passager (n.m.)
passagère (n.f.)
[pasaʒe] / [pasaʒɛR]
乘客 ★★★★

ceinture (n.f.)
[sɛ̃tyR]
安全带 ★★★★

masque à oxygène (n.m.)
[maskaɔksiʒɛn]
氧气罩 ★★★★

sortie de secours (n.f.)
[sɔRtidskuR]
紧急出口 ★★★★

voie de circulation (n.f.)
[vwadsiRkylasjɔ̃]
跑道 ★★★★

salle VIP (n.f.)
[salveipe]
贵宾室 ★★★★

与机场相关的词语

décoller (v.)
[dekɔle]
起飞 ★★★★

atterrir (v.)
[ateRiR]
着陆 ★★★★

annuler (v.)
[anyle]
停飞 ★★★★

retarder (v.)
[Rtarde]
误点 ★★★★

tour de contrôle (n.f.)
[tuRdkɔ̃tRol]
塔台 ★★★★

retourner (v.)
[RtuRne]
返回 ★★★★

Chapitre 5 交通

情景 04 飞机

搭乘飞机的相关动作

réserver (v.)
[REZERVE]
订票
★★★★

enregistrer (v.)
[ãʒistre]
登记，注册
★★★★

controler (v.)
[kɔ̃trole]
检验
★★★★

embarquer (v.)
[ãbarke]
登机
★★★★

attacher la ceinture (v.)
系安全带
★★★★

redresser (v.)
[RdRese]
竖直（椅背）
★★★★

rester assis (v.)
[Resteasi]
留在座位
★★★★

arrêter (v.)
关（电子仪器）
★★★★

dormir (v.)
[dɔrmir]
睡觉
★★★★

voir (v.)
[vwaR]
看（电影）
★★★★

s'étirer (v.)
[setire]
伸展
★★★★

remplir (v.)
[Rãplir]
填（入境表格）
★★★★

faire la queue (v.)
[fɛrlakø]
排队
★★★★

passer la douane (v.)
[paseladwan]
过海关
★★★★

vendre (v.)
[vãdR]
贩卖
★★★★

acheter (v.)
[aʃte]
购买
★★★★

changer (v.)
[ʃãʒe]
换（座位）
★★★★

manger (v.)
[mãʒe]
吃
★★★★

临时需要用到的. 一个句型

法 ▶ Interdit de + 原形动词
名词 + Interdit(e)

中 ▶ 禁止～（标语）

- Interdit de fumer. 禁止吸烟。
- Interdit d'entrer. 禁止进入。
- Flash interdit. 禁止使用闪光灯。
- Appareil électronique interdit. 禁止电子仪器。
- Interdit de parler. 禁止说话。
- Téléphones mobiles interdits. 禁止使用手机。

临时需要的生活短语

- éteindre les appareils électroniques 关掉电子仪器
- aérosol interdit 禁带高压缩瓶
- attacher votre ceinture 系紧您的安全带
- rester assis 留在座位上
- mettre le masque à oxygène 戴上氧气罩
- fermer la fenêtre 关上窗户
- redresser le dossier de siège 竖直椅背

Chapitre 5 交通

情景 04 飞机

临时需要用到的．一个句型

法 ▶ **dans + 交通工具**
中 ▶ **在～交通工具里面**

- dans une voiture 在车上
- dans un taxi 在出租车上
- dans un train 在火车上
- dans un bus 在公车上
- dans un hélicoptère 在直升机上
- dans un avion 在飞机上
- dans un bateau 在船上

临时需要的生活短语

- procédure d'enregistrement 登机手续
- enregistrer les bagages 托运行李
- faire la queue 排队
- passer la douane 过海关
- prêt à embarquer 准备登机
- Le vol à destination de... a été annulé.
  往～的班机取消了。
- réserver un vol 预约机位
- récupérer les bagages 提领行李
- salle d'attente 候机室
- porte d'embarquement 登机门

临时需要用到的一个词：法语关键词6000

情景 05
火车

MP3 05-19

常见火车的种类

train (n.m.)
[tʀɛ̃]
火车 ★★★★

train régional (n.m.)
[tʀɛ̃ʀeʒɔnal]
电车；区间车 (TER) ★★★★

métro (n.m.)
[metʀo]
地铁 ★★★★

TGV (n.m.)
[teʒeve]
(法国的)子弹列车 ★★★★

RER (n.m.)
[ɛʀəɛʀ]
(巴黎地区)郊区火车 ★★★★

train à vapeur (n.m.)
[tʀɛ̃avapœʀ]
蒸汽火车 ★★★★

tramway (n.m.)
[tʀamwɛ]
有轨电车 ★★★

monorail (n.m.)
[mɔnɔʀaj]
单轨电车 ★★★

train de nuit (n.m.)
[tʀɛ̃dnɥi]
夜行列车 ★★★

train de marchandises (n.m.)
[tʀɛ̃dmaʀʃɑ̃diz]
货运列车 ★★★

train touristique (n.m.)
[tʀɛ̃tuʀistik]
观光列车 ★★★★

火车座位相关词语

place réservée (n.f.)
[plasʀezɛʀve]
对号座位 ★★★

place non-réservée (n.f.)
[plasnɔ̃ʀezɛʀve]
无对号座位 ★★★

train-couchette (n.m.)
[tʀɛ̃kuʃɛt]
卧铺火车 ★★★

première classe (n.f.)
[pʀəmjɛʀklas]
头等(车厢) ★★★★

deuxième classe (n.f.)
[døzjɛmklas]
二等(车厢) ★★★

Chapitre 5 交通

情景 05 火车

欧洲火车及主管部门

EUrail (n.m.)
欧铁（大城市间的火车）

Euro star (n.m.)
[øROSTaR]
欧洲之星
（英法之间的高速火车）

DB
(Deutsche Reichsbahn)
德国国家铁路局

NS International
荷兰国家铁路局

SNCF (n.m.)
[sɛnseef]
法国国家铁路局

Italo
意大利国家铁路局

与车站有关的词语

gare (n.f.)
[gaR]
火车站

partir (v.)
[paRtiR]
出发

arriver (v.)
[aRive]
抵达

changer de quai (v.)
[ɑ̃ʒedəkɛ]
换站台

composter (v.)
[kɔ̃pɔste]
打票

retarder (v.)
[ʀətaʀde]
误点

annuler (v.)
[anyle]
取消

火车路轨

chemin de fer (n.m.)
[ʃmɛ̃dfɛR]
铁路

voie (n.f.)
[vwa]
铁轨

entreprise ferroviaire nationale (n.f.)
[ɑ̃tʀəpʀizfeʀɔvjɛʀnasjɔnal]
国营铁路

électrification ferroviaire (n.f.)
[elektʀifikasjɔ̃feʀɔvjɛʀ]
铁路电气化

voie surélevée (n.f.)
[vwasyʀelve]
高架铁路

情景 05
火车

火车站内场所名称

billetterie automatique (n.f.)
[bijɛtʀiotomatik]
自动售票机

entrée (n.f.)
[ɑ̃tʀe]
入口

sortie (n.f.)
[sɔʀti]
出口

ascenseur (n.m.)
[asɑ̃sœʀ]
电梯

escalier mécanique (n.m.)
[ɛskaljemekanik]
电扶梯

quai (n.m.)
[ke]
站台

salle d'attente (n.f.)
[saldatɑ̃t]
候车室

cafétéria (n.f.)
[kafeteʀja]
咖啡馆

toilettes (n.f.pl.)
[twalɛt]
洗手间

taxi (n.m.)
[taksi]
搭出租车处

restaurant (n.m.)
[ʀɛstɔʀɑ̃]
餐厅

guichet (n.m.)
[ɡiʃɛ]
售票口

火车遇到的事故

tremblement de terre (n.m.)
[tʀɑ̃blmɑ̃dtɛʀ]
地震

inondation (n.f.)
[inɔ̃dasjɔ̃]
水灾

attentat terroriste (n.m.)
[atɑ̃tatɛʀɔʀist]
恐怖攻击事件

accident de voiture (n.m.)
[aksidɑ̃dvwatyʀ]
交通事故

dérailler (v.)
[deʀɑje]
脱轨

en panne
[ɑ̃pan]
故障

Chapitre 5 交通

情景 05 火车

火车上遇到的人

conducteur du train (n.m.)
[kɔ̃dyktœrdytrɛ̃]
★★★★
列车长

personnel de la station (n.m.)
[pɛrsɔnɛldlastasjɔ̃]
★★★★
站务员

serveur (n.m.)
serveuse (n.f.)
[sɛrvœr] / [sɛrvœz]
★★★★
随车服务员

passager (n.m.)
passagère (n.f.)
[pasaʒe] / [pasaʒɛr]
★★★★
乘客

contrôleur (n.m.)
contrôleuse (n.f.)
[kɔ̃trolœr] / [kɔ̃trolœz]
★★★★
查票员

火车里可能看到的东西

wagon (n.m.)
[vagɔ̃]
★★★★
车厢

climatiseur (n.m.)
[klimatizœr]
★★★★
空调

toilettes (n.f.pl.)
[twalɛt]
★★★★
洗手间

porte-bagages (n.f.)
[pɔrtbagaʒ]
★★★
行李放置区

wagon-restaurant (n.m.)
[vagɔ̃rɛstɔrɑ̃]
★★★★
用餐车厢

couchette (n.f.)
[kuʃɛt]
★★★★
卧铺

paysage (n.m.)
[peizaʒ]
★★★
风景

cabine (n.f.)
[kabin]
★★★
火车上的包厢

table (n.f.)
[tabl]
★★★★
桌子

lampe (n.f.)
[lɑ̃p]
★★★★
灯

place (n.f.)
[plas]
★★★★★
座位

porte (n.f.)
[pɔrt]
★★★★★
门

fenêtre (n.f.)
[fnɛtr]
★★★
窗户

情景 05
火车

与火车相关的其他词语

info gare (n.m.)
[ɛ̃fogaʀ]
车站资讯

voyage (n.m.)
[vwajaʒ]
旅行

valise (n.f.)
[valiz]
旅行箱

horaires (n.m.pl.)
[ɔʀɛʀ]
时刻表

plan de route (n.m.)
[plɑ̃dʀut]
路线图

distributeur automatique (n.m.)
[distʀibytœʀotomatik]
自动贩卖机

réservation (n.f.)
[ʀezɛʀvasjɔ̃]
预订（车票）

voyage en famille (n.m.)
家庭旅行

voyage en groupe (n.m.)
团体旅行

carte jeune 12-17 (n.f.)
十二岁到十七岁青年优惠卡

carte jeune 18-27 (n.f.)
十八岁到二十七岁青年优惠卡

place réservée (n.f.)
[plasʀezɛʀve]
预约座位

itinéraire (n.m.)
[itineʀɛʀ]
旅游行程

tarif (n.m.)
[taʀif]
票价

info trajet en temps reél
即时行程资讯

tarif réduit (n.m.)
[taʀifʀedyi]
优惠票价

billet (n.m.)
[bijɛ]
车票

place (n.f.)
[plas]
座位

pour les handicapés
残障人士专用

Chapitre 5 交通

情景 05 火车

搭乘火车做的动作

monter (v.)
[mɔ̃te]
上车

descendre (v.)
[desɑ̃dʀ]
下车

faire la queue (v.)
[fɛʀlakø]
排队

travailler (v.)
[tʀavaje]
工作

voir le paysage (v.)
[vwaʀləpeizaʒ]
看风景

bavarder (v.)
[bavaʀde]
闲聊

se faire des amis (v.)
[səfɛʀdezami]
交朋友

écouter (v.)
[ekute]
听（音乐）

lire (v.)
[liʀ]
阅读

sieste (n.f.)
[sjɛst]
小睡

grignoter (v.)
[gʀiɲɔte]
吃零食

与火车有关的描述性词语

confortable (a.)
[kɔ̃fɔʀtabl]
舒适的

rapide (a.)
[ʀapid]
快速的

calme (a.)
[kalm]
安静的

à l'heure
[alœʀ]
准时

en retard
误点

pratique (a.)
[pʀatik]
方便的

agréable (a.)
[agʀeabl]
惬意的

临时需要用到的．一段对话

询问乘车处

A: Bonjour monsieur. Je voudrais aller à Marseille en TGV, pourriez-vous m'indiquer le numéro du quai?
先生您好。我要搭 TGV 到马赛去，您可以告诉我站台号码吗？

B: Oh là là...! Le quai a été changé du quai A au quai C. Le train va bientôt partir.
哦……！站台已经从 A 改到 C 了。火车快开了。

A: Le quai C est par là?
C 站台在那里吗？

B: Non..., c'est de l'autre côté. Allez, je vous emmène.
不是……在另一边。走吧，我带您过去。

A: Merci beaucoup, c'est très gentil.
真是太感谢您了。您真是好人。

补充句型

法▶ Où je dois descendre?
中▶ 我该在哪里下车？

法▶ Où je dois prendre la correspondance?
中▶ 我该在哪里转车？

法▶ billet aller retour / billet aller simple
中▶ 来回票 / 单程票

Chapitre 5 交通

情景 05 火车

临时需要用到的．一段对话

询问站台所在

A: Excusez-moi, madame. Le TGV pour aller à Paris est à quel quai?
请问开往巴黎的 TGV 在哪个站台？

B: Celui qui part à 13:00? Laisse moi regarder, c'est à quai A.
下午一点出发的那班吗？让我看一下，在 A 站台。

A: Merci beaucoup.
非常感谢。

B: Je vous en prie. Mais, il faut vous dépêcher. Le train va bientôt partir dans cinq minutes.
不客气，但您要快一点，列车五分钟内就要开了。

文化小叮咛

❶ **打票**：在法国或很多欧洲国家搭火车，通常是没有检票口的。乘客必须在上车前至打票机将票打上时间与日期才可以上车。在车上一定会有查票员查票。若是没有打票被查到，就被视为逃票，会遭罚款。有一些国家甚至是连打票机都没有，但一旦被查到逃票，这个不好的记录会跟你一辈子。

❷ **座位预约**：在火车上，有被预订的位子，在这类位子上方都会显示被预约的路段（比如：Paris-Marseille）。所以找座位时要小心不要坐到预约位子上。

临时需要用到的一个词：法语关键词6000

情景 06
地铁

🎧 MP3 05-22

与地铁相关的词语

métro (n.m.)
[metʀo]
地铁
★★★★

RATP (n.f.)
巴黎大众运输公司

premier métro (n.m.)
[pʀəmjemetʀo]
首班车
★★★★

dernier métro (n.m.)
[dɛʀnjemetʀo]
末班车
★★★★

correspondance (n.f.)
[kɔʀɛspɔ̃dɑ̃s]
转乘
★★★★

national (n.m.)
nationale (n.f.)
[nasjɔnal] / [nasjɔnal]
公营的
★★★

privé (a.m.)
privée (a.f.)
[pʀive] / [pʀive]
私营的
★★★

acheter un ticket (v.)
[aʃteœtikɛ]
买票
★★★★

amende (n.f.)
[amɑ̃d]
罚款
★★★★

购买车票相关词语

réseau RATP (n.m.)
[ʀezoɛʀatepe]
RATP 交通网
★★★★

internet (n.m.)
[ɛ̃tɛʀnɛt]
网络
★★★★

guichet automatique bancaire (n.m.)
[giʃeotomatikbɑ̃kɛʀ]
银行自动提款机
★★★★

agence en ligne (n.f.)
[aʒɑ̃sɑ̃liɲ]
线上代理商
★★★★

comptoir (n.m.)
[kɔ̃twaʀ]
柜台
★★★★

commerce (n.f.)
[kɔmɛʀs]
商号
★★★★

Chapitre 5 交通

情景 06 地铁

与地铁车票相关的词语

ticket à l'unité (n.m.)
[tikealynite]
单次车票
★★★★

forfait au mois (n.m.)
[fɔʀfɛomwa]
月票
★★★

forfait à la semaine (n.m.)
[fɔʀfɛalasmɛn]
周票
★★★

illimité (a.m.)
illimitée (a.f.)
[ilimite] / [ilimite]
无限的（搭乘）
★★★★

heures de pointe (n.f.pl.)
[œʀdpwɛ̃t]
尖峰时刻
★★★★

carnet (n.m.)
[kaʀnɛ]
十张票（一本）
★★★

tarif (n.m.)
[taʀif]
车费
★★★★

insuffisant (a.m.)
insuffisante (a.f.)
[ɛ̃syfizɑ̃] / [ɛ̃syfizɑ̃t]
（余额）不足的
★★★

recharger (v.)
[ʀʃaʀʒe]
加值
★★★★

origine-destination
[ɔʀiʒindɛstinasjɔ̃]
通行于两个定点的票
★★★★

titre de transport (n.m.)
[titʀdtʀɑ̃spɔʀ]
通行票
★★★

zone (n.f.)
[zon]
区（巴黎地铁车票价格有分区）
★★★★

monnaie (n.f.)
[mɔnɛ]
零钱
★★★★

accès aéroport (n.m.)
[aksɛaeʀopɔʀ]
可从地铁转接到机场的票
★★★★

tourniquet (n.m.)
[tuʀnikɛ]
旋转闸门
★★★

billetterie automatique (n.f.)
[bijɛtʀiotomatik]
自动售票机

capteur (n.m.)
[kaptœʀ]
感应器
★★★★

情景 06
地铁

🎧 05-23

与地铁相关的其他词语

voie (n.f.)
[vwa]
轨道 ★★★★

station de métro (n.f.)
[stasjɔ̃dmetʀo]
地铁站 ★★★★

quai (n.m.)
[ke]
站台 ★★★★

ascenseur (n.m.)
[asɑ̃sœʀ]
电梯 ★★★★

horaire (n.m.)
[ɔʀɛʀ]
时刻表 ★★★★

plan de métro (n.m.)
[plɑ̃dmetʀo]
路线图 ★★★★

wagon (n.m.)
[vagɔ̃]
车厢 ★★★

place (n.f.)
[plas]
座位 ★★★★

porte (n.f.)
[pɔʀt]
门 ★★★★

changer (v.)
[ʃɑ̃ʒe]
转车 ★★★★

insérer (v.)
[ɛ̃seʀe]
插入（票）★★★★

entrer (v.)
[ɑ̃tʀe]
进站 ★★★★

partir (v.)
[paʀtiʀ]
出发 ★★★★

地铁相关描述性词语

rapide (a.)
[ʀapid]
迅速的 ★★★★

pratique (a.)
[pʀatik]
方便的 ★★★

propre (a.)
[pʀɔpʀ]
干净的 ★★★★

sale (a.)
[sal]
脏乱的 ★★★★

compliqué (a.m.)
compliquée (a.f.)
[kɔ̃plike] / [kɔ̃plike]
复杂的 ★★★★

fréquent (a.m.)
fréquente (a.f.)
[fʀekɑ̃] / [fʀekɑ̃t]
频繁的（班次）★★★

Chapitre 5 交通

情景 06 地铁

在地铁站用到的词语

information (n.f.)
[ɛ̃fɔʀmasjɔ̃]
★★★★
服务台

plan (n.m.)
[plɑ̃]
★★★★
地图

direction (n.f.)
[diʀɛksjɔ̃]
★★★★
方向

perdre (v.)
[pɛʀdʀ]
★★★★
遗失

voler (v.)
[vɔle]
★★★★
偷窃

souterrain (a.m.)
souterraine (a.f.)
[suteʀɛ̃] / [suteʀɛn]
★★★
地下的

搭乘地铁做的动作

arriver (v.)
[aʀive]
★★★★
到达

monter (v.)
[mɔ̃te]
★★★★
上车

descendre (v.)
[desɑ̃dʀ]
★★★★
下车

rejeter (v.)
[ʀʒte]
★★★
退回（被机器退票）

passer (v.)
[pase]
★★★★
经过

correspondance (n.f.)
[kɔʀɛspɔ̃dɑ̃s]
★★★★
转乘

recharger (v.)
[ʀʃaʀʒe]
★★★
充值；增值

valider (v.)
[valide]
★★★
生效

faire attention (v.)
[fɛʀatɑ̃sjɔ̃]
★★★★
注意

s'appuyer (v.)
[sapɥije]
★★★
倚靠

lire (v.)
[liʀ]
★★★
看书

mode silencieux (n.f.)
[mɔdsilɑ̃sjø]
★★★★
静音模式

临时需要用到的. 一段对话

向路人问路

A: Excusez-moi, monsieur. Où est le métro, s'il vous plaît?
不好意思,先生,请问地铁站在哪里?

B: Vous allez où?
您要去哪里?

A: Je voudrais aller au musée du Louvre.
我要去卢浮宫。

B: Alors, vous allez tout droit et vous tournez à droite, l'entrée du métro est justement à côté.
那您直走然后右转,地铁的入口就在旁边。

A: Merci beaucoup.
非常感谢。

补充句型

法 ▶ à droite / à gauche / tout droit
中 ▶ 右边 / 左边 / 直走

临时需要用到的 一段对话

询问站台和车次

A: Excusez-moi. Je vousdrais aller à la tour Eiffel, c'est le quai ici?
不好意思，我要去埃菲尔铁塔，请问这个站台对吗？

B: Oui, c'est ici.
是的，就是这里。

A: Merci. Est-ce que le métro va s'arrêter à la place de Concorde?
谢谢。这班车会经过康考特广场吗？

B: Ah non, c'est la ligne 13. Il vous faut changer et prendre l'autre ligne.
不会，这是十三号线。您要换车搭另一号线。

A: Merci beaucoup, monsieur. Vous êtes très gentil.
十分感谢，先生。您人真好。

B: De rien.
没什么。

补充句型

法 **Je vais aller à...**
中 我要去～ 地点

情景 07
高铁

高铁的种类

EUrail (n.m.)
欧洲国际快车
（大城市间的火车）

TGV (n.m.)
(train à grande vitesse)
法国高速列车

Euro star (n.m.)
[øʀostaʀ]
欧洲之星
（英法之间的高速火车）

高铁上所见物品名称

sortie de secours (n.f.)
[sɔʀtidskuʀ]
救生门

extincteur (n.m.)
[ɛkstɛ̃ktœʀ]
灭火器

marteau de secours (n.m.)
[maʀtodskuʀ]
救生锤头

chien détecteur de drogues (n.m.)
缉毒犬

cabine de commande (n.f.)
[kabindkɔmɑ̃d]
车长室

annonce (n.f.)
[anɔ̃s]
广播

freinage d'urgence (n.m.)
[fʀɛnaʒdyʀʒɑ̃s]
紧急刹车

alarme (n.f.)
[alaʀm]
警铃

police (n.f.)
[pɔlis]
警察

signal d'alarme (n.m.)
[siɲaldalaʀm]
紧急手拉把

antiterrorisme (n.m.)
[ɑ̃titɛʀɔʀism]
反恐

Chapitre 5 交通

情景 07 高铁

高铁车厢的位置

place non réservée (n.f.)
[plasnɔ̃ʀezɛʀve]
自由座

place réservée (n.f.)
[plasʀezɛʀve]
对号座

côté couloir
[kotekulwaʀ]
靠走道

côté fenêtre
[kotefnɛtʀ]
靠窗

porte-bagages (n.f.)
[pɔʀtbagaʒ]
行李放置区

toilettes (n.f.pl.)
[twalɛt]
洗手间

买高铁票要注意的资讯

billet électronique (n.m.)
[bijeelektʀɔnik]
电子车票

prendre (v.)
[pʀɑ̃dʀ]
搭乘

heure de départ (n.f.)
[œʀddepaʀ]
出发时间

heure d'arrivée (n.f.)
[œʀdaʀive]
到达时间

durée (n.f.)
[dyʀe]
所需时间

billetterie (n.f.)
[bijɛtʀi]
售票处

information (n.f.)
[ɛ̃fɔʀmasjɔ̃]
询问窗口

tarif (n.m.)
[taʀif]
票价

lieu de départ (n.m.)
[ljøddepaʀ]
出发地点

lieu d'arrivée (n.m.)
[ljødaʀive]
到达地点

correspondance (n.f.)
[kɔʀɛspɔ̃dɑ̃s]
转乘

情景 07
高铁

05-25

在高铁看到的人

ami (n.m.)
amie (n.f.)
[ami] / [ami]
朋友

voyageur (n.m.)
voyageuse (n.f.)
[vwajaʒœR] / [vwajaʒøz]
旅行者

routarde (n.f.)
[Rutard]
背包客

contrôleur (n.m.)
contrôleuse (n.f.)
[kɔ̃tRolœR] / [kɔ̃tRoløz]
查票员

serveur (n.m.)
serveuse (n.f.)
[servœR] / [servøz]
随车服务员

与高铁相关的其他词语

grande vitesse (n.f.)
[gRɑ̃dvitɛs]
高速

calendrier voyageur (n.m.)
[kalɑ̃dRijevwajaʒœR]
旅客日历

période bleue (n.f.)
[peRjɔdblø]
减价时段

échanger (v.)
[eʃɑ̃ʒe]
换（票）

réseau (n.m.)
[Rezo]
（行驶）网络

guide du voyageur (n.m.)
[giddyvwajaʒœR]
旅客指南

circuler (v.)
[siRkyle]
往来；通行

limitation de vitesse (n.f.)
[limitasjɔ̃dvitɛs]
速限

abonnement (n.m.)
[abɔnmɑ̃]
包期（票）

horaire garanti (n.m.)
[ɔRɛRgaRɑ̃ti]
时刻保障

remboursement (n.m)
[Rɑ̃buRsmɑ̃]
退款

sans réservation
[sɑ̃RezɛRvasjɔ̃]
没预约

Chapitre 5 交通

情景 07 高铁

在高铁做的动作

fonctionner (v.)
[fɔ̃ksjɔne]
运行
★★★★

contrôler (v.)
[kɔ̃tʀole]
验票
★★★★

amende (n.f.)
[amɑ̃d]
罚款
★★★★

se renseigner (v.)
[sʀɑ̃sene]
询问
★★★

expliquer (v.)
[ɛksplike]
解释
★★★★

transporter (v.)
[tʀɑ̃spɔʀte]
运送
★★★★

incliner (v.)
[ɛ̃kline]
倾斜（椅背）
★★★★

redresser (v.)
[ʀdʀese]
竖直（椅背）
★★★

acheter (v.)
[aʃte]
购买
★★★★

demander (v.)
[dmɑ̃de]
问
★★★★

se reposer (v.)
[sʀpoze]
休息
★★★★

passer (v.)
[pase]
通过；经过
★★★★

与高铁干线有关的词语

ligne (n.f.)
[liɲ]
干线
★★★★

grande ligne (n.f.)
[gʀɑ̃dliɲ]
主干线
★★★

ligne secondaire (n.f.)
[liɲsəgɔ̃dɛʀ]
支线
★★★★

voie (n.f.)
[vwa]
轨道
★★★

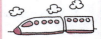

autre ligne (n.f.)
[otʀliɲ]
其他线
★★

临时需要用到的. 一段对话

在车站买票

A: Bonjour, monsieur. Je voudrais un billet aller-simple pour aller à Londres, s'il vous plaît.
先生，您好。我想买一张到伦敦的单程车票。

B: C'est pour quelle date?
哪一天的呢？

A: Pour l`Eurostar à huit heures du matin le14 Juillet.
七月十四号早上八点的欧洲之星。

B: Oui, pas de problème. Il y a encore des places. Vous voulez la place côté fenêtre ou côte couloir?
好的，没问题。还有座位。您想要靠窗还是靠走道的座位？

A: Si possible, côté fenêtre, s'il vous plaît.
如果可以的话，请给我靠窗的位子。

B: Vous voulez payer comment?
您要怎么付款呢？

A: Vous acceptez la carte?
信用卡可以吗？

B: Oui, bien sûr. Alors, ça fait 100 Euros. s'il vous plaît.
当然可以。这样总共一百欧元。麻烦您。

A: Voilà. Merci.
卡在这里，谢谢。

B: Voilà. Votre billet. Merci et au revoir.
您的票在这里。谢谢。再见。

Chapitre 5 交通

情景 07 高铁

 临时需要用到的．**一个句型** 05-26

法▶ **Vous voulez A ou B?**

中▶ 要 东西A 还是 东西B ?

- Vous voulez un billet ou deux billets?
  您要一张票还是两张票？
- Vous voulez du thé ou du café?
  您要茶还是咖啡？

补充句型

法▶ **Je voudrais + 数量 + billet(s) de 列车种类 pour aller à 地点 s'il vous plaît.**

中▶ 我想买～张到 地点 的 列车种类 车票，麻烦您。

法▶ **数量 + billet de + 车厢等级 .**

中▶ ～张～舱等的票。

- deux billets de deuxième classe 两张二等舱的票

法▶ **Le total est 金额 taxe comprise / taxe non comprise.**

中▶ 含税/不含税全部是 金额 。

- Le total est 100 euros taxe comprise.
  总共是一百欧元，税已内含。

临时需要用到的一个词：法语关键词6000

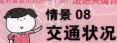

情景 08
交通状况

MP3 05-27

路上发生的交通状况

embouteillage (n.m.)
[ɑ̃butɛjaʒ]
堵车 ★★★

accident de voiture (n.m.)
[aksidɑ̃dvwatyʀ]
车祸 ★★★

franchir (v.)
[fʀɑ̃ʃiʀ]
闯（红灯） ★★★★

en cours de construction
[ɑ̃kuʀdkɔ̃stʀyksjɔ̃]
道路施工 ★★★

délit de fuite (n.m.)
[delidfɥit]
肇事逃逸 ★★★★

与道路有关的词语

intersection (n.f.)
[ɛ̃tɛʀsɛksjɔ̃]
十字路口 ★★★★

accotement (n.m.)
[akɔtmɑ̃]
路肩 ★★★

voie de circulation (n.f.)
[vwadsiʀkylasjɔ̃]
行驶道 ★★★

voie (n.f.)
[vwa]
车道 ★★★★

intervalle de sécurité (n.m.)
[ɛ̃tɛʀvaldesekyʀite]
安全距离 ★★★★

changer (v.)
[ʃɑ̃ʒe]
变换（车道）

tunnel (n.m.)
[tynɛl]
隧道 ★★★★

raccourci (n.m.)
[ʀakuʀsi]
捷径 ★★★★

péage (n.m.)
[peaʒ]
过路费 ★★★★

sens unique (n.m.)
[sɑ̃synik]
单行道 ★★★★

dépassement (n.m.)
[depasmɑ̃]
超车 ★★★

328

Chapitre 5 交通

情景 08 交通状况

与交通状况有关的词语

faire la navette (v.)
[fɛʀlanavɛt]
★★★★
通勤

heures de pointe (n.f.pl.)
[œʀdpwɛ̃t]
★★★★
尖峰时刻

collision de voiture (n.f.)
[kɔlizjɔ̃dvwatyʀ]
★★★★
汽车相撞

période des fête (n.f.)
[peʀjɔddefɛt]
★★★★
节庆时节

par (prép.)
[paʀ]
★★★
经由；每

与交通状况有关的人物

patrouille routière (n.f.)
[patʀujʀutjɛʀ]
★★★★
公路警察

délinquant (n.m.)
délinquante (n.f.)
[delɛ̃kɑ̃] / [delɛ̃kɑ̃t]
★★★★
肇事者；犯罪的人

victime (n.f.)
[viktim]
★★★★
受害者

passager (n.m.)
passagère (n.f.)
[pasaʒe] / [pasaʒɛʀ]
★★★★
乘客

piéton (n.m.)
piétonne (n.f.)
[pjetɔ̃] / [pjetɔn]
★★★★
行人

mort (n.m. / n.f.)
[mɔʀ]
★★★★
死者

police (n.f.)
[pɔlis]
★★★★
警察

avocat (n.m.)
avocate (n.f.)
[avɔka] / [avɔkat]
★★★★
律师

médecin (n.m.)
[medsɛ̃]
★★★★
医生

témoin (n.m.)
[temwɛ̃]
★★★★
目击者

blessé (n.m.)
blessée (n.f.)
[blese] / [blese]
★★★★
伤者

conducteur (n.m.)
conductrice (n.f.)
[kɔ̃dyktœʀ] / [kɔ̃dyktʀis]
★★★★
驾驶者

329

临时需要用到的一个词：法语关键词6000

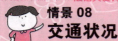

情景 08
交通状况

05-28

出行碰到的天气状况

temps (n.m.)
[tã]
天气
★★★★

pluie abondante (n.f.)
[plɥiabɔ̃dãt]
大雨
★★★★

typhon (n.m.)
[tifɔ̃]
台风
★★★★

tempête (n.f.)
[tãpɛt]
暴风雨
★★★★

nuageux (a.m.)
nuageuse (a.f.)
[nɥaʒø] / [nɥaʒøz]
阴雨天的
★★★★

glissement de terrain (n.m.)
[glismãdtɛRɛ̃]
泥石流
★★★★

brouillard (n.m.)
[bRujaR]
雾
★★★★

tornade (n.f.)
[tɔRnad]
龙卷风
★★★★

neige (n.f.)
[nɛʒ]
雪
★★★★

inondation (n.f.)
[inɔ̃dasjɔ̃]
洪水
★★★★

tempête de neige (n.f.)
[tãpɛtdnɛʒ]
暴风雪
★★★★

saison des pluies (n.f.)
[sɛzɔ̃deplɥi]
雨季
★★★

相关的描述性词语

à cause de
[akozd]
由于
★★★★

évident (a.m.)
évidente (a.f.)
[evidã] / [evidãt]
明显的
★★★★

sévère (a.)
[sevɛR]
严重的
★★★★

désordre (n.m.)
[dezɔRdR]
混乱
★★★★

horrible (a.)
[ɔRibl]
可怕的
★★★★

malheureux (a.m.)
malheureuse (a.f.)
[malørø] / [malørøz]
不幸的
★★★★

Chapitre 5 交通

情景 08 交通状况

与交通状况有关的词语

augmenter (v.)
[ɔgmɑ̃te]
增加

diminuer (v.)
[diminɥe]
减少

se passer (v.)
[spase]
发生

limite de vitesse (n.f.)
[limitdvites]
限速

excès de vitesse (n.m.)
[eksedvites]
超速行车

direct (n.m.)
[diʀɛkt]
即时报道

coin (n.m)
[kwɛ̃]
转角

percuter (v.)
[pɛʀkyte]
撞

accident de voiture (n.m.)
[aksidɑ̃dvwatyʀ]
车祸

ambulance (n.f.)
[ɑ̃bylɑ̃s]
救护车

fracture (n.f.)
[fʀaktyʀ]
骨折

inconscient (a.m.)
inconsciente (a.f.)
[ɛ̃kɔ̃sjɑ̃] / [ɛ̃kɔ̃sjɑ̃t]
失去意识的

éviter (v.)
[evite]
避开

dérapage (n.m.)
[deʀapaʒ]
失控

conduite en état d'ivresse (n.f.)
[kɔ̃dɥitɑ̃netadivʀɛs]
酒驾

être arrêté(e) (v.)
[ɛtʀaʀete]
被拦下

être remorqué(e) (v.)
[ɛtʀʀmɔʀke]
被拖吊

virage serré (n.m.)
[viʀaʒseʀe]
急转弯

情景 08 交通状况

引起车祸的原因种类

collision par l'arrière (n.f.)
[kɔlizjɔ̃parlarjɛr]
追撞

conduite en état d'ivresse (n.f.)
[kɔ̃dɥitɑ̃netadivrɛs]
酒驾

collision (n.f.)
[kɔlizjɔ̃]
相撞

crise cardiaque (n.f.)
[krizkardjak]
心脏病突发

infraction (n.f.)
[ɛ̃fraksjɔ̃]
交通违规

déraper (v.)
[derape]
侧滑

conduite imprudente (n.f.)
[kɔ̃dɥitɛ̃prydɑ̃t]
横冲直撞

glisser (v.)
[glise]
打滑

accrochage (n.m.)
[akrɔʃaʒ]
擦撞

être en excès de vitesse (v.)
[ɛtrɑ̃nɛksɛdvitɛs]
超速

dérapage (n.m.)
[derapaʒ]
失控

carambolage (n.m.)
[karɑ̃bɔlaʒ]
连环车祸

与车祸有关的赔偿词语

compagnie d'assurances (n.f.)
[kɔ̃paɲidasyrɑ̃s]
保险公司

indemnisation (n.f.)
[ɛ̃dɛmnizasjɔ̃]
保险金额

réclamer (v.)
[reklame]
申请理赔

rapport de police (n.m.)
[rapɔrdpɔlis]
警察证明

indemnité (n.m.)
[ɛ̃dɛmnite]
赔偿金

Chapitre 5 交通

情景 08 交通状况

与车祸有关的其他词语

amende (n.f.)
[amɑ̃d]
罚金
★★★★

peine (n.f.)
[pɛn]
刑罚
★★★★

négocier (v.)
[negɔsje]
谈判
★★★

libérer (v.)
[libeʀe]
释放
★★★

en prison
[ɑ̃pʀizɔ̃]
坐牢
★★★

lieu (n.m.)
[ljø]
车祸现场
★★★★

meurtre (n.m.)
[mœʀtʀ]
谋杀
★★★

responsabilité (n.f.)
[ʀɛspɔ̃sabilite]
责任
★★★★

enquêter (v.)
[ɑ̃kete]
调查
★★★★

obligation (n.f.)
[ɔbligasjɔ̃]
义务
★★★

mandataire (n.m. / n.f.)
[mɑ̃datɛʀ]
法定代理人
★★★

agent (n.m.)
[aʒɑ̃]
代理者
★★★

personne dans un état végétatif (n.f.)
植物人
★★★★

renverser (v.)
[ʀɑ̃vɛʀse]
翻覆
★★★★

freinage d'urgence (n.m.)
[fʀɛnaʒdyʀʒɑ̃s]
紧急刹车
★★★

blessure (n.f.)
[blesyʀ]
受伤
★★★★

ambulance (n.f.)
[ɑ̃bylɑ̃s]
救护车

séquelle (n.f.)
[sekɛl]
后遗症
★★★★

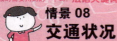

情景 08
交通状况

与交通堵塞有关的情况

désordre (n.m.)
[dezɔʀdʀ]
混乱

embouteillage (n.m.)
[ɑ̃butɛjaʒ]
堵车

klaxonner (v.)
[klaksɔne]
按喇叭

dépassement (n.m.)
[depasmɑ̃]
超车

circuler (v.)
[siʀkyle]
行驶

sens contraire (n.m.)
[sɑ̃skɔ̃tʀɛʀ]
逆向

choc (n.m.)
[ʃɔk]
冲撞

clignotant (n.m.)
[kliɲɔtɑ̃]
方向灯

négligence (n.f.)
[negliʒɑ̃s]
漫不经心

en double file
并排停车

beaucoup de voitures
[bokudvwatyʀ]
车多

stationnement en créneau (n.m.)
路边停车

attendre (v.)
[atɑ̃dʀ]
等待

en cours de construction
[ɑ̃kuʀdkɔ̃stʀyksjɔ̃]
道路施工

en panne
[ɑ̃pan]
抛锚

pneu crevé (n.m.)
[pnøkʀəve]
爆胎

Chapitre 5 交通

情景 08 交通状况

与交通事故有关的动作

enquêter (v.)
[ɑ̃kete]
调查

provoquer un accident (v.)
[pʀɔvɔkeɑ̃naksidɑ̃]
肇事

signaler un crime à la police (v.)
报案

procès-verbal (n.m.)
[pʀɔsevɛʀbal]
笔录

prendre la responsabilité (v.)
[pʀɑ̃dʀlaʀɛspɔ̃sabilite]
负责

fuir (v.)
[fɥiʀ]
逃逸

mandat d'arrêt (n.m.)
[mɑ̃dadaʀɛ]
拘捕令

arrêter (v.)
[aʀete]
逮捕

négocier (v.)
[negɔsje]
协调

s'excuser (v.)
[sɛkskyze]
道歉

indemniser (v.)
[ɛ̃dɛmnize]
赔偿

disputer (v.)
[dispyte]
争吵

représenter (v.)
[ʀpʀezɑ̃te]
代表

procès (n.m.)
[pʀɔsɛ]
诉讼

prouver (v.)
[pʀuve]
证明

condamner (v.)
[kɔ̃dane]
判决

faire appel (v.)
[fɛʀapɛl]
上诉

opération (n.f.)
[ɔpeʀasjɔ̃]
手术

guérir (v.)
[geʀiʀ]
康复

临时需要用到的．一个句型　05-31

法 ▶ être bloqué(e) dans...
中 ▶ 被困在～

- Notre voiture est bloquée dans l'embouteillage.
  我们的车子被堵车困住了。
- Mon projet est bloqué par le directeur en raison du budget insuffisant.
  我的案子因为预算不足被经理卡住了。
- Je suis bloqué dans l'ascenseur.
  我被困在电梯里了。
- Le tuyau est bloqué par la neige.
  水管被雪塞住了。

临时需要的生活短语

- indemniser les dégâts
  赔偿损害
- faire un procès-verbal
  做笔录
- signaler un accident de voiture à la police
  车祸报案
- déposer au commissariat de police
  到警察局备案

Chapitre 5 交通

情景 08 交通状况

 临时需要用到的．一个句型　05-32

法 ▶ à cause de...
中 ▶ 由于～，因为～

- À cause du mauvais temps, on a annulé le voyage.
  由于天气不好，我们取消了这次的旅行。
- À cause de l'accident de voiture, notre voiture est immobilisée.
  因车祸的关系，我们的车根本无法动。
- À cause de ses mauvaises habitudes de conduite, Sami a percuté une voiture
  因为不良的驾驶习惯，山米昨天与一辆车子相撞。

法 ▶ Selon...
中 ▶ 根据～

- Selon lui, cet homme a fait exprès de percuter la voiture devant.
  根据他所言，这个男人是故意撞前面的车子。
- Selon la police, c'est un cas de conduite en état d'ivresse.
  根据警方的说法，这是一桩酒后驾车的案例。

临时需要的生活短语

- respecter les règles de circulation 遵守交通规则
- contravention d'excès de vitesse 超速罚单
- être responsable de... 为～而负责

临时需要用到的．一个句型 05-33

法▶ 数量词 + 名词 + (par) + 计量词

中▶ 每 / 平均

- La limitation de vitesse de cette route est soixante-dix kilomètre heure.
  这条道路的速限是每小时 70 千米。
- La vitesse du TGV peut atteindre deux cents quatre-vingt kilomètre heure.
  TGV 的最高时速可达每小时 280 千米。
- Mon coeur bat à soixante-quinze pulsations par minute.
  我的心跳每分钟 75 下。

临时需要的生活短语

- se disputer avec... 与～起争执
- appeler la police 报警
- se concilier 私下和解
- stationnement interdit 禁止停车
- interdit d'entrer 禁止进入
- interdit de se garer 禁止停车
- priorité aux piétons 行人优先

Chapitre 6
住宿

情景01 | 饭店
情景02 | 租房与买房
情景03 | 宿舍

临时需要用到的一个词：法语关键字 6000

情景 01
饭店

MP3 06-01

饭店类型及相关词语

hôtel (n.m.)
[ɔtɛl]
饭店
★★★★

station de vacances (n.f.)
[stasjɔ̃dvakɑ̃s]
度假村
★★★★

villa (n.f.)
[vila]
独栋式饭店
★★★★

appart hôtel (n.m.)
[apaʀɔtɛl]
公寓式饭店
★★★★

auberge de jeunesse (n.m.)
[obɛʀʒdəʒœnɛs]
青年旅馆
★★★★

hôtel commercial (n.m.)
[ɔtɛlkɔmɛʀsjal]
商务旅馆
★★★★

mini bar (n.m.)
[minibaʀ]
房内吧台
★★★★

boîte de sécurité (n.f.)
[bwatdəsekyʀite]
保险箱
★★★★

navette (n.f.)
[navɛt]
接驳车
★★★

service voiturier (n.m.)
[sɛʀvisvwatyʀje]
代客停车
★★

change (n.m.)
[ʃɑ̃ʒ]
外币兑换
★★★★

service de concierge (n.m.)
[sɛʀvisdəkɔ̃sjɛʀʒ]
行李服务
★★★

饭店里的设施地点

équipement (n.m.)
[ekipmɑ̃]
饭店设施
★★★★

hall (n.m.)
[al]
大厅
★★★★

chambre (n.f.)
[ʃɑ̃bʀ]
房间
★★★★

salle de conférence (n.f.)
[saldəkɔ̃feʀɑ̃s]
会议室
★★★★

salle de banquet (n.f.)
[saldəbɑ̃kɛ]
宴会厅
★★★★

restaurant (n.m.)
[ʀɛstɔʀɑ̃]
餐厅
★★★★

Chapitre 6 住宿

情景 01 饭店

在饭店做的动作

loger (v.)
[lɔʒe] ★★★★
住宿

dormir (v.)
[dɔʀmiʀ] ★★★★
睡觉

arriver (v.)
[aʀive] ★★★★
到达

partir (v.)
[paʀtiʀ] ★★★★
离开

réserver (v.)
[ʀezɛʀve] ★★★★
预约

enregistrer (v.)
[ɑ̃ʀʒistʀe] ★★★★
入住登记

réduction (n.f.)
[ʀedyksjɔ̃] ★★★★
打折

faire passer dans une classe supérieure (v.) ★★★★
升级

se plaindre (v.)
[səplɛ̃dʀ] ★★★★
抱怨

confirmer (v.)
[kɔ̃fiʀme] ★★★★
确认

régler la note (v.)
[ʀeglelanɔt] ★★★
退房

service de chambre (n.m.)
[sɛʀvisdʃɑ̃bʀ] ★★★★
客房服务

饭店给人的感觉

grand (a.m.)
grande (a.f.)
[gʀɑ̃] / [gʀɑ̃d] ★★★★
大的

petit (a.m.)
petite (a.f.)
[pti] / [ptit] ★★★★
小的

luxe (n.m.)
[lyks] ★★★★
豪华

pratique (a.)
[pʀatik] ★★★★
方便的

propre (a.)
[pʀɔpʀ] ★★★★
干净的

confortable (a.)
[kɔ̃fɔʀtabl] ★★★★
舒适的

情景 01
饭店

饭店提供的服务

service de bagagiste (n.m.)
[sɛʀvisdbagaʒist] ★★★
代提行李

service de chambre (n.m.)
[sɛʀvisdʃɑ̃bʀ] ★★★★
客房服务

service de laverie (n.m.)
[sɛʀvisdlavri] ★★★★
洗衣服务

nettoyage à sec (n.m.)
[netwajaʒasɛk] ★★★★
干洗

entretien ménager (n.m.)
[ɑ̃tʀətjɛ̃menaʒe] ★★★★
房间清洁

service de réveil (n.m.)
[sɛʀvisdʀevɛj] ★★★★
晨间叫唤服务

service de fax (n.m.)
[sɛʀvisdfaks] ★★★★
传真服务

service Internet (n.m.)
[sɛʀvisɛ̃tɛʀnɛt] ★★★
网络服务

Wi-Fi (n.m.)
★★★★
无线网络

service de massage (n.m.)
[sɛʀvisdmasaʒ] ★★★★
按摩服务

service de spa (n.m.)
[sɛʀvisdspa] ★★★★
SPA 服务

在饭店发生的行为

fournir (v.)
[fuʀniʀ] ★★★★
提供

vérifier (v.)
[veʀifje] ★★★★
检查

se plaindre (v.)
[səplɛ̃dʀ] ★★★★
抱怨

commander (v.)
[kɔmɑ̃de] ★★★★
点餐

changer (v.)
[ʃɑ̃ʒe] ★★★★
换(房间)

demander (v.)
[dəmɑ̃de] ★★★★
要求

nettoyer (v.)
[netwaje] ★★★★
清洁

Chapitre 6 住宿

情景 01 饭店

房间类型

chambre double (n.f.)
[ʃɑ̃bʀdubl]
双人房（一张大床）

chambre avec deux lits (n.f.)
[ʃɑ̃bʀavekdøli]
双人房（两张床）

chambre individuelle (n.f.)
[ʃɑ̃bʀɛ̃dividyɛl]
单人房

suite (n.f.)
[sɥit]
豪华套房

chambre non-fumeur (n.f.)
[ʃɑ̃bʀnɔ̃fymœʀ]
禁烟房

住宿费用相关词语

frais (n.m.pl.)
[fʀɛ]
费用

tarif (n.m.)
[taʀif]
价钱

faire payer (v.)
[fɛʀpeje]
收费

gratuit (a.m.)
gratuite (a.f.)
[gʀatɥi] / [gʀatɥit]
免费

réduction (n.f.)
[ʀedyksjɔ̃]
打折

illimité (a.m.)
illimitée (a.f.)
[ilimite] / [ilimite]
无限制的

bon (n.m.)
[bɔ̃]
券

faire passer en catégorie supérieure
升级

invité (a.m.)
invitée (a.f.)
[ɛ̃vite] / [ɛ̃vite]
招待的；受邀请的

taxe comprise
[takskɔ̃pʀiz]
含税

taxe non-comprise
[taksnɔ̃kɔ̃pʀiz]
未含税

临时需要用到的一个词：法语关键字6000

情景 01
饭店

06-03

房间里的设施

shampooing (n.m.)
[ʃɑ̃pwɛ̃]
★★★★
洗发露

après-shampooing (n.m.)
[apʀɛʃɑ̃pwɛ̃]
★★★★
润发乳；护发素

brosse à dents (n.f.)
[bʀɔsadɑ̃]
★★★★
牙刷

rasoir (n.m.)
[ʀɑzwaʀ]
★★★★
刮胡刀

serviette (n.f.)
[sɛʀvjɛt]
★★★★
浴巾

sèche-cheveux (n.m.)
[sɛʃʃvø]
★★★★
吹风机

télévision (n.f.)
[televizjɔ̃]
★★★★
电视

bouilloire (n.f.)
[bujwaʀ]
★★★★
煮水壶

cafetière (n.f.)
[kaftjɛʀ]
★★★★
咖啡壶

brosse à cheveux (n.f.)
[bʀɔsaʃvø]
★★★★
梳子

verre (n.m.)
[vɛʀ]
★★★★
玻璃杯

boîte de sécurité (n.f.)
[bwatdsekyʀite]
★★★★
保险箱

frigo (n.m.)
[fʀigo]
★★★★
冰箱

peignoir de bain (n.m.)
[pɛɲwaʀdbɛ̃]
★★★★
浴袍

pantoufle (n.f.)
[pɑ̃tufl]
★★★★
拖鞋

cintre (n.m.)
[sɛ̃tʀ]
★★★★
衣架

lecteur DVD (n.m.)
[lɛktœʀdevede]
★★★★
DVD 播放器

Chapitre 6 住宿

情景 01 饭店

房间的特色

étage supérieur (n.m.)
[etaʒsyperjœr] ★★★
高楼层

étage inférieur (n.m.)
[etaʒɛ̃ferjœr] ★★★
低楼层

non-fumeur (n.m.)
[nɔ̃fymœr] ★★★★
禁烟

vue de montagne (n.f.)
[vydmɔ̃taɲ] ★★★
山景

vue sur la mer (n.f.)
[vysyrlamɛr] ★★★
海景

饭店服务及相关词语

service (n.m.)
[sɛrvis] ★★★★
服务

petit déjeuner (n.m.)
[ptideʒœne] ★★★★
早餐

réception (n.f.)
[resɛpsjɔ̃] ★★★★
柜台

bon (n.m.)
[bɔ̃] ★★★★
住宿券

télévision satellite (n.f.)
[televizjɔ̃satelit] ★★
卫星电视

change (n.m.)
[ʃɑ̃ʒ] ★★★★
换(钱)

demander (v.)
[dmɑ̃de] ★★★★
询问

concierge (n.m. / n.f.)
[kɔ̃sjɛrʒ] ★★★★
服务台

stationnement gratuit (n.m.)
[stasjɔnmɑ̃gratɥi] ★★
免费停车

salle de gym (n.f.)
[saldəʒim] ★★★★
健身房

wifi gratuit (n.m.)
[wifigratɥi] ★★★★
免费无线网络

internet gratuit (n.m.)
[ɛ̃tɛrnɛtgratɥi] ★★★★
免费网络

临时需要用到的一个词：法语关键字6000

情景 01
饭店

 06-04

在饭店居住的时间

nuit (n.f.)
[nɥi]
夜
★★★★

semaine (n.f.)
[smɛn]
周
★★★★

mois (n.m.)
[mwa]
月
★★★★

longue durée (n.f.)
[lɔ̃gdyʀe]
长期
★★★★

durée courte (n.f.)
[dyʀekuʀt]
短期
★★★★

plusieurs jours
[plyzjœʀʒuʀ]
几天
★★★

ce soir (adv.)
[ssswaʀ]
今晚
★★★★

demain soir (adv.)
[dmɛ̃swaʀ]
明晚
★★★★

après-demain (adv.)
[apʀɛdmɛ̃]
后天
★★★★

hier (adv.)
[jɛʀ]
昨天
★★★★

récemment (adv.)
[ʀesamɑ̃]
最近
★★★★

在饭店内的动作

aider (v.)
[ede]
帮忙
★★★★

assister (v.)
[asiste]
协助
★★★★

casser (v.)
[kɑse]
弄坏
★★★★

en panne
[ɑ̃pan]
故障了
★★★★

mettre en marche (v.)
[mɛtʀɑ̃maʀʃ]
打开（电器）
★★★★

éteindre (v.)
[etɛ̃dʀ]
关掉（电器）
★★★★

chercher (v.)
[ʃɛʀʃe]
寻找
★★★★

346

Chapitre 6 住宿

情景 01 饭店

在乘车处的所见

navette (n.f.)
[navεt]
接驳公交车

arrêt de bus (n.m.)
[aRεdbys]
乘车处

prix (n.m.)
[pRi]
票价

horaire (n.m.)
[ɔRεR]
时刻表

itinéraire (n.m.)
[itineRεR]
路线

在饭店用到的形容词

gentille (a.f.)
[ʒɑ̃til]
亲切的

serviable (a.)
[sεRvjabl]
乐于帮忙的

poli (a.m.)
polie (a.f.)
[pɔli] / [pɔli]
有礼貌的

pensif (a.m.)
pensive (a.f.)
[pɑ̃sif] / [pɑ̃siv]
体贴的

brillant (a.m.)
brillante (a.f.)
[bRijɑ̃] / [bRijɑ̃t]
明亮的

impoli (a.m.)
impolie (a.f.)
[ɛ̃pɔli] / [ɛ̃pɔli]
没有礼貌的

loin (a.)
[lwɛ̃]
很远的

froid (a.m.)
froide (a.f.)
[fRwa] / [fRwad]
冷漠的

moderne (a.)
[mɔdεRn]
现代化的

neuf (a.m.)
neuve (a.f.)
[nœf] / [nœv]
新的

connu (a.m.)
connue (a.f.)
[kɔny] / [kɔny]
有名的

sale (a.)
[sal]
脏的

347

临时需要用到的. 一个句型　06-05

该如何进行～的动作呢？

法▶ **Comment + 原形动词？**
中▶ 该如何～呢？

- Comment faire la réservation?
  如何预约呢？
- Comment vous contacter?
  如何跟您联络呢？
- Comment y aller? 如何去那里呢？
- Comment résoudre le problème?
  如何解决这个问题呢？

临时需要的生活短语

- Vous avez encore des chambres libres pour ce week-end? 请问您这周末还有空房吗？
- réserver une chambre 预约一个房间
- chercher un hôtel 寻找酒店
- arriver à l'hôtel 已到达酒店
- Bonjour. Je voudrais check-in.
  您好。我要登记入住。
- La climatisation dans ma chambre est en panne, pourriez-vous envoyer quelqu'un à vérifier, s'il vous plaît? 我房间的空调坏了，可以麻烦派人来检查一下吗？

Chapitre 6 住宿

情景 01 饭店

临时需要用到的，一个句型

法 ▶ ... être compris(e)
中 ▶ 附有～ / 内含～

- Le service de limousine est compris. 接送服务已包含在内。
- Les repas sont compris. 餐点包含在内。
- La taxe est comprise dans le prix. 这价格已内含税金。

法 ▶ Ça prend combien de temps pour aller à...?
中 ▶ 去～需要多久时间？

- Ça prend combien de temps pour aller à l'hôtel de Paris?
  从巴黎去饭店需要多久的时间？
- Ça prend combien de temps pour aller du centre ville à la mer? 从市区到海边需要多久的时间？
- Ça prend combien de temps? 需要多久的时间？

法 ▶ être loin de... / être proche de...
中 ▶ ～离～远 / ～离～近

- L'hôtel est très proche de la plage. 酒店离海滩很近。
- L'hôtel est très loin de la ville. 酒店离市区很远。

临时需要的生活短语

- Vous avez encore une chambre libre pour ce soir?
  请问您今晚还有一间空房吗？
- C'est combien une nuit pour une chambre double?
  双人房一晚收费多少？

349

情景 02
租房与买房

| 看房时注意的事项 | 与租房与买房相关的人员 |

louer (v.)
[lwe]
出租
★★★★

visiter (v.)
[vizite]
参观
★★★★

emplacement (n.m.)
[ɑ̃plasmɑ̃]
地点
★★★★

intimité (n.f.)
[ɛ̃timite]
隐私
★★★★

sécurité (n.f.)
[sekyrite]
安全
★★★★

aménagement (n.m.)
[amenaʒmɑ̃]
房间布局
★★★★

agence (n.f.)
[aʒɑ̃s]
代理处
★★★★

agent (n.m.)
[aʒɑ̃]
中介
★★★★

tuteur (a.m.)
tutrice (a.f.)
[tytœʀ] / [tytʀis]
监护人
★★★★

garant (n.m.)
garante (n.f.)
[garɑ̃] / [garɑ̃t]
保证人
★★★★

mandataire (n.m.)
[mɑ̃datɛʀ]
法定代理人
★★★★

locataire (n.m. / n.f.)
[lɔkatɛʀ]
承租者
★★★★

propriétaire (n.m. / n.f.)
[pʀɔpʀijetɛʀ]
房东
★★★★

acheteur (n.m.)
acheteuse (n.f.)
[aʃtœʀ] / [aʃtøz]
买方
★★★★

titulaire (n.m.)
[titylɛʀ]
持有人；所有人
★★★★

concierge (n.m. / n.f.)
[kɔ̃sjɛʀʒ]
大楼管理员
★★★★

Chapitre 6 住宿

情景 02 租房与买房

准备资料相关词语

document (n.m.)
[dɔkymɑ̃]
文件
★★★★

pièce d'identité (n.f.)
[pjɛsdidɑ̃tite]
身份证明
★★★★

permis de conduire (n.m.)
[pɛʀmidkɔ̃dɥiʀ]
驾照

numéro de sécurité sociale (n.m.)
社保号
★★

possession (n.f.)
[pɔsesjɔ̃]
所有权
★★★

s'enregistrer (v.)
[sɑ̃ʀʒistʀe]
登记
★★★★

état financier (n.m.)
[etafinɑ̃sje]
财力证明
★★★★

contrat (n.m.)
[kɔ̃tʀa]
买卖契约
★★★★

bail (n.m.)
[baj]
租赁合约
★★★★

condition (n.f.)
[kɔ̃disjɔ̃]
条件
★★★★

signature (n.f.)
[siɲatyʀ]
签名
★★★★

房间布局的类型

studio (n.m.)
[stydjo]
套房
★★

chambre (n.f.)
[ʃɑ̃bʀ]
卧室
★★★★

salle de séjour (n.f.)
[saldseʒuʀ]
客厅
★★★★

appartement (n.m.)
[apaʀtəmɑ̃]
公寓
★★★★

grenier (n.m.)
[gʀənje]
阁楼
★★

villa (n.m.)
[vila]
别墅
★★★★

balcon (n.m.)
[balkɔ̃]
阳台
★★★★

351

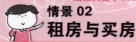

情景 02 租房与买房

 06-08

关于住宿环境的描述性词语

environnement (n.m.)
[ɑ̃viʀɔnmɑ̃]
环境 ★★★★

environnant (a.m.)
environnante (a.f.)
[ɑ̃viʀɔnɑ̃] / [ɑ̃viʀɔnɑ̃t]
周围的 ★★★★

près (adv.)
[pʀɛ]
靠近 ★★★★

claire (a.)
[klɛʀ]
采光好的 ★★★

centre ville (n.m.)
[sɑ̃tʀvil]
市中心 ★★★★

tranquille (a.)
[tʀɑ̃kil]
安静的 ★★★★

pratique (a.)
[pʀatik]
方便的 ★★★★

proche (a.)
[pʀɔʃ]
近的 ★★★★

à distance de marche
[adistɑ̃sdəmaʀʃ]
步行即可到 ★★★★

vue (n.f.)
[vy]
风景 ★★★★

bon prix (n.m.)
[bɔ̃pʀi]
好价格 ★★★

aéré (a.)
[aeʀe]
通风的 ★★★★

spacieux (a.m.)
spacieuse (a.f.)
[spasjø] / [spasjøz]
宽广的 ★★★★

confortable (a.)
[kɔ̃fɔʀtabl]
舒适的 ★★★★

rénover (v.)
[ʀenɔve]
翻新 ★★★★

neuf (a.m.)
neuve (a.f.)
[nœf] / [nœv]
新的 ★★★★

en sécurité
[ɑ̃sekyʀite]
安全的 ★★★★

propre (a.)
[pʀɔpʀ]
干净的 ★★★★

Chapitre 6 住宿

情景 02 租房与买房

买房时的相关词语

acheter (v.)
[aʃte]
买
★★★★

vendre (v.)
[vɑ̃dʀ]
卖
★★★★

négocier (v.)
[negɔsje]
交涉
★★★★

consulter (v.)
[kɔ̃sylte]
咨询
★★★★

décider (v.)
[deside]
决定
★★★★

augmenter (v.)
[ɔgmɑ̃te]
增加
★★★★

payer (v.)
[peje]
支付
★★★★

acompte (n.m.)
[akɔ̃t]
头期款
★★

emprunter (v.)
[ɑ̃pʀœ̃te]
贷款
★★★★

hypothèque (n.f.)
[ipɔtɛk]
抵押
★★★★

versements échelonnés (n.m.pl.)
[vɛʀsmɑ̃eʃlɔne]
分期付款
★★★

bail (n.m.)
[baj]
租赁合约
★★★★

signer (v.)
[siɲe]
签（约）
★★★

租房与买房时用到的词语

immobilier (n.m.)
[imɔbilje]
不动产
★★★★

propriété (n.f.)
[pʀɔpʀijete]
财产
★★★★

maison (n.f.)
[mɛzɔ̃]
房子
★★★★

appartement (n.m.)
[apaʀtmɑ̃]
公寓
★★★★

prix (n.m.)
[pʀi]
价格
★★★★

accord (n.m.)
[akɔʀ]
协议
★★★★

353

情景 02
租房与买房

支付费用的相关词语

arrhes (n.m.pl.)
[aR]
押金 ★★★★

loyer (n.m.)
[lwaje]
房租 ★★★★

loyer par jour (n.m.)
[lwajepaRʒuR]
日租金 ★★★★

commission (n.m.)
[kɔmisjɔ̃]
中介费；手续费 ★★★★

frais de gestion (n.m.pl.)
[fRedʒestjɔ̃]
管理费 ★★★

électricité (n.f.)
[elektRisite]
电费 ★★★★

intérêt (n.m.)
[ɛ̃teRe]
利息 ★★★★

frais divers (n.m.pl.)
[fRediveR]
杂费 ★★★★

frais d'entretien (n.m.pl.)
[fRedɑ̃tRətjɛ̃]
维护费用 ★★★★

frais d'internet (n.m.pl.)
[fRedɛ̃teRnet]
网络费 ★★★★

assurance (n.f.)
[asyRɑ̃s]
保险 ★★★★

maintenir (v.)
[mɛ̃tniR]
坚持；维持 ★★★★

租房相关词语

chercher (v.)
[ʃeRʃe]
寻找 ★★★★

location (n.f.)
[lɔkasjɔ̃]
出租 ★★★★

emprunter (v.)
[ɑ̃pRœ̃te]
借入 ★★★★

prêter (v.)
[pRete]
出借 ★★★★

à louer
[alwe]
出租

Chapitre 6 住宿

情景 02 租房与买房

住宅样式

appartement (n.m.)
[apaʀtmɑ̃]
公寓
★★★★

manoir (n.m.)
[manwaʀ]
庄园；宅邸
★★★

studio (n.m.)
[stydjo]
套房
★★★

maison (n.f.)
[mɛzɔ̃]
独栋独户
★★★

bâtiment (n.m.)
[bɑtimɑ̃]
建筑物
★★★★

château (n.m.)
[ʃɑto]
城堡
★★★★

villa (n.f.)
[vila]
别墅
★★★★

immeuble (n.m.)
[imœbl]
房屋
★★★

nombre de pièces (n.m.)
[nɔ̃bʀdpjɛs]
房间数
★★★

logements sociaux (n.m.pl.)
[lɔʒmɑ̃sɔsjo]
社会住宅

meublé (a.m.)
meublée (a.f.)
[mœble] / [mœble]
有家具的
★★★

rénové (a.m.)
rénovée (a.f.)
[ʀenɔve] / [ʀenɔve]
翻新过的
★★★★

d'occasion
[dɔkazjɔ̃]
二手的
★★★★

nouveau bâtiment (n.m.)
[nuvobɑtimɑ̃]
新大楼
★★★★

grenier (n.m.)
[gʀənje]
阁楼
★★★★

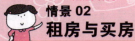

情景 02 租房与买房

租房与买房前后发生的行为

chercher (v.)
[ʃɛʁʃe]
找

visiter (v.)
[vizite]
参观

négocier (v.)
[negɔsje]
协调

peindre (v.)
[pɛ̃dʁ]
擦油漆

garder (v.)
[gaʁde]
保留

négocier (v.)
[negɔsje]
杀价

déménager (v.)
[demenaʒe]
搬家

décorer (v.)
[dekɔʁe]
装潢；布置

affaire (n.f.)
[afɛʁ]
交易

communiquer (v.)
[kɔmynike]
沟通

signer (v.)
[siɲe]
签（约）

可能用到的描述性词语

abordable (a.)
[abɔʁdabl]
负担得起的

dépasser le budget (v.)
[depɑseləbydʒɛ]
超过预算

bon prix (n.m.)
[bɔ̃pʁi]
好价格

neuf (a.m.)
neuve (a.f.)
[nœf] / [nœv]
全新的

allocation (n.f.)
[alɔkasjɔ̃]
津贴（政府给的）

être d'accord (v.)
[ɛtʁdakɔʁ]
同意

Chapitre 6 住宿

情景 02 租房与买房

房内的区域

armoire (n.f.)
[aʀmwaʀ]
衣橱 ★★★★

salle de bain (n.f.)
[saldbɛ̃]
浴室 ★★★★

toilettes (n.f.pl.)
[twalɛt]
厕所 ★★★★

cuisine (n.f.)
[kɥizin]
厨房 ★★★★

salle à manger (n.f.)
[salamɑ̃ʒe]
餐厅 ★★★★

salle de séjour (n.f.)
[saldseʒuʀ]
客厅 ★★★★

sous-sol (n.m.)
[susɔl]
地下室 ★★★★

stockage (n.m.)
[stɔkaʒ]
储藏室 ★★★★

grenier (n.m.)
[gʀənje]
阁楼 ★★★★

garage (n.m.)
[gaʀaʒ]
车库 ★★★★

balcon (n.m.)
[balkɔ̃]
阳台 ★★★

ascenseur (n.m.)
[asɑ̃sœʀ]
电梯 ★★★★

escalier (n.m.)
[ɛskalje]
楼梯 ★★★★

房子的楼层

rez-de chaussée (n.m.)
[ʀedʃose]
一楼 ★★★

premier étage (n.m.)
[pʀəmjeetaʒ]
二楼 ★★★

deuxième étage (n.m.)
[døzjɛmetaʒ]
三楼 ★★★

troisième étage (n.m.)
[tʀwazjɛmetaʒ]
四楼 ★★★

quatrième étage (n.m.)
[katʀijɛmetaʒ]
五楼 ★★★

注：见 P.369 文化小叮咛 ❶

临时需要用到的. 一段对话

和房屋中介约看房

A: Bonjour, monsieur. Je cherche un appart près de la gare. Est-ce que vous avez quelque choses à me conseiller?
先生您好。我现在正在寻找车站附近的公寓,请问有没有什么可以推荐的呢?

B: Certainement. Quel est votre budget?
有的。您的预算是?

A: Moins de cinq cents euros, s'il vous plaît.
500 欧元以下,麻烦了。

B: Alors, dans ce cas là, j'ai un appart tout neuf qui est tout près de la gare, seulement dix minutes à pied, ça vous va?
那么,这样子的话,这儿有一个距车站步行只要 10 分钟的新建公寓,您觉得如何?

A: Il y a combien de pièces? Il y a un ascenseur?
有几间房间呢?有电梯吗?

B: Il y a deux pièces avec ascenseur. Le loyer est 450 euros par mois.
有两间房,有电梯。房租一个月是 450 欧元。

A: On peut le visiter, s'il vous plaît?
我们可以看房吗?

B: Bien sûr, je vais vous le montrer.
可以啊,我带您去看。

 Chapitre 6 住宿

情景 02 租房与买房

 临时需要用到的. **一个句型** 06-11

"出租广告" 范例

- Annonce Location Appartement.
  公寓出租广告。
- Proximité centre et gare au 5ème étage avec ascenseur.
  靠近市中心与车站，在五楼，有电梯。
- Grand studio meublé de 29m^2 avec balcon. tout confort.
  大套房附家具，29 平方米，有阳台，很舒适。
- Entrée, une pièce principale avec coin cuisine équipée, salle de bainet wc.
  入口、一设备齐全的厨房主空间、浴室和洗手间。

 补充句型

| 法 ▶ | Le loyer est 金额 euros par mois. |
| 中 ▶ | 房租是每个月 金额 欧元。 |

情景 03
宿舍

🎧 MP3 06-12

宿舍种类

dortoir (n.m.)
[dɔʀtwaʀ]
宿舍 ★★★★

pensions (n.m.pl.)
[pɑ̃sjɔ̃]
供餐宿舍 ★★★

famille d'accueil (n.f.)
[famijdakœj]
寄宿家庭 ★★★★

résidence étudiante (n.f.)
[ʀezidɑ̃setydjɑ̃t]
学生宿舍 ★★★★

résidence d'employés (n.f.)
[ʀezidɑ̃sdɑ̃plwaje]
员工宿舍 ★★★★

住宿前做的动作

appliquer (v.)
[aplike]
申请 ★★★★

vérifier (v.)
[veʀifje]
审核 ★★★★

réserver (v.)
[ʀezɛʀve]
预约 ★★★★

chercher (v.)
[ʃɛʀʃe]
寻找 ★★★★

logement (n.m.)
[lɔʒmɑ̃]
住宿 ★★★★

déménager (v.)
[demenaʒe]
搬家 ★★★★

住宿前要注意的事项

frais (n.m.pl.)
[fʀɛ]
费用 ★★★★

date d'emménagement (n.f.)
[datdɑ̃menaʒmɑ̃]
搬入日期 ★★★

rentrée (n.f.)
[ʀɑ̃tʀe]
开学 ★★★★

couvre-feu (n.m.)
[kuvʀəfø]
门禁 ★★★★

obligation (n.f.)
[ɔbligasjɔ̃]
义务 ★★★★

réglementation (n.f.)
[ʀɛglmɑ̃tasjɔ̃]
规定 ★★★★

Chapitre 6 住宿

情景 03 宿舍

宿舍提供的设施

équipement (n.m.)
[ekipmɑ̃]
设备
****

installation (n.f.)
[ɛ̃stalasjɔ̃]
设施
****

distributeur automatique (n.m.)
[distʀibytœʀotomatik]
自动贩卖机
****

photocopieuse (n.f.)
[fɔtɔkɔpjøz]
影印机
****

télévision (n.f.)
[televizjɔ̃]
电视

machine à laver (n.f.)
[maʃinalave]
洗衣机
***

stationnement pour vélos (n.m.)
[stasjɔnmɑ̃puʀvelo]
自行车停车场
***

casier (n.m.)
[kɑzje]
置物柜
****

accès à internet (n.m.)
[aksɛaɛ̃tɛʀnɛt]
网络
****

Wi-Fi (n.m.)
无线网络
****

sèche-linge (n.m.)
[sɛʃlɛ̃ʒ]
烘衣机
****

与宿舍人员沟通时用到的动词

informer (v.)
[ɛ̃fɔʀme]
告知；通知
****

assister (v.)
[asiste]
协助
***

annoncer (v.)
[anɔ̃se]
宣布
****

décorer (v.)
[dekɔʀe]
布置
****

changer (v.)
[ʃɑ̃ʒe]
换
****

contacter (v.)
[kɔ̃takte]
联络

临时需要用到的一个词：法语关键字6000

情景 03
宿舍

MP3 06-13

宿舍房间里面的设施

lit (n.m.)
[li]
★★★★
床

matelas (n.m.)
[matlɑ]
★★★★
弹簧床

table (n.f.)
[tabl]
★★★★
桌

chaise (n.f.)
[ʃɛz]
★★★★
椅子

micro-ondes (n.m.)
[mikʀoɔ̃d]
★★★★
微波炉

four (n.m.)
[fuʀ]
★★★
烤箱

cafetière (n.f.)
[kaftjɛʀ]
★★★★
咖啡壶

bouilloire (n.f.)
[bujwaʀ]
★★★★
煮水壶

frigo (n.m.)
[fʀigo]
★★★★
冰箱

douche (n.f.)
[duʃ]
★★★★
淋浴间

climatisation (n.f.)
[klimatizasjɔ̃]
★★★★
空调

chauffage (n.m.)
[ʃofaʒ]
★★★★
暖气

armoire (n.f.)
[aʀmwaʀ]
★★★★
衣橱

lumière (n.f.)
[lymjɛʀ]
★★★★
灯

toilettes (n.f.pl.)
[twalɛt]
★★★★
厕所

salle de bain (n.f.)
[saldbɛ̃]
★★★★
浴室

lavabo (n.m.)
[lavabo]
★★★★
洗手台

baignoire (n.f.)
[bɛɲwaʀ]
★★★★
浴缸

Chapitre 6 住宿

情景 03 宿舍

住宿舍时需要的生活用品

shampooing (n.m.)
[ʃɑ̃pwɛ̃]
★★★★
洗发露

après-shampooing (n.m.)
[apʀɛʃɑ̃pwɛ̃]
★★★★
润发乳；护发素

crème nettoyante (n.f.)
[kʀɛmnetwajɑ̃t]
★★★★
洗面乳

crème (n.f.)
[kʀɛm]
★★★★
乳液

cintre (n.m.)
[sɛ̃tʀ]
★★★★
衣架

dentifrice (n.f.)
[dɑ̃tifʀis]
★★★★
牙膏

rasoir (n.m.)
[ʀɑzwaʀ]
★★★★
刮胡刀

sèche-cheveux (n.m.)
[sɛʃʃvø]
★★★★
吹风机

savon (n.m.)
[savɔ̃]
★★★★
肥皂

serviette (n.f.)
[sɛʀvjɛt]
★★★★
浴巾

brosse à dents (n.f.)
[bʀɔsadɑ̃]
★★★★
牙刷

fer à repasser (n.m.)
[fɛʀaʀpɑse]
★★★★
熨斗

lessive (n.f.)
[lesiv]
★★★★
洗衣液

couette (n.f.)
[kwɛt]
★★★★
棉被

oreiller (n.m.)
[ɔʀeje]
★★★★
枕头

ordinateur (n.m.)
[ɔʀdinatœʀ]
★★★★
电脑

imprimante (n.f.)
[ɛ̃pʀimɑ̃t]
★★★★
打印机

ordinateur portable (n.m.)
[ɔʀdinatœʀpɔʀtabl]
★★★★
笔记本电脑

情景 03
宿舍

用餐的种类及方式

à emporter
[aɑ̃pɔʀte]
外带
★★★★

sur place
[syʀplas]
在现场吃
★★★★

faire la cuisine (v.)
[fɛʀlakɥizine]
做饭
★★★★

petit déjeuner (n.m.)
[ptideʒœne]
早餐
★★★★

dîner (n.m. / v.)
[dine]
晚餐
★★★★

déjeuner (n.m. / v.)
[deʒœne]
中餐
★★★★

宿舍生活描述性词语

petit (a.m.)
petite (a.f.)
[pti] / [ptit]
小的
★★★★

grand (a.m.)
grande (a.f.)
[gʀɑ̃] / [gʀɑ̃d]
大的
★★★★

presque (adv.)
[pʀɛsk]
几乎
★★★★

libre (a.)
[libʀ]
自由自在的
★★★★

privé (a.m.)
privée (a.f.)
[pʀive] / [pʀive]
隐私的
★★★★

gênant (a.m.)
gênante (a.f.)
[ʒɛnɑ̃] / [ʒɛnɑ̃t]
不方便的
★★★★

strict (a.m.)
stricte (a.f.)
[stʀikt] / [stʀikt]
严格的
★★★★

en sécurité
[ɑ̃sekyʀite]
安全的
★★★★

tout près (adv.)
[tupʀɛ]
内地
★★★★

loin (a.)
[lwɛ̃]
远的
★★★★

bon marché (a.)
[bɔ̃maʀʃe]
便宜的
★★★★

cher (a.m.)
chère (a.f.)
[ʃɛʀ] / [ʃɛʀ]
贵的
★★★★

Chapitre 6 住宿

情景 03 宿舍

在宿舍可能做的动作

étudier (v.)
[etydje]
学习 ★★★★

bavarder (v.)
[bavaʀde]
聊天 ★★★★

nettoyer (v.)
[netwaje]
清理 ★★★★

dormir (v.)
[dɔʀmiʀ]
睡觉 ★★★★

vivre (v.)
[vivʀ]
生活 ★★★★

faire la cuisine (v.)
[fɛʀlakɥizin]
做饭 ★★★★

lire (v.)
[liʀ]
阅读 ★★★★

进出宿舍的时间

jour de la semaine (n.m.)
[ʒuʀdlasmɛn]
平日 ★★★★

week-end (n.m.)
[wikɛnd]
周末 ★★★★

vacances d'été (n.f.pl.)
[vakɑ̃sdete]
暑假 ★★★★

vacances d'hiver (n.f.pl.)
[vakɑ̃sdivɛʀ]
寒假 ★★★★

vacances de printemps (n.f.pl.)
[vakɑ̃sdpʀɛ̃tɑ̃]
春假 ★★★★

jour férié (n.m.)
[ʒuʀfeʀje]
假日 ★★★★

在宿舍看到的人

colocataire (n.m. / n.f.)
[kɔlɔkatɛʀ]
室友 ★★★★

copain (n.m.)
copine (n.f.)
[kɔpɛ̃] / [kɔpin]
同学；同伴 ★★★★

ami (n.m.)
amie (n.f.)
[ami] / [ami]
朋友 ★★

femme de ménage (n.f.)
[famdmenaʒ]
打扫阿姨 ★★★

情景 03
宿舍

宿舍生活相关地点

chambre individuelle (n.f.)
[ʃɑ̃bʀɛ̃dividyɛl]
★★★
单人房间

chambre avec deux lits (n.f.)
[ʃɑ̃bʀavɛkdøli]
★★★
双人房（两张床）

chambre (n.f.)
[ʃɑ̃bʀ]
★★★★
房间

salle de bain (n.f.)
[saldbɛ̃]
★★★★
浴室

douche (n.f.)
[duʃ]
★★★★
淋浴间

entrée (n.f.)
[ɑ̃tʀe]
★★★★
入口

couloir (n.m.)
[kulwaʀ]
★★★★
走廊

lit (n.m.)
[li]
★★★
床铺

balcon (n.m.)
[balkɔ̃]
★★★★
阳台

fenêtre (n.f.)
[fnɛtʀ]
★★★★
窗户

cafétéria (n.m.)
[kafeteʀja]
★★★★
咖啡厅

cantine (n.f.)
[kɑ̃tin]
★★★★
食堂

jardin (n.m.)
[ʒaʀdɛ̃]
★★★★
花园

toilettes (n.f.pl.)
[twalɛt]
★★★
厕所

station de bus (n.f.)
[stasjɔ̃dbys]
★★★★
公交车站

parking (n.m.)
[paʀkiŋ]
★★★★
停车场

Chapitre 6 住宿

情景 03 宿舍

宿舍花费相关词语

loyer (n.m.)
[lwaje]
房租

dépense (n.f.)
[depɑ̃s]
花费

budget (n.m.)
[bydʒɛ]
预算

frais de scolarité (n.m.pl.)
[fʀɛdskɔlaʀite]
学费

estimer (v.)
[ɛstime]
估算

arrhes (n.m.pl.)
[aʀ]
押金

dépense quotidienne (n.f.)
[depɑ̃skɔtidjɛn]
日常支出

électricité (n.f.)
[elɛktʀisite]
电费

internet (n.m.)
[ɛ̃tɛʀnɛt]
网络

frais de gestion (n.m.pl.)
[fʀɛdʒɛstjɔ̃]
管理费

dépenses partagées (n.f.pl.)
[depɑ̃spaʀtaʒe]
公共费用

frais divers (n.m.pl.)
[fʀɛdivɛʀ]
杂费

frais de demande (n.m.pl.)
[fʀɛddmɑ̃d]
申请费

forfait (n.m.)
[fɔʀfɛ]
方案价格

gratuit (a.m.) **gratuite** (a.f.)
[gʀatyi] / [gʀatyit]
免费的

payant (a.m.) **payante** (a.f.)
[pɛjɑ̃] / [pɛjɑ̃t]
付费的

taxe comprise
[takskɔ̃pʀiz]
含税

taxe non-comprise
[taksnɔ̃kɔ̃pʀiz]
未含税

临时需要用到的．一个句型

法 ▶ uniquement...
中 ▶ 只限～

- Ce dortoir est uniquement pour les étudiants.
  这宿舍只提供给学生。
- Ce club est uniquement pour les membres.
  这个俱乐部只限会员使用。
- La soirée est uniquement pour les dames.
  这场晚会只限女士参加。

法 ▶ près de...
中 ▶ 离～很近

- Le dortoir pour filles est très près de l'école.
  女生宿舍离学校非常近。
- Est-ce que le parc est très près de chez toi?
  那公园离你家很近吗？

法 ▶ loin de...
中 ▶ 离～很远

- On a déménagé à un endroit très loin du centre ville.
  我们搬到一个离市区很远的地方。

临时需要的生活短语

- proche de tout 生活机能很好
- le meilleur endroit 最好的地点
- le prix abordable 可负担的价格

Chapitre 6 住宿

情景 03 宿舍

 临时需要用到的.一个句型 MP3 06-17

有关楼层的说法

法▶ 序数 + étage
中▶ 第～楼

- J'habite au troisième étage. 我住在四楼。
- Mon bureau est au dixième étage. 我的办公室在十一楼。

法▶ 数字 + étage(s)
中▶ ～层楼高

- un bâtiment de sept étages 一栋八层楼高的建筑物

文化小叮咛

1. 在欧洲，零楼是我们所谓的一楼，而二楼是我们指的三楼。所以在按电梯的时候记得要注意到这点。
2. 在法国的电梯里面，进电梯时一定要与电梯里的陌生人打招呼（Bonjour或Bonsoir等）；出电梯的时候也要说Au revoir，这是一种礼仪，也是一种文化。

临时需要的生活短语

- Ça prend cinq minutes à pied pour aller au marché.
  去市场走路五分钟就到了。
- Le couvre-feu est à dix heures du soir.
  门禁是晚上十点。

临时需要用到的. 一个句型

法 ▶ pourvoir...
中 ▶ 可以～

- Tu peux me passer le sel, s'il te plaît?
  可以请你把盐传给我吗？
- Je peux y aller avec toi?
  我可以和你一起去吗？
- Tu peux m'aider à transporter cette valise?
  可以请你帮我搬这个行李吗？
- Je peux entrer?
  我可以进来吗？

法语的三餐说法

吃早餐：prendre le petit déjeuner（不可用 manger 这个字）

吃午餐：déjeuner

吃晚餐：dîner

- On prend le petit déjeuner à la maison?
  我们在家吃早餐吗？
- On déjeune ensemble?
  我们一起吃午餐好吗？
- On va dîner chez Max, tu viens?
  我们要去马克斯家吃晚餐，你要一起来吗？

Chapitre 7
教育

Sept

情景01 | 校园
情景02 | 图书馆
情景03 | 考试
情景04 | 社团活动

情景 01
校园

常见的学校种类相关词语

école (n.f.)
[ekɔl]
学校 ★★★★

école maternelle (n.f.)
[ekɔlmatɛʀnɛl]
幼儿园 ★★★

école élémentaire (n.f.)
[ekɔlelemɑ̃tɛʀ]
小学 ★★★

collège (n.m.)
[kɔlɛʒ]
中学 ★★★★

bac (n.m.)
[bak]
高中会考 ★★★

doctorat (n.m.)
[dɔktɔʀa]
博士 ★★★★

lycée général (n.m.)
[liseʒeneʀal]
普通高中 ★★★★

lycée professionnel (n.m.)
[liseprɔfɛsjɔnɛl]
职业高中 ★★★★

université (n.f.)
[ynivɛʀsite]
大学 ★★★★

grande école (n.f.)
[gʀɑ̃dekɔl]
高等学校 ★★★★

maîtrise (n.f.)
[metʀiz]
硕士 ★★★★

école de langue (n.f.)
[ekɔldlɑ̃g]
语言学校 ★★★

école pour les malvoyants (n.f.)
[ekɔlpuʀlemalvwajɑ̃]
启明学校 ★★★

école pour les sourds (n.f.)
[ekɔlpuʀlesuʀ]
聋哑学校 ★★★

crèche (n.f.)
[kʀɛʃ]
托儿所 ★★★

institut (n.m.)
[ɛ̃stity]
学院 ★★★

éducation spécialisée (n.f.)
[edykasjɔ̃spesjalize]
特殊教育学校 ★★★★

Chapitre 7 教育

情景 01 校园

学校里学习科目相关词语

cours (n.m.)
[kur]
★★★
课程

département (n.m.)
[departmɑ̃]
★★★★
系所

français (n.m.)
[frɑ̃sɛ]
★★★★
法语

linguistique (n.f.)
[lɛ̃ɡɥistik]
★★★★
语言学

droit (n.m.)
[drwa]
★★★
法学

langue étrangère (n.f.)
[lɑ̃ɡetrɑ̃ʒɛr]
★★★★
外国语言学

sciences sociales (n.m.pl.)
[sjɑ̃ssɔsjal]
★★★★
社会科学

philosophie (n.f.)
[filɔzɔfi]
★★★
哲学

littérature (n.f.)
[literatyr]
★★★
文学

commerce (n.m.)
[kɔmɛrs]
★★★
商学

ingénierie (n.f.)
[ɛ̃ʒeniri]
★★★★
工程学

physique (n.m.)
[fizik]
★★
物理学

chimie (n.f.)
[ʃimi]
★★★★
化学

médecine (n.f.)
[medsin]
★★★
医学

beaux-arts (n.m.pl.)
[bozar]
★★★★
美术

musique (n.f.)
[myzik]
★★★★
音乐

cuisine (n.f.)
[kɥizin]
★★★★
烹饪

design (n.m.)
[dizajn]
★★★★
设计学

danse (n.f.)
[dɑ̃s]
★★★★
舞蹈

情景 01
校园

在学校里遇到的人物

enseignant (n.m.)
enseignante (n.f.)
[ɑ̃sɛɲɑ̃] / [ɑ̃sɛɲɑ̃t]
老师

employé (n.m.)
employée (n.f.)
[ɑ̃plwaje] / [ɑ̃plwaje]
职员

professeur
[pʀɔfesœʀ]
教授

conseiller (n.m.)
conseillère (n.f.)
[kɔ̃seje] / [kɔ̃sejɛʀ]
院长

principal (n.m.)
principale (n.f.)
[pʀɛ̃sipal] / [pʀɛ̃sipal]
校长

élève (n.m. / n.f.)
[elɛv]
学生

camarade (n.m. / n.f.)
[kamaʀad]
同学

étudiant transféré (n.m.)
étudiante transférée (n.f.)
转学生

infirmier (n.m.)
infirmière (n.f.)
[ɛ̃fiʀmje] / [ɛ̃fiʀmjɛʀ]
护士

surveillant (n.m.)
[syʀvɛjɑ̃]
警卫

association étudiante (n.f.)
[asɔsjasjɔ̃etydjɑ̃t]
学生会

conseiller (n.m.)
conseillère (n.f.)
[kɔ̃seje] / [kɔ̃sejɛʀ]
顾问

étudiant (n.m.)
étudiante (n.f.)
[etydjɑ̃] / [etydjɑ̃t]
大学生

Chapitre 7 教育

情景 01 校园

学校生活相关词语

cours (n.m.)
[kuʀ]
课程

stage (n.m.)
[staʒ]
实习

activité (n.f.)
[aktivite]
课外活动

conférence (n.f.)
[kɔ̃feʀɑ̃s]
会议

enseignement (n.m.)
[ɑ̃sɛɲmɑ̃]
教学

club (n.m.)
[klœb]
社团活动

débat (n.m.)
[deba]
辩论会

discussion informelle (n.f.)
[diskysjɔ̃ɛ̃fɔʀmɛl]
座谈会

examen (n.m.)
[ɛgzamɛ̃]
考试

concours (n.m.)
[kɔ̃kuʀ]
比赛

emploi à temps partiel (n.m.)
兼职

étudier à l'étranger (v.)
[etydjealetʀɑ̃ʒe]
出国留学

学校生活描述性词语

joyeux (a.m.)
joyeuse (a.f.)
[ʒwajø] / [ʒwajøz]
快乐的

occupé (a.m.)
occupée (a.f.)
[ɔkype] / [ɔkype]
忙碌的

significatif (a.m.)
significative (a.f.)
[siɲifikatif] / [siɲifikativ]
有意义的

gai (a.m.)
gaie (a.f.)
[ge] / [ge]
愉快的

libre (a.)
[libʀ]
自由的

临时需要用到的一个词：法语关键字6000

情景 01
校园

🎧 07-03

学院相关词语

faculté (n.f.)
[fakylte]
★★
学院（简称 FAC）

commerce (n.m.)
[kɔmɛʀs]
★★
商业

littérature (n.f.)
[liteʀatyʀ]
★★
文学

langue étrangère (n.f.)
[lɑ̃getʀɑ̃ʒɛʀ]
★★★
外国语言学

ingénierie (n.f.)
[ɛ̃ʒeniʀi]
★★
工程学

droit (n.m.)
[dʀwa]
★★★
法学

médecine (n.f.)
[medsin]
★★★★
医学

学校里的地点

jardin (n.m.)
[ʒaʀdɛ̃]
★★★
花园

campus (n.m.)
[kɑ̃pys]
★★★★
校园

salle (n.f.)
[sal]
★★★★
教室

salle de recherche (n.f.)
[saldʀʃɛʀʃ]
★★★
研究室

laboratoire (n.m.)
[labɔʀatwaʀ]
★★★★
实验室

terrain de sport (n.m.)
[teʀɛ̃dspɔʀ]
★★★
运动场

cafétéria (n.f.)
[kafeteʀja]
★★★★
咖啡厅

bibliothèque (n.f.)
[biblijɔtɛk]
★★★★
图书馆

bureau (n.m.)
[byʀo]
★★★
办公室

secrétariat (n.m.)
[skʀetaʀja]
★★★
秘书处

résidence (n.f.)
[ʀezidɑ̃s]
★★★
宿舍

cantine (n.f.)
[kɑ̃tin]
★★★★
食堂

Chapitre 7 教育

情景 01 校园

讨论学校生活时出现的词语

connaissance (n.f.)
[kɔnɛsɑ̃s]
★★★★
知识

savoir-faire (n.m.)
[savwaʀfɛʀ]
★★★★
专业知识

bon sens (n.m.)
[bɔ̃sɑ̃s]
★★★★
常识

débutant (n.m.)
débutante (n.f.)
[debytɑ̃] / [debytɑ̃t]
★★★★
初学者

étudier (v.)
[etydje]
★★★★
主修；就读

mineur (a.m)
mineure (a.f.)
[minœʀ] / [minœʀ]
★★★★
辅修的

inscription (n.f.)
[ɛ̃skʀipsjɔ̃]
★★★★
注册

devoir (n.m.)
[dvwaʀ]
★★★★
作业

note (n.f.)
[nɔt]
★★★★
成绩

orienter (v.)
[ɔʀjɑ̃te]
★★★
指导

qualifié (a.m.)
qualifiée (a.f.)
[kalifje] / [kalifje]
★★★★
有资格的

passer (v.)
[pase]
★★★★
通过；及格

solliciter (v.)
[sɔlisite]
★★★★
申请

future (n.m.)
[fytyʀ]
★★★★
未来

bourse (n.f.)
[buʀs]
★★★★
奖学金

refaire (v.)
[ʀfɛʀ]
★★★
重修

expulser (v.)
[ɛkspylse]
★★★
开除

interrompre ses études (v.)
★★★
休学

concourir (v.)
[kɔ̃kuʀiʀ]
★★★
竞争

情景 01
校园

在学校念书时做的动作

étudier (v.)
[etydje]
读书
★★★★

apprendre (v.)
[apʀɑ̃dʀ]
学习
★★★

répéter (v.)
[ʀepete]
反复
★★★★

réviser (v.)
[ʀevize]
复习
★★★★

pratiquer (v.)
[pʀatike]
运用
★★★★

joindre (v.)
[ʒwɛ̃dʀ]
加入
★★★★

participer (v.)
[paʀtisipe]
参与
★★★★

se spécialiser (v.)
[sspesjalize]
专攻
★★★★

faire des recherches (v.)
[fɛʀdeʀʃɛʀʃ]
研究
★★★★

absorber (v.)
[apsɔʀbe]
吸收
★★★

digérer (v.)
[diʒeʀe]
消化
★★★

comprendre (v.)
[kɔ̃pʀɑ̃dʀ]
理解
★★★

poser des questions (v.)
[pozedekɛstjɔ̃]
提问题
★★★★

découvrir (v.)
[dekuvʀiʀ]
发现
★★★★

résoudre (v.)
[ʀezudʀ]
解决
★★★

experimenter (v.)
[ɛkspeʀimɑ̃te]
实验
★★★★

encourager (v.)
[ɑ̃kuʀaʒe]
鼓励
★★★★

développer (v.)
[devlɔpe]
培养
★★★★

compétition (n.f.)
[kɔ̃petisjɔ̃]
竞争
★★★★

échouer (v.)
[eʃwe]
不及格；失败
★★★★

Chapitre 7 教育

情景 01 校园

入学前准备的东西

matériaux (n.m.pl.)
[materjo]
教材

ordinateur (n.m.)
[ɔʀdinatœʀ]
电脑

formulaire de demande (n.m.)
[fɔʀmylɛʀdədmɑ̃d]
申请表

frais de demande (n.m.pl.)
[fʀɛddəmɑ̃d]
申请费

dossier de demande (n.m.)
[dosjeddəmɑ̃d]
申请文件

logement (n.m.)
[lɔʒmɑ̃]
住宿

在学校说到的其他词语

scolarité (n.f.)
[skɔlaʀite]
修业年限

semestre (n.m.)
[səmɛstʀ]
学期

mention (n.f.)
[mɑ̃sjɔ̃]
评语

rapport (n.m.)
[ʀapɔʀ]
报告

présentation orale (n.f.)
[pʀezɑ̃tasjɔ̃ɔʀal]
口头报告

diplôme (n.m.)
[diplom]
文凭

certificat (n.m.)
[sɛʀtifika]
证书

collégien (n.m.) **collégienne** (n.f.)
[kɔleʒjɛ̃] / [kɔleʒjɛn]
初中生

lycéen (n.m.) **lycéenne** (n.f.)
[liseɛ̃] / [liseɛn]
高中生

licence (n.f.)
[lisɑ̃s]
学士

maîtrise (n.f.)
[mɛtʀiz]
硕士

doctorat (n.m.)
[dɔktɔʀa]
博士

diplôme professionnel (n.m.)
[diplompʀɔfesjɔnɛl]
专业文凭

临时需要用到的. **一个句型**

法 ▶ délai de...
中 ▶ ～期限

- Le délai des devoirs est demain.
  交作业期限是明天。
- Le délai de l'inscription est mardi prochain.
  注册期限是下周二。
- C'est possible de finir tous les travaux avant le délai ?
  期限前可以完成所有的工作吗？

临时需要的生活短语

- faire l'appel 点名
- sécher le cours 逃课
- absent(e) 缺席
- présent(e) 出席
- vacances d'été 暑假
- vacances d'hiver 寒假
- vacances de printemps 春假
- vacances de Noël 圣诞假期
- bien éduqué(e) 受过良好教育的
- sortir de l'école 毕业
- obtenir le diplôme 拿到文凭

Chapitre 7 教育

情景 01 校园

 临时需要用到的. 一个句型 📻 07-06

法 ▶ **postuler un emploi / solliciter une université**
中 ▶ 申请一个职位 / 申请一所大学

- Je vais postuler à un emploi à BNP après être sorti de l'école.
  我从学校毕业后要到巴黎国家银行申请一个职位。
- Je voudrais m'inscrire à l'école de médecine.
  我想要申请医学院。
- Qu'est-ce que je dois préparer pour solliciter le cours du certificat?
  我需要准备什么才能申请证书课程？

partir 的用法

法 ▶ **partir de**
中 ▶ 从～（地方）离开

- Je pars demain. 我明天就离开了。
- Je pars de Nantes. 我从南特离开。
- Il est parti de Bordeaux pour l'Espagne.
  他从波尔多离开前往西班牙。

法 ▶ **partir pour...**
中 ▶ 前往～（地方）

- Je suis parti en avance hier pour aller voir le médecin.
  我昨天提早离开去看医生。
- Elle part pour Londres ce soir. 她今晚前往伦敦。

情景 02
图书馆

图书馆的类型

bibliothèque (n.f.)
[bibliɔtɛk]
图书馆

bibliothèque scolaire (n.f.)
[bibliɔtɛkskɔlɛʀ]
学校图书馆

bibliothèque nationale (n.f.)
[bibliɔtɛknasjɔnal]
国家图书馆

bibliothèque publique (n.f.)
[bibliɔtɛkpyblik]
公共图书馆

bibliothèque universitaire (n.f.)
[bibliɔtɛkynivɛʀsitɛʀ]
大学图书馆

读者在图书馆做的动作

apprendre (v.)
[apʀɑ̃dʀ]
学习

discuter (v.)
[diskyte]
讨论

chercher (v.)
[ʃɛʀʃe]
寻找

étudier (v.)
[etydje]
研究

voir (v.)
[vwaʀ]
看

compte-rendu (n.m.)
[kɔ̃tʀɑ̃dy]
记录

lire (v.)
[liʀ]
读

emprunter (v.)
[ɑ̃pʀœ̃te]
借入

prêter (v.)
[pʀete]
借出

retourner (v.)
[ʀtuʀne]
归还

copier (v.)
[kɔpje]
影印

feuilleter (v.)
[fœjte]
浏览

Chapitre 7 教育

情景 02 图书馆

图书馆服务时间相关词语

ouverture (n.f.)
[uvɛʀtyʀ]
开放时间

réserver (v.)
[ʀezɛʀve]
预约

fermeture (n.f.)
[fɛʀmtyʀ]
休馆日

dépasser (v.)
[depɑse]
逾期

avis de retard (n.m.)
[avdʀətaʀ]
逾期通知

renouveler (v.)
[ʀnuvle]
更新

tous les jours
[tuleʒuʀ]
每天

vacances (n.f.pl.)
[vakɑ̃s]
假期

événement (n.m.)
[evɛnmɑ̃]
活动

période de prêt (n.f.)
[peʀjɔddpʀɛ]
借出期间

exposition (n.f.)
[ɛkspozisjɔ̃]
展览

在图书馆用到的描述性词语

tranquille (a.)
[tʀɑ̃kil]
安静的

ennuyeux (a.m.)
ennuyeuse (a.f.)
[ɑ̃nɥijø] / [ɑ̃nɥijøz]
无趣的

varié (a.m.)
variée (a.f.)
[vaʀje] / [vaʀje]
种类多的

bruyant (a.m.)
bruyante (a.f.)
[bʀɥijɑ̃] / [bʀɥijɑ̃t]
吵闹的

précieux (a.m.)
précieuse (a.f.)
[pʀesjø] / [pʀesjøz]
珍贵的

383

临时需要用到的一个词：**法语关键字6000**

情景 02
图书馆

MP3 07-08

在图书馆看到的东西

livre (n.m.)
[livʀ]
书籍 ★★★★

livre électronique (n.m.)
[livʀelɛktʀɔnik]
电子书 ★★★★

magazine (n.m.)
[magazin]
杂志 ★★★★

nouveauté (n.f.)
[nuvote]
新到货 ★★★★

journal (n.m.)
[ʒuʀnal]
报纸 ★★★★

carte de bibliothèque (n.f.)
[kaʀtdbiblijɔtɛk]
借书证 ★★★★

salle des médias (n.f.)
[saldemedja]
视听教室 ★★★

médias (n.m.pl.)
[medja]
多媒体 ★★★

catalogue de bibliothèque (n.f.)
藏书检索 ★★★

système de catalogue électronique ★★★
电子资料检索系统

mettre en rayon (v.)
[mɛtʀɑ̃ʀɛjɔ̃]
上架 ★★★

référence (n.f.)
[ʀefeʀɑ̃s]
参考资料 ★★★

collection (n.f.)
[kɔlɛksjɔ̃]
收藏 ★★★

tableau d'affichage (n.m.)
[tablodafiʃaʒ]
公告栏 ★★★

publication (n.f.)
[pyblikasjɔ̃]
出版 ★★★

photocopieuse (n.f.)
[fɔtokɔpjøz]
影印机 ★★★

service de copie (n..m.)
[sɛʀvisdkɔpi]
复印服务 ★★★

accès à internet (n.m.)
[aksɛaɛ̃tɛʀnɛt]
上网 ★★★

Chapitre 7 教育

情景 02 图书馆

图书馆里的地点

salle de lecture (n.f.)
[saldlεktyʀ]
阅览室

place (n.f.)
[plas]
座位

comptoir (n.m.)
[kɔ̃twaʀ]
柜台

fenêtre (n.f.)
[fnεtʀ]
窗户

casier (n.m.)
[kɑzje]
置物柜

comptoir de prêt (n.m.)
[kɔ̃twaʀdpʀε]
借还书处

在图书馆看到的人

bibliothécaire (n.m. / n.f.)
[biblijɔtekεʀ]
图书馆管理员

employé (n.m.)
employée (n.f.)
[ɑ̃plwaje] / [ɑ̃plwaje]
职员

utilisateur (n.m.)
utilisatrice (n.f.)
[ytilizatœʀ] / [ytilizatʀis]
利用者

visiteur (n.m.)
visiteuse (n.f.)
[vizitœʀ] / [vizitøz]
参访者

lecteur (n.m.)
lectrice (n.f.)
[lεktœʀ] / [lεktʀis]
读者

图书馆管理员做的动作

trier (v.)
[tʀije]
整理

arranger (v.)
[aʀɑ̃ʒe]
安排

assister (v.)
[asiste]
帮忙

garder (v.)
[gaʀde]
保管

collectionner (v.)
[kɔlεksjɔne]
收集

noter (v.)
[nɔte]
记录

图书馆会用到的. 关键句型 🎧 07-09

法 ▶ emprunter... à...
中 ▶（从图书馆）向～借～

- Comment faire pour emprunter des livres à la bibliothèque. 如何从图书馆借书呢？

法 ▶ retourner
中 ▶ 归还

- Je retourne toujours à l'heure les livres de la bibliothèque. 我总是准时归还图书馆的书。
- Vous devez retourner les livres avant lundi prochain. 你必须在下周一之前还书。

法 ▶ réserver
中 ▶ 预约

- Je voudrais réserver le livre *Les Misérables*, s'il vous plaît? 麻烦您，我想预约《悲惨世界》这本书，可以吗？

法 ▶ dépasser
中 ▶ 过期

- La période de prêt est dépassée, il me faut retourner les livres le plus vite possible. 这本书过期了，我得赶快还。

法 ▶ renouveler
中 ▶ 延长归期

- Je peux renouveler le livre? 我可以延长借这本书的时间吗？

Chapitre 7 教育

情景 02 图书馆

临时需要用到的. **一个句型** 07-10

法▶ emprunter... à...
中▶ 向～借入～

- J'ai emprunté des livres à la bibliothèque.
  我向图书馆借了一些书。
- J'ai emprunté de l'argent à ma mère.
  我向我妈借了一点钱。
- Je peux emprunter ton stylo? 我可以向你借笔吗？

法▶ prêter... à...
中▶ 借出～给～

- Christine a prêté son appareil photo à son meilleur ami.
  克莉丝缇娜把相机借给她的好朋友了。
- Si tu veux, je peux te prêter le livre.
  如果你想要的话，我可以把书借给你。

- trop 太多了
- trop petit / petite 太小了
- trop cher / chère 太贵了
- trop tard 太晚了

情景 03 考试

考试种类相关词语

examen (n.m.)
[ɛgzamɛ̃]
考试 ★★★★

test (n.m.)
[tɛst]
测验 ★★★★

essai (n.m.)
[esɛ]
试验 ★★★

essai de qualification (n.m.)
[esɛdkalifikasjɔ̃]
资格考试 ★★★★

test écrit (n.m.)
[tɛstekʀi]
笔试 ★★★★

entretien (n.m.)
[ɑ̃tʀətjɛ̃]
面试 ★★★★

examen de certification (n.m.)
[ɛgzamɑ̃dsɛʀtifikasjɔ̃]
检定考试 ★★

simulation d'exmen (n.f.)
[simylasjɔ̃dɛgzamɛ̃]
模拟考试 ★★

test d'aptitude (n.m.)
[tɛstdaptityd]
能力倾向测验 ★★

test oral (n.m.)
[tɛstɔʀal]
口试 ★★★

examen routier (n.m.)
[ɛgzamɛ̃ʀutje]
路考 ★★★★

examiner (v.)
[ɛgzamine]
审查 ★★★

examen de mi-session (n.m.)
[ɛgzamɛ̃dmisesjɔ̃]
期中考试 ★★★

examen final (n.m.)
[ɛgzamɛ̃final]
期末考试 ★★★

examen technique (n.m.)
[ɛgzamɛ̃tɛknik]
技能测试 ★★

portfolio (n.m.)
[pɔʀtfɔljo]
作品集 ★★★

test de langue (n.m.)
[tɛstdlɑ̃g]
语言测试 ★★★

情景 03 考试

考试相关人员

candidat (n.m.)
candidate (n.f.)
[kɑ̃dida] / [kɑ̃didat]
★★★
候选人

surveillant (n.m.)
surveillante (n.f.)
[syʀvɛjɑ̃] / [syʀvɛjɑ̃t]
★★★
监考官

examinateur (n.m.)
examinatrice (n.f.)
[ɛɡzaminatœʀ] / [ɛɡzaminatʀis]
★★
主考官

考试时做的动作

participer (v.)
[paʀtisipe]
★★★
参加

préparer (v.)
[pʀepaʀe]
★★★★
准备

s'inscrire (v.)
[sɛ̃skʀiʀ]
★★★★
报名

penser (v.)
[pɑ̃se]
★★★★
思考

analyser (v.)
[analize]
★★★★
分析

répondre (v.)
[ʀepɔ̃dʀ]
★★★★
解答

saisir (v.)
[seziʀ]
★★★★
掌握

vérifier (v.)
[veʀifje]
★★★★
检查（答案）

deviner (v.)
[dəvine]
★★★★
猜测

choisir (v.)
[ʃwaziʀ]
★★★★
选择

décider (v.)
[deside]
★★★★
决定

abandonner (v.)
[abɑ̃dɔne]
★★★★
放弃

tricher (v.)
[tʀiʃe]
★★★
作弊

rendre (v.)
[ʀɑ̃dʀ]
★★★★
交卷

情景 03 考试

与考试相关的描述性词语

difficile (a.)
[difisil]
难的
★★★★

facile (a.)
[fasil]
容易的
★★★★

compliqué (a.m.)
compliquée (a.f.)
[kɔ̃plike] / [kɔ̃plike]
复杂的
★★★★

simple (a.)
[sɛ̃pl]
简单的
★★★

nerveux (a.m.)
nerveuse (a.f.)
[nɛʀvø] / [nɛʀvøz]
紧张的
★★★★

考试的注意事项

date de test (n.f.)
[datdtɛst]
考试日期
★★★

temps de test (n.m.)
[tɑ̃dətɛst]
考试时间
★★★

pendant le test
[pɑ̃dãltɛst]
考试期间
★★★

salle d'examen (n.f.)
[saldegzamɛ̃]
考场
★★★

organisation (n.f.)
[ɔʀganizasjɔ̃]
机构
★★★

répertoire de questions (n.m.)
[ʀepɛʀtwaʀdkɛstjɔ̃]
题库
★★★

réglementation (n.f.)
[ʀɛglmɑ̃tasjɔ̃]
规则
★★★★

sujet (n.m.)
[syʒɛ]
科目；主题
★★★★

expérience (n.f.)
[ɛkspeʀjɑ̃s]
经验
★★★★

règle (n.f.)
[ʀɛgl]
规定
★★★★

compétition (n.f.)
[kɔ̃petisjɔ̃]
竞争
★★★★

chance (n.f.)
[ʃɑ̃s]
运气
★★★★

préparation (n.f.)
[pʀepaʀasjɔ̃]
准备
★★★

Chapitre 7 教育

情景 03 考试

考试分数相关词语

note (n.f.)
[nɔt]
成绩 ★★★★

relevé de notes (n.m.)
[ʀlvednɔt]
成绩单 ★★★★

passer (v.)
[pase]
通过 ★★★★

échouer (v.)
[eʃwe]
没通过 ★★★★

qualifié (a.m.)
qualifiée (a.f.)
[kalifje] / [kalifje]
有资格的 ★★★

disqualifié (a.m.)
disqualifiée (a.f.)
[diskalifje] / [diskalifje]
失去资格的 ★★★★

redoubler (v.)
[ʀduble]
留级 ★★★

note (n.f.)
[nɔt]
分数 ★★★★

comparer (v.)
[kɔ̃paʀe]
比较 ★★★★

mention (n.f.)
[mɑ̃sjɔ̃]
评语 ★★★

diplôme (n.m.)
[diplom]
文凭 ★★★★

recalé (a.m.)
recalée (a.f.)
[ʀkale] / [ʀkale]
考试不合格的 ★★★★

critère (n.m.)
[kʀitɛʀ]
标准 ★★★

考试前后做的动作

s'inquiéter (v.)
[sɛ̃kjete]
担心 ★★★★

préparer (v.)
[pʀepaʀe]
准备 ★★★★

prier (v.)
[pʀije]
祈祷 ★★★★

reviser (v.)
[ʀevize]
复习 ★★★★

prédire (v.)
[pʀediʀ]
预测 ★★★

se détendre (v.)
[sdetɑ̃dʀ]
放松 ★★★★

临时需要用到的. 一段对话
考试前和朋友讨论考试

A: Alors ça, c'est bien passé le bac?
这次的高中会考还好吗?

B: J'ai tout lu, mais j'ai pas trop confiance.
我全部都读了,但没什么信心。

A: T'as fait le répertoire de questions? je vais le faire aujourd'hui.
你做过题库里的题了吗? 我今天打算做。

B: Moi aussi. Il reste que deux semaines. Je suis très nerveux.
我也是一样。只剩两个星期了,我好紧张啊。

A: Il y a encore trop de choses à faire, et je suis obligé de veiller tard.
还有好多事要做,我又得熬夜了。

B: Bon courage!
加油啊!

A: Oui. Bonne chance à toi aussi.
嗯。也祝你好运。

Chapitre 7 教育

情景 03 考试

 临时需要用到的. 一段对话

考完试讨论

A: L'examen était comment? Tu pourras le passer à ton avis?
你考得怎么样？依你看会过关吗？

B: Je sais rien! Mais, j'ai déjà fait mes efforts. C'était vraiment difficile.
谁知道啊！我已经尽力了，但题目真的好难。

A: Oui, je suis d'accord...; j'ai pensé que ça serait facile.
是啊，我同意。我还以为会很简单呢。

B: J'aurais dû commencer à préparer plus tôt. Je ne peux pas échouer encore une fois.
我应该早点开始念书的。我考试不能再不通过了。

A: Prions ensemble et puis commençons à préparer l'examen final.
让我们一起祈祷吧，然后开始准备期末考试。

B: Oui, c'est vrai. C'est la dernière chance.
没错，那是最后的机会了。

A: Mais, tu trouves qu'il y aura quelqu'un qui pourras passer?
但是，你觉得有人有可能考过关吗？

B: Bon, je ne sais pas.
嗯，我不知道。

临时需要用到的一个词：**法语关键字6000**

情景 04
社团活动

MP3 07-13

社团活动人员相关词语

membre (n.m.)
[mɑ̃bʀ]
★★★★
社员

planificateur d'événements (n.m.)
[planifikatœʀdevenmɑ̃]
★★★
活动规划者

étudiant de première année (n.m.)
新生

débutant (n.m.)
débutante (n.f.)
[debytɑ̃] / [debytɑ̃t]
★★★★
初学者

entraîneur (n.m.)
entraîneure (n.f.)
[ɑ̃tʀɛnœʀ] / [ɑ̃tʀɛnœʀ]
★★★★
教练

président (n.m.)
[pʀezidɑ̃]
★★★
社长

permanence (n.f.)
[pɛʀmanɑ̃s]
★★★
值班

joueur (n.m.)
joueuse (n.f.)
[ʒwœʀ] / [ʒwøz]
★★★★
球员

acteur (n.m.)
actrice (n.f.)
[aktœʀ] / [aktʀis]
★★★★
演员

interprète (n.m. / n.f.)
[ɛ̃tɛʀpʀɛt]
★★★★
表演者

chanteur (n.m.)
chanteuse (n.f.)
[ʃɑ̃tœʀ] / [ʃɑ̃tøz]
★★★★
歌手

社团活动相关词语

tennis (n.m.)
[tenis]
★★★★
网球

football (n.m.)
[futbol]
★★★★
足球

cyclisme (n.m.)
[siklism]
★★★★
自行车运动

alpinisme (n.m.)
[alpinism]
★★★★
登山

ski (n.m.)
[ski]
★★★★
滑雪

natation (n.f.)
[natasjɔ̃]
★★★★
游泳

Chapitre 7 教育

情景 04 社团活动

社团活动相关词语

basket-ball (n.m.)
[baskɛtbol]
篮球 ★★★★

danse (n.f.)
[dɑ̃s]
舞蹈 ★★★★

gymnastique (n.f.)
[ʒimnastik]
体操 ★★★

handball (n.m.)
[ɑ̃dbal]
手球 ★★★★

équitation (n.f.)
[ekitasjɔ̃]
马术 ★★★

golf (n.m.)
[gɔlf]
高尔夫球 ★★★★

volley-ball (n.m.)
[vɔlɛbol]
排球 ★★★

社团活动相关词语

marathon (n.m.)
[maʀatɔ̃]
马拉松 ★★★★

escrime (n.m.)
[ɛskʀim]
击剑 ★★★

taekwondo (n.m.)
[taɛkwɔ̃do]
跆拳道 ★★★

athlétisme (n.m.)
[atletism]
田径赛 ★★★

patinage (n.m.)
[patinaʒ]
滑冰 ★★★

rugby (n.m.)
[ʀygbi]
橄榄球 ★★★

bowling (n.m.)
[buliŋ]
保龄球 ★★★

volley-ball (n.m.)
[vɔlɛbol]
排球 ★★★

yoga (n.m.)
[jɔga]
瑜伽 ★★★★

randonnée (n.f.)
[ʀɑ̃dɔne]
远走；徒步旅行 ★★★

boxe (n.f.)
[bɔks]
拳击 ★★★

chasse (n.f.)
[ʃas]
打猎 ★★★

badminton (n.m.)
[badmintɔn]
羽毛球 ★★★

softball (n.m.)
[softbol]
垒球 ★★★

临时需要用到的一个词：**法语关键字6000**

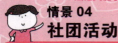

情景 04
社团活动

MP3 07-14

静态社团活动相关词语

anglais (n.m.)
[ɑ̃glɛ]
英语 ★★★

religion (n.f.)
[ʀliʒjɔ̃]
宗教 ★★★

débat (n.m.)
[deba]
辩论 ★★★★

calligraphie (n.f.)
[kaligʀafi]
书法 ★★★

photographie (n.f.)
[fɔtɔgʀafi]
摄影 ★★★★

échec (n.m.)
[eʃɛk]
棋艺 ★★★★

théâtre (n.m.)
[teatʀ]
戏剧 ★★★★

dessin animé (n.m.)
[desɛ̃anime]
动画 ★★★★

cuisine (n.f.)
[kɥizin]
烹饪 ★★★★

cinéma (n.m.)
[sinema]
电影 ★★★★

édition (n.f.)
[edisjɔ̃]
编辑 ★★★★

astronomie (n.f.)
[astʀɔnɔmi]
天文学 ★★★★

guitar (n.f.)
[gitaʀ]
吉他 ★★★★

beaux-arts (n.m.pl.)
[bozaʀ]
美术 ★★★★

jardinage (n.m.)
[ʒaʀdinaʒ]
园艺 ★★★★

composition florale (n.f.)
[kɔ̃pozisjɔ̃flɔʀal]
插花社 ★★★

piano (n.m.)
[pjano]
钢琴 ★★★★

violon (n.m.)
[vjɔlɔ̃]
小提琴 ★★★★

Chapitre 7 教育

情景 04 社团活动

社团生活用到的动作

s'inscrire (v.)
[sɛ̃skʀiʀ]
★★★
入社

faire (v.)
[fɛʀ]
★★★★
做；制作

recruter (v.)
[ʀkʀyte]
★★★
招生

s'amuser (v.)
[samyze]
★★★★
自娱

participer (v.)
[paʀtisipe]
★★★
参加

accomplir (v.)
[akɔ̃pliʀ]
★★★★
完成

progresser (v.)
[pʀɔgʀese]
★★★
进步

visiter (v.)
[vizite]
★★★★
参观

apprendre (v.)
[apʀɑ̃dʀ]
★★★★
学习

quitter (v.)
[kite]
★★★★
退社

pratiquer (v.)
[pʀatike]
★★★★
练习

focaliser (v.)
[fɔkalize]
★★★★
专心

社团生活相关描述性词语

dévoué (a.m.)
dévouée (a.f.)
[devwe] / [devwe]
★★★★
全心投入的

inspiré (a.m.)
inspirée (a.f.)
[ɛ̃spiʀe] / [ɛ̃spiʀe]
★★★★
启发的

intéressant (a.m.)
intéressante (a.f.)
[ɛ̃teʀesɑ̃] / [ɛ̃teʀesɑ̃t]
★★★★
有趣的

attrayant (a.m.)
attrayante (a.f.)
[atʀɛjɑ̃] / [atʀɛjɑ̃t]
★★★
吸引人的

amusant (a.m.)
amusante (a.f.)
[amyzɑ̃] / [amyzɑ̃t]
★★★★
有趣的

临时需要用到的一个词：法语关键字6000

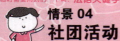

情景 04
社团活动

 07-15

社团活动用到的词语

bureau (n.m.)
[byRo]
办公室
★★★★

conduite (n.f.)
[kɔ̃dyit]
引导
★★★

après les cours
课后
★★★

intérêt (n.m.)
[ɛ̃teRɛ]
兴趣
★★★★

entrer en vigueur (v.)
[ɑ̃tReɑ̃vigœR]
开始生效
★★★

avis (n.m.)
[avi]
通知；布告
★★★★

enseigner (v.)
[ɑ̃seɲe]
教导
★★★★

remonter le moral (v.)
[Rmɔ̃telmɔRal]
打气
★★★

gratuit (a.m.)
gratuite (a.f.)
[gRatyi] / [gRatyit]
免费的
★★★★

payant (a.m.)
payante (a.f.)
[pɛjɑ̃] / [pɛjɑ̃t]
付费的
★★★★

ambiance (n.f.)
[ɑ̃bjɑ̃s]
气氛
★★★★

abandonner (v.)
[abɑ̃dɔne]
放弃

utiliser (v.)
[ytilize]
使用
★★★★

utile (a.)
[ytil]
实用的
★★★

préparer (v.)
[pRepaRe]
准备
★★★★

gérer (v.)
[ʒeRe]
管理

commentaire (n.m.)
[kɔmɑ̃tɛR]
评论
★★★

Chapitre 7 教育

情景 04 社团活动

与社团成员相处的情况

bienvenu (a.m.)
bienvenue (a.f.)
[bjɛ̃vny] / [bjɛ̃vny]
欢迎的 ★★★★

poli (a.m.)
polie (a.f.)
[pɔli] / [pɔli]
礼貌的 ★★★★

respectueux (a.m.)
respectueuse (a.f.)
[ʀɛspɛktɥø] / [ʀɛspɛktɥøz]
尊敬的 ★★★

exhorter (v.)
[ɛgzɔʀte]
规劝 ★★

avertir (v.)
[avɛʀtiʀ]
警告 ★★★

s'entendre (v.)
[sɑ̃tɑ̃dʀ]
相处 ★★★

社团活动相关词语

exercice (n.m.)
[ɛgzɛʀsis]
练习 ★★★★

jouer (v.)
[ʒwe]
演奏 ★★★★

dessiner (v.)
[desine]
描绘 ★★★

main-d'œuvre (n.f.)
[mɛ̃dœvʀ]
作品 ★★★

écrire (v.)
[ekʀiʀ]
书写 ★★★★

répéter (v.)
[ʀepete]
排演 ★★★

社团活动学习到的事物

spécialité (n.f.)
[spesjalite]
专长 ★★★★

communication (n.f.)
[kɔmynikasjɔ̃]
沟通 ★★★

coopération (n.f.)
[kɔɔpeʀasjɔ̃]
合作 ★★★

harmonie (n.f.)
[aʀmɔni]
和谐 ★★★

solidarité (n.f.)
[sɔlidaʀite]
团结 ★★★

courage (n.m.)
[kuʀaʒ]
勇气 ★★★★

临时需要用到的 一段对话

讨论社团活动

A: Tu as déjà participé à un club étudiant?
你参加什么社团活动了吗?

B: Pas encore, tu as des conseils?
还没有,你有没有什么推荐的呢?

A: Tu t'intéresses à quoi?
你对什么有兴趣呢?

B: Je m'intéresse beaucoup à la musique, surtout le piano.
我对音乐很感兴趣,尤其是钢琴。

A: Bon, pourquoi pas participer au club de piano?
那么,怎么不参加钢琴社呢?

B: Je veux bien s'il y en a.
如果有的话我当然想参加啊。

B: Je suis sûr que oui; allons voir.
我相信一定有,我们去看看吧。

 补充句型

| 法 | ▶ avoir envie de... |
| 中 | ▶ 想要~ |

- Tu as envie de participer à quel club?
你想参加什么社团呢?

Chapitre 7 教育

情景 04 社团活动

 临时需要用到的，一个句型 📢07-16

法▶ Pourquoi pas + 原形动词？
中▶ 为什么不～呢？

- Pourquoi pas apprendre la peinture?
  为什么不学绘画呢？
- Pourquoi pas nous joindre?
  为什么不加入我们呢？
- Pourquoir pas y aller à pied?
  为什么不走路去呢？

法▶ être fort(e) en...
中▶ 擅长～

- En général, les asiatiques sont très forts en math.
  一般来说，亚洲人都擅长数学。
- Ma soeur est très forte en chasse. Elle est extraordinaire.
  我姐姐很擅长打猎。她很与众不同。
- Je suis forte en langues.
  我对语言很在行。

文化小叮咛

法国的大学通常都有一个数字代号与一个名字。

- Université Paris IV Sorbonne　巴黎第四大学索邦大学

临时需要用到的．一个句型 07-17

法 ▶ s'intéresser à...
中 ▶ 对～有兴趣

- Je m'intéresse beaucoup à la peinture.
  我对绘画很有兴趣。

- Je m'intéresse beaucoup à la cuisine; surtout aux desserts.
  我对烹饪很有兴趣，尤其是甜点。

- Je m'intéresse beaucoup au ski; on va faire du ski ensemble cet hiver?
  我对滑雪很有兴趣，我们今年冬天一起去滑雪好吗？

- Ma mère s'intéresse beaucoup à la composition florale. Elle a participé à un concours cette année et elle a gagné le championnat.
  我妈妈对插花很有兴趣。今年她参加比赛还得了冠军。

- Marie et Paul, ils s'intéressent beaucoup au cinéma et ils vont dans le sud de la Frane chaque année pour partiticiper au Festival de Cannes.
  玛莉跟保罗他们对电影很感兴趣；而且他们每年都会到法国南部去参加坎城影展。

临时需要的生活短语

- spectacle de club 社团表演 / 成果发表
- avoir lieu 举办～
- relation publique 公关活动
- planification d'événements 活动策划
- en permanence 值班

Chapitre 8
紧急状况

情景01 | 问路
情景02 | 生病
情景03 | 遗失物品
情景04 | 打电话
情景05 | 拍照

临时需要用到的一个词：法语关键词6000

情景 01
问路

🎧 MP3 08-01

问路常用的方位相关词汇

ici (adv.)
[isi]
★★★★
这里

là (adv.)
[la]
★★★★
那里

là-bas (adv.)
[laba]
★★★★
那里（较远）

par là
[paʀla]
★★★★
从那边

lointain (adv.)
[lwɛ̃tɛ̃]
★★★★
远方地

près (adv.)
[pʀɛ]
★★★★
近地

proche (a.)
[pʀɔʃ]
★★★★
靠近的

gauche (n.f.)
[goʃ]
★★★★
右边

droite (n.f.)
[dʀwat]
★★★★
左边

devant (adv.)
[dəvɑ̃]
★★★★
前面地

derrière (adv.)
[dɛʀjɛʀ]
★★★★
后面地

droit (a.m.)
droite (a.f.)
[dʀwa] / [dʀwat]
★★★★
直的

entre (prép.)
[ɑ̃tʀ]
★★★
在～之间

问路常说的地点

rue (n.f.)
[ʀy]
★★★★
街道

bâtiment (n.m.)
[batimɑ̃]
★★★★
建筑物

intersection (n.f.)
[ɛ̃tɛʀsɛksjɔ̃]
★★★★
十字路口

commissariat de police (n.m.)
[kɔmisaʀjadpɔlis]
★★★★
警察局

gare (n.f.)
[gaʀ]
★★★★
火车站

arrêt de bus (n.m.)
[aʀɛdbys]
★★★
公交车站

404

Chapitre 8 紧急状况

情景 01 问路

问路相关的词语

excusez-moi [ɛkskyzemwa] ★★★★
不好意思；请问

direction (n.f.) [diʀɛksjɔ̃] ★★★★
方向

perdu (a.m.)
perdue (a.f.) [pɛʀdy] ★★★★
迷路的

touriste (n.m. / n.f.) [tuʀist] ★★★★
观光客

plan (n.m.) [plɑ̃] ★★★★
地图

distance (n.f.) [distɑ̃s] ★★★★
距离

问路做的动作

chercher (v.) [ʃɛʀʃe] ★★★★
寻找

demander (v.) [dmɑ̃de] ★★★★
问

dire (v.) [diʀ] ★★★★
告诉

remercier (v.) [ʀmɛʀsje] ★★★★
感谢

emmener (v.) [ɑ̃mne] ★★★★
带路

s'excuser (v.) [sɛkskyze] ★★★★
道歉

arriver (v.) [aʀive] ★★★★
到达

tout droit [tudʀwa] ★★★★
直走

tourner (v.) [tuʀne] ★★★★
转弯

indiquer (v.) [ɛ̃dike] ★★★★
指示方向

déranger (v.) [deʀɑ̃ʒe] ★★★
打扰

ouvrir (v.) [uvʀiʀ] ★★★
打开（地图）

répondre (v.) [ʀepɔ̃dʀ] ★★★★
回答

comprendre (v.) [kɔ̃pʀɑ̃dʀ] ★★★
了解

临时需要用到的.一个句型 🎧 08-02

法 ▶ Où se trouve...?
中 ▶ ～在哪里？

- Où se trouve la gare du Nord, s'il vous plaît?
  请问火车站北站在哪里？

- Est-ce que vous savez où se trouve la banque la plus proche?
  您知道最近的银行在哪里吗？

- Vous savez où se trouve la tour Eiffel?
  您知道埃菲尔铁塔在哪里吗？

问路常用短句

- L'avenue des Champs-Elysées est par là?
  香榭丽舍大道是往那边走吗？

- Pour aller au musée du Louvre, je dois tourner à droite ou à gauche?
  要去卢浮宫的话，我应该是左转还是右转呢？

- Vous allez tout droit et ensuite, vous arrivez à un feu rouge, le quai des croisières est à côté.
  您直走然后就会到红绿灯，游船的码头就在旁边。

临时需要的生活短语

- demander de l'aide 寻求协助
- demander la direction 问路
- Je suis perdu(e). 我迷路了。

Chapitre 8 紧急状况

情景 01 问路

临时需要用到的 一个句型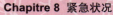

法 ▶ trouver 某物/某人 + 形容词
中 ▶ 觉得（某物/某人）如何

- Je le trouve charmant. 我觉得他很迷人。
- Je trouve ce livre intétessant. 我觉得这本书很有趣。
- Je trouve la petite fille très mignonne.
  我觉得这个小女生好可爱。

法 ▶ découvrir
中 ▶ 发现；找到

- Il faut découvrir la verité de cette histoire.
  应该去找到这件事情的真相。
- Il a découvert un secret de son voisin.
  他发现了邻居的一个秘密。

临时需要的生活短语

- Ne soyez pas paniqué(e). 别慌张。
- Vous pouvez répéter, s'il vous plaît? 能请您再说一遍吗？
- Parlez lentement. 请慢慢说。
- Prenez le temps. 慢慢来。
- Merci de votre aide. 谢谢您的帮忙。
- Je vous en prie. 不客气。
- C'est clair? 这样清楚吗？
- Traversez la rue. 穿过这条马路。

临时需要用到的一个词：法语关键词6000

情景 02
生病

MP3 08-04

| 与病相关症状 | 与病感受相关词语 |

malade (a.)
[malad]
★★★★
生病的

tousser (v.)
[tuse]
★★★★
咳嗽

se sentir (v.)
[ssɑ̃tiʀ]
★★★★
感觉；感受

rhume (n.m.)
[ʀym]
★★★★
感冒

éternuer (v.)
[etɛʀnɥe]
★★★★
打喷嚏

température (n.f.)
[tɑ̃peʀatyʀ]
★★★★
体温

grippe (n.f.)
[gʀip]
★★★★
流感

avoir la tête qui tourne (v.)
★★★★
头晕

fièvre (n.f.)
[fjɛvʀ]
★★★★
发烧

avoir mal à la tête (v.)
★★★★
头痛

avoir le nez qui coule (v.)
★★★★
流鼻涕

douleur (n.f.)
[dulœʀ]
★★★
痛

grippe intestinale (n.f.)
[gʀipɛ̃tɛstinal]
★★★
肠胃炎

crachat (n.m.)
[kʀaʃa]
★★★★
痰

fatigué (a.m.)
fatiguée (a.f.)
[fatige] / [fatige]
★★★★
累的

colique (n.f.)
[kɔlik]
★★★★
拉肚子

intoxication alimentaire (n.f.)
[ɛ̃tɔksikasjɔ̃alimɑ̃tɛʀ]
★★★★
食物中毒

épuisé (a.m.)
épuisée (a.f.)
[epɥize] / [epɥize]
★★★★
精疲力竭的

vomir (v.)
[vɔmiʀ]
★★★★
呕吐

allergie (n.f.)
[alɛʀʒi]
★★★★
过敏

Chapitre 8 紧急状况

情景 02 生病

常见的生病种类

avoir mal aux dents (v.)
牙痛
★★★★

insomniaque (a.)
[ɛ̃sɔmnjak]
失眠的
★★★★

somnolence (n.f.)
[sɔmnɔlɑ̃s]
嗜睡
★★★

constipation (n.f.)
[kɔ̃stipasjɔ̃]
便秘
★★★★

arthrite (n.f.)
[aʁtʁit]
关节炎
★★★

avoir mal à l'estomac (v.)
胃痛
★★★★

diabète (n.m.)
[djabɛt]
糖尿病
★★★★

rhume des foins (n.m.)
[ʁymdefwɛ̃]
花粉症
★★★★

crise cardiaque (n.f.)
[kʁizkaʁdjak]
心脏病突发
★★★★

hypertension (n.f.)
[ipɛʁtɑ̃sjɔ̃]
高血压
★★★★

brûlure d'estomac (n.f.)
[bʁylyʁdɛstɔma]
胃溃疡
★★★

anémie (n.f.)
[anemi]
贫血
★★★

dystrophie (n.f.)
[distʁɔfi]
营养失调
★★

obésité (n.f.)
[ɔbezite]
肥胖症
★★★★

ménopause (n.f.)
[menɔpoz]
更年期
★★★★

dépression (n.f.)
[depʁesjɔ̃]
忧虑症
★★★★

cancer (n.m.)
[kɑ̃sɛʁ]
癌症
★★★★

coma (n.m.)
[kɔma]
昏迷
★★★★

choc (n.m.)
[ʃɔk]
休克
★★★

情景 02
生病

与生病相关的词语

symptôme (n.m.)
[sɛ̃ptom]
症状 ★★★★

syndrome (n.m.)
[sɛ̃dʀom]
并发症状 ★★★★

guérir (v.)
[geʀiʀ]
治疗 ★★★★

traitement (n.m.)
[tʀɛtmɑ̃]
疗法 ★★★★

haleine (n.f.)
[alɛn]
呼吸 ★★★★

intervention (n.f.)
[ɛ̃tɛʀvɑ̃sjɔ̃]
手术 ★★★★

prévenir (v.)
[pʀevniʀ]
预防 ★★★★

métabolisme (n.m.)
[metabɔlism]
新陈代谢 ★★★★

médicament (n.m.)
[medikamɑ̃]
药物 ★★★★

diagnostic (n.m.)
[djagnɔstik]
诊断 ★★★★

respirer profondément (v.)
[ʀɛspiʀepʀɔfɔ̃demɑ̃]
深呼吸 ★★★★

injecter (v.)
[ɛ̃ʒɛkte]
注射 ★★★

与医院相关的词语

hôpital (n.m.)
[ɔpital]
医院 ★★★★

hospitaliser (v.)
[ɔspitalize]
住院 ★★★★

médecin (n.m. / n.f.)
[medsɛ̃]
医生 ★★★★

infirmier (n.m.)
infirmière (n.f.)
[ɛ̃fiʀmje] / [ɛ̃fiʀmjɛʀ]
护士 ★★★★

ambulance (n.f.)
[ɑ̃bylɑ̃s]
救护车 ★★★★

urgence (n.f.)
[yʀʒɑ̃s]
急诊 ★★★★

Chapitre 8 紧急状况

情景 02 生病

生病时做的动作

devenir (v.)
[dəvniʀ]
变得
★★★

prendre (v.)
[pʀɑ̃dʀ]
吃（药）
★★★

dormir (v.)
[dɔʀmiʀ]
睡觉
★★★★

s'allonger (v.)
[salɔ̃ʒe]
躺
★★★★

reposer (v.)
[ʀpoze]
休息
★★★★

se plaindre (v.)
[splɛ̃dʀ]
抱怨
★★★★

gémir (v.)
[ʒemiʀ]
呻吟
★★★

piqûre (n.f.)
[pikyʀ]
打针
★★★★

reprocher (v.)
[ʀpʀɔʃe]
责怪
★★★

rééducation (n.f.)
[ʀeedykasjɔ̃]
复健
★★

suivre (v.)
[sɥivʀ]
遵守（医嘱）
★★★★

quarantaine (n.f.)
[kaʀɑ̃tɛn]
隔离
★★★★

s'occuper de (v.)
[sɔkype d]
照顾
★★★★

与生病相关的描述性词语

douleur (n.m.)
[dulœʀ]
疼痛
★★★★

énergique (a.)
[enɛʀʒik]
精力旺盛的
★★★★

en bonne santé
[ɑ̃ bɔn sɑ̃te]
健康的

sérieux (a.m.)
sérieuse (a.f.)
[seʀjø] / [seʀjøz]
严重的
★★★

faible (a.)
[fɛbl]
虚弱的
★★★

temporaire (a.)
[tɑ̃pɔʀɛʀ]
暂时的
★★★★

临时需要用到的,一个句型 08-06

法 ▶ prendre un rendez-vous
中 ▶ 预约看诊

- Il me faut prendre un rendez-vous avec mon dentiste.
  我得和我的牙医预约看诊。
- Tu as pris un rendez-vous avec Dr. Dupont?
  你预约杜邦医师了吗？
- Vous voulez prendre le rendez-vous pour les traitements suivants?
  您想预约接下来的疗程吗？

临时需要的生活短语

- faire des examens médicaux 做些检查
- suivre l'ordonnance 遵照医嘱
- prendre des médicaments 服用药物
- diagnostic de docteur 医师诊断
- Tu as l'air très pâle. 你看起来很苍白。
- Ça va? Tu vas bien? 怎样？你还好吗？
- Tu as pris les médicaments? 你吃药了吗？
- dans le coma 昏迷中

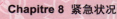

Chapitre 8 紧急状况

情景 02 生病

临时需要用到的. **一个句型**

病况描述

法 ▶ **Je me sens...**
中 ▶ 我觉得～

- Je me sens écœurante. 我想吐。
- Je ne me sens pas bien. 我不太舒服。

法 ▶ **J'ai mal à...**
中 ▶ 我～痛

- J'ai mal à la tête. 我头痛。
- J'ai mal à la gorge. 我喉咙痛。
- J'ai mal à l'estomac. 我胃痛。
- J'ai mal au ventre. 我肚子痛。
- J'ai le nez qui coule. 我一直流鼻涕。

法 ▶ **J'ai envie de...**
中 ▶ 我想～

- J'ai envie de vomir. 我想吐。
- J'ai envie d'aller aux toilettes. 我想上厕所。

临时需要的生活短语

- plaintes des malades 病人的抱怨
- négligence médicale 医疗疏忽

情景 03
遗失物品

🎧 08-08

遗失的物品

portefeuille (n.m.)
[pɔʀtfœj]
钱包
★★★★

portable (n.m.)
[pɔʀtabl]
手机
★★★

carte de crédit (n.f.)
[kaʀtdkʀedi]
信用卡
★★★

carte bancaire (n.f.)
[kaʀtbɑ̃kɛʀ]
提款卡
★★★

baggage (n.m.)
[bagaʒ]
行李
★★★★

遗失物品的原因

voler (v.)
[vɔle]
偷窃
★★★★

changer (v.)
[ʃɑ̃ʒe]
调包
★★★★

perdre (v.)
[pɛʀdʀ]
遗失
★★★★

tomber (v.)
[tɔ̃be]
掉落
★★★★

oublier (v.)
[ublije]
忘记
★★★★

cambrioler (v.)
[kɑ̃bʀijɔle]
入室盗窃
★★★★

与东西遭窃有关的词语

voleur (n.m.)
voleuse (n.f.)
[vɔlœʀ] / [vɔløz]
小偷
★★★★

pickpocket (n.m. / n.f.)
[pikpɔkɛt]
扒手
★★★★

négligence (n.f.)
[negliʒɑ̃s]
疏忽
★★★★

sécurité publique (n.f.)
[sekyʀitepyblik]
治安
★★★

prétendre (v.)
[pʀetɑ̃dʀ]
假装
★★★★

déguiser (v.)
[degize]
伪装
★★★★

Chapitre 8 紧急状况
情景 03 遗失物品

与失物申请相关的词语

signaler (v.)
[siɲale]
报案

coordonnées (n.f.pl.)
[kɔɔʀdɔne]
联络资讯

décrire (v.)
[dekʀiʀ]
描述

noter (v.)
[nɔte]
记录

découvreur (n.m.)
[dekuvʀœʀ]
拾获者

appréciation (n.f.)
[apʀesjasjɔ̃]
感激

déclarer (v.)
[deklaʀe]
申报

endroit (n.m.)
[ɑ̃dʀwa]
地点

article (n.m.)
[aʀtikl]
物品

s'occuper de (v.)
[sɔkype d]
处理

feuille (n.f.)
[fœj]
表格

retourner (v.)
[ʀtuʀne]
返还

与失物有关的地点

banque (n.f.)
[bɑ̃k]
银行

commissariat de police (n.m.)
[kɔmisaʀjadpɔlis]
警察局

centre d'information (n.m.)
[sɑ̃tʀdɛ̃fɔʀmasjɔ̃]
服务台

objets trouvés (n.m.pl.)
[ɔbʒɛtʀuve]
失物招领

sécurité (n.f.)
[sekyʀite]
警卫

compagnie aérienne (n.f.)
[kɔ̃paɲiaeʀjɛn]
航空公司

情景 03
遗失物品

容易遗失物品的地点

métro (n.m.)
[metRo]
地铁
★★★★

taxi (n.m.)
[taksi]
出租车
★★★★

marché (n.m.)
[maRʃe]
市场
★★★★

bus (n.m.)
[bys]
公车
★★★★

grand magasin (n.m.)
[gRɑ̃magazɛ̃]
百货公司
★★★★

aéroport (n.m.)
[aeRopɔR]
机场
★★★★

与东西遗失有关的描述性词语

regretter (v.)
[RgRete]
懊悔
★★★★

souvent (adv.)
[suvɑ̃]
经常地
★★★★

genre (n.m.)
[ʒɑ̃R]
种类
★★★

très (adv.)
[tRɛ]
非常地
★★★★

Comment faire?
[kɔmɑ̃fɛR]
怎么办?

triste (a.)
[tRist]
伤心的
★★★

important (a.m)
importante (a.f.)
[ɛ̃pɔRtɑ̃] / [ɛ̃pɔRtɑ̃t]
重要的
★★★★

nécessaire (a.)
[neseseR]
必要的
★★★★

honnête (a.)
[ɔnɛt]
老实的
★★★★

correct (a.m.)
correcte (a.f.)
[kɔRɛkt] / [kɔRɛkt]
正确的
★★★★

colère (n.f.)
[kɔlɛR]
愤怒
★★★

Chapitre 8 紧急状况

情景 03 遗失物品

失主可能做的动作

chercher (v.)
[ʃɛʀʃe]
找寻 ★★★★

demander (v.)
[dmɑ̃de]
询问 ★★★★

confirmer (v.)
[kɔ̃fiʀme]
确认 ★★★

signaler (v.)
[siɲale]
报案 ★★★★

faire une annonce (v.)
[fɛʀynanɔ̃s]
广播 ★★★★

douter (v.)
[dute]
怀疑 ★★★★

appeler (v.)
[aple]
打电话 ★★★★

contacter (v.)
[kɔ̃takte]
联络 ★★★★

rappeler (v.)
[ʀaple]
回想 ★★★★

suspendre (v.)
[syspɑ̃dʀ]
中止 ★★★★

s'appliquer (v.)
[saplike]
申请 ★★★★

pleurer (v.)
[plœʀe]
哭泣 ★★★★

informer (v.)
[ɛ̃fɔʀme]
通知 ★★★

annuler (v.)
[anyle]
取消 ★★★★

paniquer (v.)
[panike]
惊慌 ★★★★

abandonner (v.)
[abɑ̃dɔne]
放弃 ★★★★

reporter (v.)
[ʀəpɔʀte]
延后（班机/行程）★★★★

décrire (v.)
[dekʀiʀ]
描述 ★★★★

s'inquiéter (v.)
[sɛ̃kjete]
担心 ★★★★

arranger (v.)
[aʀɑ̃ʒe]
安排 ★★★★

情景 03
遗失物品

寻人时可能需要的词语

taille (n.f.)
[taj]
身高

âge (n.m.)
[ɑʒ]
年龄

cheveux noirs (n.m.pl.)
[ʃvønwaʀ]
黑发

cheveux blonds (n.m.pl.)
[ʃvøblɔ̃]
金发

cheveux longs (n.m.pl.)
[ʃvølɔ̃]
长发

cheveux courts (n.m.pl.)
[ʃvøkuʀ]
短发

petit (a.m.)
petite (a.f.)
[pti] / [ptit]
矮的

mince (a.)
[mɛ̃s]
瘦的

gros (a.m.)
grosse (a.f.)
[gʀo] / [gʀos]
胖的

grand (a.m.)
grande (a.f.)
[gʀɑ̃] / [gʀɑ̃d]
高的

vieux (a.m.)
vieil (a.m.)
vieille (a.f.)
[vjø] / [vjɛj] / [vjɛj]
老的

aveugle (a.)
[avœgl]
失明的

enfant (n.m. / n.f.)
[ɑ̃fɑ̃]
幼儿

porter (v.)
[pɔʀte]
穿戴着

sourd (a.m.)
sourde (a.f.)
[suʀ] / [suʀd]
聋的

environ (adv.)
[ɑ̃viʀɔ̃]
大约

homme (n.m.)
[ɔm]
男子

femme (n.f.)
[fam]
女子

caractère (n.m.)
[kaʀaktɛʀ]
特征

Chapitre 8 紧急状况

情景 03 遗失物品

捡到物品的动作

trouver (v.)
[tʀuve]
找到

découvrir (v.)
[dekuvʀiʀ]
发现

retourner (v.)
[ʀtuʀne]
归还

envoyer (v.)
[ɑ̃vwaje]
送到

ramasser (v.)
[ʀamɑse]
捡起来

s'occuper de (v.)
[sɔkype]
处理

ignorer (v.)
[iɲɔʀe]
忽视

遗失物品后申请保险的相关词语

assurance (n.f.)
[asyʀɑ̃s]
保险

document (n.m.)
[dɔkymɑ̃]
申请文件

formulaire (n.m.)
[fɔʀmylɛʀ]
申请表

prouver (v.)
[pʀuve]
证明

preuve (n.f.)
[pʀœv]
证据

procédure (n.f.)
[pʀɔsedyʀ]
手续

reçu (n.m.)
[ʀsy]
收据

indemnisation (n.f.)
[ɛ̃demnizasjɔ̃]
赔偿金

responsabilité (n.f.)
[ʀɛspɔ̃sabilite]
责任

frais de manutention (n.m.pl.)
[fʀɛdmanytɑ̃sjɔ̃]
手续费

rembourser (v.)
[ʀɑ̃buʀse]
退还

refuser (v.)
[ʀfyze]
拒绝

临时需要用到的. **一个句型**

法 ▶ laisser...
中 ▶ 把～遗忘在～（地方）

- J'ai laissé mon manteau au restaurant.
  我把外套忘在餐厅里了。

- J'ai laissé mon ordinateur portable dans le bureau hier.
  我昨天把笔记本电脑忘在办公室了。

- Veuillez ne pas laisser les déchets dans le parc après le pique-nique.
  野餐结束后，请不要把垃圾留在公园。

- J'ai laissé par hasard mon foulard chez toi?
  我是不是不小心把围巾留在你家了?

临时需要的生活短语

- Qu'est-ce que tu cherches? 你在找什么呢？
- J'ai trouvé ton portefeuille. 我找到你的钱包了。
- Mon portefeuille est volé. 我的钱包被偷了。
- Je dois signaler mon passeport perdu à la police.
  我必须到警察局挂失护照。
- suspendre la carte de crédit perdue
  挂失信用卡
- reporter le vol 延后班机
- annuler le vol 取消班机

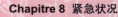

Chapitre 8 紧急状况

情景 03 遗失物品

临时需要用到的．一个句型

法 ▶ **Je cherche...**
中 ▶ 我在找 / 寻找～

- Je cherche ma fille, vous avez vu cette fille sur la photo?
  我在找我的女儿，您见过照片中的女孩吗？

- Je cherche l'entrée du métro, vous savez c'est où?
  我在找地铁入口，您知道在哪儿吗？

- Je cherche mon portefeuille, je croyais que j'avais laissé ici.
  我在找我的钱包，我以为我放在这儿了。

- Je cherche mon ami. Je pense qu'il s'est perdu.
  我在找我的朋友。我想他应该迷路了。

临时需要的生活短语

有关小偷 / 扒手的其他说法

- voleur / voleuse 扒手
- cambrioleur 侵入屋内盗窃的盗贼
- bandit 强盗；匪徒
- mafia 黑手党

文化小叮咛

若是到巴黎旅游或到治安较差的城市，请务必小心随身物品。别忘了把包随身携带或是放在看得到的地方。地铁等地方尤其要特别留意，千万不能掉以轻心！

情景 04
打电话

电话种类

téléphone (n.m.)
[telefɔn]
电话

portable (n.m.)
[pɔʀtabl]
行动电话

téléphone public (n.m.)
[telefɔnpyblik]
公共电话

appel local (n.m.)
[apɛllɔkal]
市内电话

appel internet (n.m.)
[apɛlɛ̃tɛʀnɛt]
网络电话

appel gratuit (n.m.)
[apɛlgʀatɥi]
免费电话

téléphone sans fil (n.m.)
[telefɔnsɑ̃fil]
无线电话

appel domestique (n.m.)
[apɛldɔmɛstik]
国内电话

appel international (n.m.)
[apɛlɛ̃tɛʀnasjɔnal]
国际电话

appel vidéo (n.m.)
[apɛlvideo]
视讯电话

电话提供的服务

mode avion (n.m.)
[mɔdavjɔ̃]
飞行模式

appel en attente (n.m.)
[apɛlɑ̃natɑ̃t]
插拨

message (n.m.)
[mesaʒ]
简讯

boîte vocale (n.f.)
[bwatvɔkal]
语音信箱

fax (n.m.)
[faks]
传真

présentation du numéro (n.f.)
[pʀezɑ̃tasjɔ̃dynymeʀo]
来电显示

Chapitre 8 紧急状况

情景 04 打电话

电话机上的东西

téléphone (n.m.)
[telefɔn]
听筒

haut-parleur (n.m.)
[oparlœr]
免持听筒

microphone (n.m.)
[mikrɔfɔn]
话筒

clavier (n.m.)
[klavje]
键盘

numéro de poste (n.m.)
[nymerodpɔst]
分机

attente (n.f.)
[atɑ̃t]
保留

与电话相关的描述性词语

d'abord
[dabɔr]
首先

ensuite (adv.)
[ɑ̃sɥit]
接着地

exactement (adv.)
[ɛgzaktmɑ̃]
确实地

brièvement (adv.)
[brijɛvmɑ̃]
简洁地

urgent (a.m.)
urgente (a.f.)
[yrʒɑ̃] / [yrʒɑ̃t]
紧急的

immédiatement (adv.)
[imedjatmɑ̃]
立即地

lourd (a.m.)
lourde (a.f.)
[lur] / [lurd]
大声的

vibrer (v.)
[vibre]
震动

silence (n.f.)
[silɑ̃s]
静音

cher (a.m.)
chère (a.f.)
[ʃɛr] / [ʃɛr]
贵的

bon marché (a.)
[bɔ̃marʃe]
便宜的

chuchoter (v.)
[ʃyʃɔte]
低语

423

临时需要用到的一个词：**法语关键词6000**

情景 04
打电话

MP3 08-14

与打电话相关的词语

numéro de téléphone (n.m.)
[nymeʀɔdtelefɔn]
电话号码 ★★★★

page jaune (n.f.)
[paʒʒon]
电话簿 ★★★★

téléphone fixe (n.m.)
[telefɔfiks]
室内电话 ★★★★

numéro incorrect (n.m.)
[nymeʀoɛ̃kɔʀɛkt]
错误的号码 ★★★★

conférence téléphonique (n.f.)
[kɔ̃feʀɑ̃stelefɔnik]
电话会议 ★★★

sonnerie (n.f.)
[sɔnʀi]
铃声 ★★★★

pile (n.f.)
[pil]
电池 ★★★★

opérateur de téléphonie (n.m.)
[ɔpeʀatœʀdtelefɔni]
接线员 ★★★

parler (v.)
[paʀle]
说话 ★★★★

dehors (adv.)
[dəɔʀ]
外出中 ★★★★

laisser (v.)
[lese]
留 (言) ★★★★

message (n.m.)
[mesaʒ]
留言 ★★★★

appel d'urgence (n.m.)
[apɛldyʀʒɑ̃s]
紧急电话 ★★★

Ne quittez pas. Ne quitte pas.
[nkitepa] / [nkitpa]
别挂断。 ★★★★

contacter (v.)
[kɔ̃takte]
联络 ★★★★

joindre (v.)
[ʒwɛ̃dʀ]
联络上 ★★★★

réception (n.f.)
[ʀesɛpsjɔ̃]
接收信号 ★★★★

signal (n.m.)
[siɲal]
信号 ★★★★

Chapitre 8 紧急状况

情景 04 打电话

打电话做的动作

parler (v.)
[paʀle]
★★★
说话

rappeler (v.)
[ʀaple]
★★★
回拨

commencer (v.)
[kɔ̃mɑ̃se]
★★★★
开始

écouter (v.)
[ekute]
★★★★
听

entrer (v.)
[ɑ̃tʀe]
★★★★
输入

finir (v.)
[finiʀ]
★★★★
结束

composer (v.)
[kɔ̃poze]
★★★★
拨号

appuyer (v.)
[apɥije]
★★★★
按

chuchoter (v.)
[ʃyʃɔte]
★★★★
窃窃私语

refaire (v.)
[ʀfɛʀ]
★★★★
重拨

bavarder (v.)
[bavaʀde]
★★★
聊天

attendre (v.)
[atɑ̃dʀ]
★★★★
保留通话

accepter (v.)
[aksɛpte]
★★★★
接受

discuter (v.)
[diskyte]
★★★★
讨论

raccrocher (v)
[ʀakʀɔʃe]
★★★★
挂电话

passer (v.)
[pase]
★★★
把电话给~（人）

exprimer (v.)
[ɛkspʀime]
★★★★
表达

transférer (v.)
[tʀɑ̃sfeʀe]
★★★★
转接

inviter (v.)
[ɛ̃vite]
★★★★
邀请

临时需要用到的.一段对话

电话联系

A: Bonjour. Je voudrais parler à Marie, s'il vous plaît?
您好。我可以找玛莉吗?

B: Oui, c'est Marie. Qui est à l'appareil, s'il vous plaît?
我就是玛莉,请问您这边是哪里?

A: Ici, c'est le bureau d'Angela. Un instant, s'il vous plaît. Je vous la passe.
这里是安琪拉办公室,请稍等一下,我把电话转过去给她。

C: Bonjour, Marie. Merci de ta patience.
玛莉早安。谢谢你的耐心。

B: Pas de problème. Qu'est-ce que je peux faire pour t'aider?
别客气。我有什么可以帮忙的吗?

C: En fait, j'ai besoin de ton aide.
事实上,我需要你的帮忙。

B: Je t'entends mal. Ça coupe sans cesse.
我听不清楚你的声音。电话断断续续的。

C: Allô?
哈啰?

B: Je peux te rappeler? Ça coupe.
我可以回电话给你吗?信号不好。

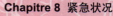

Chapitre 8 紧急状况

情景 04 打电话

临时需要用到的，一个句型 08-15

法▶ C'est 人名 de 地点.
中▶ 我是 地点 的 人名。（电话用语）

- Bonjour. C'est Alex de Pekin.
  您好。我是北京来的艾力克斯。
- Bonjour. C'est Charles de France.
  您好。我是法国来的查尔斯。

法▶ Ici, c'est 地点 / 公司 / 人物
中▶ 我是 地点 / 公司 / 人物。（电话用语）

- Bonjour. Ici, c'est la société Delsey.
  您好。这里是新德熙公司。
- Bonjour. Ici, c'est France Télécom.
  您好。这里是法国电信公司。

临时需要的生活短语

- faire un appel 打电话
- répondre au téléphone 接听电话
- Composez ce numéro. 拨打这个号码。
- Tu peux passer le téléphone à Julie?
  你可以把电话转给茱莉吗？
- Je peux laisser un message? 我可以留言吗？
- Il n'est pas là. 他不在家。

情景 05
拍照

相机种类相关词语

appareil de photo (n.m.)
[apaʀɛjdfɔto]
★★★★
相机

appareil numérique (n.m.)
[apaʀɛjnymeʀik]
★★★★
数码相机

reflex mono-objectif (n.m.)
★★★
单眼相机

semi SLR (n.m.)
★★
类单眼

caméscope (n.m.)
[kamɛskɔp]
★★★
摄影机

拍照的主题

personne (n.f.)
[pɛʀsɔn]
★★★
人物

portrait (n.m.)
[pɔʀtʀɛ]
★★★
肖像

animal (n.m.)
[animal]
★★★★
动物

vie quotidienne (n.f.)
[vikɔtidjɛn]
★★★
日常生活

nourriture (n.f.)
[nuʀityʀ]
★★★★
食物

sport (n.m.)
[spɔʀ]
★★★★
运动

scène (n.f.)
[sɛn]
★★★★
自然风景

coucher de soleil (n.m.)
[kuʃedsɔlɛj]
★★★★
夕阳

lever de soleil (n.m.)
[ləvedsɔlɛj]
★★★★
日出

plante (n.f.)
[plɑ̃t]
★★★★
植物

bâtiment (n.m.)
[bɑtimɑ̃]
★★★★
建筑物

festival (n.m.)
[fɛstival]
★★★★
庆典活动

selfie
[sɛlfi]
★★★★
自拍

Chapitre 8 紧急状况

情景 05 拍照

相机镜头相关词语

objectif (n.m.)
[ɔbʒɛktif]
★★★★
镜头

objectif à focale fixe (n.m.)
★★★★
定焦镜头

téléobjectif (n.m.)
[teleɔbʒɛktif]
★★★★
长焦镜头

zoomer (n.m.)
[zume]
★★★
变焦镜头

objectif grand angle (n.m.)
★★★
广角镜头

distance focale (n.f.)
[distɑ̃sfɔkal]
★★★★
焦距

与相片有关的词语

photo (n.f.)
[fɔto]
★★★★
相片

album (n.m.)
[albɔm]
★★★★
相簿

registre (n.m.)
[RəʒistR]
★★★★
记录

mémoire (n.f.)
[memwaR]
★★★★
回忆

moment (n.m.)
[mɔmɑ̃]
★★★★
瞬间

prendre une photo (v.)
★★★★
拍照

pose (n.f.)
[poz]
★★★★
曝光

profondeur de champ (n.f.)
[pRɔfɔ̃dœRdʃɑ̃p]
★★★★
景深

développer (v.)
[devlɔpe]
★★★★
洗（照片）

éditer (v.)
[edite]
★★★★
修片

former (v.)
[fɔRme]
★★★★
显像

zoomer (v.)
[zume]
★★★★
将（画面）拉近或远

pixel (n.m.)
[piksɛl]
★★★★
像素

情景 05
拍照

照相用到的其他词语

résolution (n.f.)
[Rezɔlysjɔ̃]
解析

optique (n.f.)
[ɔptik]
光学

clair (a.m.)
claire (a.f.)
[klɛR] / [klɛR]
清楚的

flou (a.m.)
floue (a.f.)
[flu] / [flu]
模糊的

profondeur de champ (n.f.)
[pRɔfɔ̃dœRdʃɑ̃p]
景深

obturateur (n.m.)
[ɔptyRatœR]
快门

flash (n.m.)
[flaʃ]
闪光灯

senseur (n.m.)
[sɑ̃sœR]
感光元件

image complète (n.f.)
[imaʒkɔ̃plɛt]
全幅

ouverture (n.f.)
[uvɛRtyR]
光圈

photographie (n.f.)
[fɔtɔgRafi]
摄影

savoir-faire (n.m.)
[savwaRfɛR]
技术

ISO
感光值

aberration chromatique (n.f.)
[abeRasjɔ̃kRɔmatik]
色差

image (n.f.)
[imaʒ]
影像

photographe (n.m. / n.f.)
[fɔtɔgRaf]
摄影师

filtre (n.m.)
[filtR]
滤镜

Chapitre 8 紧急状况

情景 05 拍照

照相做的动作

prendre (v.)
[pʀɑ̃dʀ]
拍照 ★★★★

sourire (v.)
[suʀiʀ]
微笑 ★★★

prise en rafale (n.f.)
[pʀizɑ̃ʀafal]
连拍 ★★★★

utiliser (v.)
[ytilize]
利用 ★★★★

sentir (v.)
[sɑ̃tiʀ]
感觉 ★★★★

sauter (v.)
[sote]
跳 ★★★★

posture (n.f.)
[pɔstyʀ]
姿势 ★★★★

courir (v.)
[kuʀiʀ]
跑 ★★★

zoomer (v.)
[zume]
(镜头)拉近 ★★★★

dézoomer (v.)
[dezume]
(镜头)拉远 ★★★★

supprimer (v.)
[sypʀime]
删除 ★★★★

imprimer (v.)
[ɛ̃pʀime]
打印；印刷 ★★★★

télécharger (v.)
[teleʃaʀʒe]
下载 ★★★★

照相用到的描述性词语

joli (a.m.)
jolie (a.f.)
[ʒɔli] / [ʒɔli]
漂亮的 ★★★★

étonnant (a.m.)
étonnante (a.f.)
[etɔnɑ̃] / [etɔnɑ̃t]
惊人的 ★★★★

clair (a.m.)
claire (a.f.)
[klɛʀ] / [klɛʀ]
清楚的 ★★★★

touchant (a.m.)
touchante (a.f.)
[tuʃɑ̃] / [tuʃɑ̃t]
令人感动的 ★★★★

préféré (a.m.)
préférée (a.f.)
[pʀefeʀe] / [pʀefeʀe]
最喜爱的 ★★★★

临时需要用到的. 一个句型

法 ▶ utiliser + 工具 + pour 动作
中 ▶ 使用～做～

- J' utilise souvent mon iPhone pour prendre des photos. C'est très pratique.
  我经常用我的苹果手机拍照，很方便。

- J'utilise Photoshop pour éditer les photos.
  我用 Photoshop 来编辑影像（修片）。

- Je peux utiliser ton imprimante pour imprimer les photos?
  我可以用你的打印机打印照片吗？

临时需要的生活短语

- Pourriez-vous nous prendre en photo, s'il vous plaît?
  可以请您帮我们拍照吗？

- Le père d'Alice aime beaucoup prendre des photos pour elle. 艾莉丝的爸爸很喜欢帮她拍照。

- C'est vraiment une très bonne photo; elle a été prise où? 这真是一张好照片，在哪儿拍的呢？

- Loïc est photographe professionnel et il a son propre studio.
  洛伊克是专业摄影师，而且他拥有自己的工作室。

- Mon meilleur ami est photographe. Il a déja participé à beaucoup de photographies de mode.
  我最好的朋友是一个摄影师。他参与了很多专业的时尚拍摄。

版权专有　侵权必究

图书在版编目（CIP）数据

临时需要用到的一个词：法语关键词6000 / 白安琪著.—北京：北京理工大学出版社，2019.7
ISBN 978-7-5682-7241-4

Ⅰ.①临… Ⅱ.①白… Ⅲ.①法语－词汇－自学参考资料 Ⅳ.①H323

中国版本图书馆CIP数据核字（2019）第134989号

北京市版权局著作权合同登记号图字：01-2017-2130
简体中文版由我识出版社有限公司授权出版发行
临时需要用到的一个字：法语关键字6000，Angela Pai白安琪著，2015年，初版
ISBN：9789864070206

出版发行 /	北京理工大学出版社有限责任公司
社　　址 /	北京市海淀区中关村南大街5号
邮　　编 /	100081
电　　话 /	（010）68914775（总编室）
	（010）82562903（教材售后服务热线）
	（010）68948351（其他图书服务热线）
网　　址 /	http://www.bitpress.com.cn
经　　销 /	全国各地新华书店
印　　刷 /	河北鸿祥信彩印刷有限公司
开　　本 /	889毫米×1194毫米　1/32
印　　张 /	14
字　　数 /	406千字
版　　次 /	2019年7月第1版　2019年7月第1次印刷
定　　价 /	45.00元

责任编辑 / 梁铜华
文案编辑 / 梁铜华
责任校对 / 刘亚男
责任印制 / 李志强

图书出现印装质量问题，请拨打售后服务热线，本社负责调换